훈민정음창제, 580년 만에 탄생한

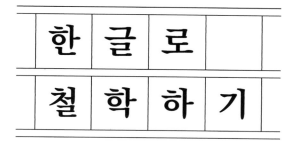

한글로 철학하기

(K-philosophy의 탄생)

저자 **박정진**

새로운 세상의 숲
신세림출판사

🪶 세종대왕은 신이다

세종대왕은 신이다.
신은 하늘과 땅과 사람을 만들었지만
세종대왕은 하늘과 땅과 사람으로 모음을 만들었다.
모음으로 사람을 다시 태어나게 했다.
한글로 하늘과 땅과 사람을 표현하게 했다.

세종대왕은 신이다.
신은 사람에게 입 속에서 소리를 내게 하였지만
세종대왕은 아설순치후 소리를 가지고 자음을 만들었다.
자음으로 만물을 다시 태어나게 했다.
한글로 어린 백성을 서로 통하게 했다.

신은 남자와 여자를 만들어 세상을 만들었지만
세종대왕은 자음과 모음을 만들어 통하는 세상을 만들었다.
신이 있다면 어찌 세종을 신이라고 하지 않으리오.
신이 있은 뒤로 가장 신을 닮은 임금이시다.
아, 대왕이시여 하늘과 땅이 있은 후로 영원하시라.

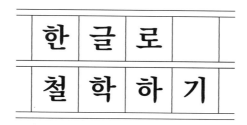

한글로 철학하기

— 훈민정음은 28알파벳, 한글철학은 28철학素

나는 이 책을 세종대왕에게 바친다.
아마도 신왕(神王)이 있다면 세종대왕일 것이다.
사람을 두 종류로 나누면 종교적 인간, 철학적 인간이 있다.
셋으로 나누면 종교적 인간, 철학적 인간, 예술적 인간이 있다.
넷으로 나누면 여기에 과학적 인간을 들 수 있다.
내가 어느 쪽에 속할지라도 다른 쪽의 인간을 우습게보지 말라.

| 목 차 |

| 서 문 |

한 나라가 자생철학을 갖는다는 것은 참으로 어려운 일인 것 같다. 소득수준이 높아지고 선진국의 문턱에서 좌절하는 국가가 적지 않다. 돌이켜 생각하면 그 원인은 자생철학을 가질 수 있는 능력이 있느냐, 없으냐의 차이인 것 같다. 자생철학이 없으면 국민의 교양으로서의 철학이 부재하고, 철학이 없으면 스스로 사유할 수 있는 독자적인 사유체계, 더 정확하게 말하면 그 나라의 문화전통으로서 일어난 철학이 없으면 그 부를 지탱할 수 없는지도 모른다.

우리가 경험론이라고 알고 있는 철학은 영국의 철학이다. 관념론이라고 알고 있는 철학은 독일의 철학이다. 합리론이라고 알고 있는 철학은 프랑스의 철학이다. 실용주의라고 알고 있는 철학은 미국의 철학이다. 이들 국가들은 스스로의 힘으로 보편성에 도달한 문화능력이 있기 때문에 근대세계를 지배하고 있다.

불행하게도 우리는 서구의 철학을 그 나라의 국민철학, 혹은 국가철학이라고 이해하고 있기보다는 처음부터 보편철학의 위치에 있었던 것으로 착각하고 있다. 물론 이들 철학이 보편성에 도달한, 세계인으로 하여금 믿고 따를 수 있는 시대정신을 반영한 철학이다. 그러나 그 철학의 발생 과정을 보면 그 나라의 사유체계와 존재방식을 고스란히 담고 있다.

오늘날 세계는 지구촌이라는 말에서도 짐작할 수 있듯이 하나의 마을처럼 가까워졌지만, 그럴수록 자신만의 고유의 철학을 가지고 있어야 철학적 시민권을 주장할 수 있고, 선진국으로서 어깨를 나란히 할 수 있다. 그 나라의 고유한 철학이 없으면 결국 정신적 사대주의에 빠지게 된다.

그런 점에서 한국이 선진국이 되려고 하면 종래 동서철학에 대한 해박한 이해와 더불어 그 틈새시장을 뚫고 우리말인 한글에 의해 개념화되고, 체계화된 한글철학을 가지지 않으면 안 된다. 서양철학, 중국철학을 배우고 따라가면 된다는 생각은 문화적 사대주의. 외래철학을 잘 한다고 우리의 고유철학이 저절로 만들어지는 것은 아니다.

역설적으로 외래철학에 빠지면 빠질수록 자신의 혼을 잃어버리고 헤어나지 못할 가능성이 높다. 훌륭한 외래 철학일수록 정치한 내용은 물론이고, 체계화와 설득력의 면에서 우리를 압도할 수 있기 때문이다. 이들 나라에는 오랜 철학적 전통과 함께 자신만의 오리지널리티(originality)가 있는 철학을 가지고 있기 때문이다.

한때나마 선진국을 구가하면서 제국주의를 행한 나라들은 하나같이 자국의 철학을 가지고 있을 뿐만 아니라 훌륭한 철학자 군을 자랑하고 있다. 불행하게도 한국은 아직 그러한 철학자와 철학을 지니고 있지 못하다. 도리어 고대철학으로서 천부경(天符經)의 천지인(天地人)·정기신(精氣神) 사상을 지니고 있지만 근대철학으로 내세울만한 것이 없다.

조선조 성리학(性理學)만 하더라고 중국 송(宋)나라 주자(朱子)의 철학이다. 우리는 주자의 철학을 마치 우리의 철학인 양 착각하면서 살아왔던 것이다. 이것은 부성부재(父性不在)임을 말해준다. 우리는 주자철학을 퇴계(退溪)철학이라고 하면서 국내외에 떠들고 다녔다. 지구촌이 세계화가 된 오늘날, 주자의 성리학을 한국의 철학이라고 하는 사람은 한 사람도 없다.

원효(元曉)의 화쟁(和諍)사상은 그래도 좀 낫다. 중관(中觀)사상을 비롯해서 유식(有識)사상 등 불교사상과 철학을 죄다 모아 화쟁 시키면서 나름대로 독자적인 사상체계를 정리하고, 그것을 넘어서는 메타(meta)철학으로서 화쟁사상을 창출해냈기 때문이다.

오늘날도 우리는 원효의 화쟁사상이나 퇴계의 경(敬)철학을 우리의 사상으로 팔아먹고 있다. 오늘날의 우리시대정신을 담은 철학을 생산하지 못하고, 그 과거의 흔적들만 우상처럼 자랑하고 있는 것이다. 부재(不在)를 현존(現存)으로 자랑하고 있는 것이다.

이상하다. 대한민국은 선진국 문턱에 있는데 철학은 항상 서양철학을 들먹이고, 아니면 중국 고전철학을 끄집어내서 철학하고 있는 것처럼 스스로를 속이고 있다. 동서양의 철학적 고전을 공부하는 것이야 철학적 사유능력을 높이기 위해 필요한 것이지만, 철학공부만 한다고 철학이 저절로 하늘에서 뚝딱 떨어지는 것은 아니다.

철학을 하려면 자신이 살고 있는 땅(나라)의 전통을 바탕으로 스스로 사유하는 힘을 길러야 한다. 남의 철학으로 자신의 철학을 대신하는 일은 자신의 혼을 빼버리는 일이다. 철학하는 것은 철학공부가 아니다. 역설적으로 남의 철학을 잘 알고 평생 그것을 신주 모시듯 하면 도리어 자기철학을 할 수 없게 된다. 남의 철학에 완전히 세뇌가 되면 자기철학을 할 수 없다. 그것은 철학을 우상화·종교화하는 일이다.

한 나라의 철학은 그 나라의 언어로 구성되는 것이 당연하다. 남의 나라 언어로 철학을 한다는 것은 문화교류와 소통을 위해서는 중요하지만 독자적인 철학을 수립하는 데는 도움이 되지 못한다. 지금까지 우리나라에는 한글로 철학하는 자가 없었다. 한글철학의 걸음마를 떼는 기분으로 이 책을 엮었다. 한글로도 얼마든지 고매한 철학적 개념과 체계를 구성할 수 있음을 독자들은 확인할 수 있을 것이다.

『한글로 철학하기』는 '순우리말로 씌어 진, 체계화된 철학하기'라는 의미이다. 이 책에는 〈알(알다)-나(나다)-스스로(살다)-하나(되다)〉의 큰 이론체계와 함께 삶의 존재방식에서 보편적으로 요구되는 육하원칙(六何原則)을 '알'의 변형으로 설명하는 탁견을 접할 수 있다. 〈알(생명)-얼(정신)-올(시간)-울(공간)-을(목적)-일(놀, 놀일)〉이라는 현상학적인 이론체계가 그것이다.

철학에서 '나'는 키워드이다. '나(I)'가 없으면 철학자체가 불가능하기 때문이다. 〈나-남-님-놈-너〉라는 명칭과 호칭 뒤에 숨은 철학적 의미와 상관관계를 처음으로 탐색했다. 'ㄴ'은 플러스 홀소리와 닿소리의 결합으로 이루어지는 '나'의 변형들은 한글 속에 숨어있는 의미체계에 어떤 규칙성이 있는 점도 발견되었다. 그리고 '나'와 '하나(큰 나)'의 상관관계, 그리고 '하나' 플러스 '님'의 의미복합에 대해서도 다루었다.

동양의 철학자답게 〈격물치지성의정심(格物致知誠意正心)-수신제가치국평천하(修身齊家治國平天下)〉를 대신할 현대판 팔조목(八條目)으로서 한글발음으로 '자신'의 변형으로서 〈자신(自身)-자신(自信)-자신(自新)-자신(自神)-검소(儉素)-겸손(謙遜)-자유(自由)-창의(創意)〉를 제안해보았다.

'한글로 철학하기'는 필자가 『무예 자체, 신체 자체를 위한— 신체적 존재론』(살림출판사, 2020)에 소개된 것을 가필하고 정정하여 증보한 것이다. 이 책에 포함된 글 가운데 '한민족 미학의 원형'은 30년 전에 저술한 『한국문화와 예술인류학』(미래문화사, 1990)에 실린 것을 다시 수정·보완하여 소개한 것이다. 순우리말인 '맛, 멋, 말, 몸(마음-몸), 마당, 마을'이라는 여섯 단어로 한국문화의 의식주(맛, 멋)를 비롯한 물질문화와 정신문화로 소개하고, 그리고 공간과 공동체를 의미하는 마당과 마을이라는 단어들이 서로 긴밀하게 연관되어 있음을 밝혔다. 한국문화의 원형으로 우리말 철학의 길잡이가 될 것으로 짐작된다.

한 나라의 철학이 자신의 말로 철학을 하는 것은 너무나 자연스럽고, 당연한 일인데도 그렇지 못한 나라들이 많다. 한국도 그러한 나라 가운데 하나이다. 옛날에는 한자말이 아니면 철학을 할 수도 없었고, 오늘날은 영어를 비롯한 라틴어 계통의 말이 아니면 철학을 할 수 없는 것처럼 한국의 철학자들은 살고 있다. 남의 나라 말로 철학을 하는데 자신의 정체성이나 혼(魂)을 지킬 수가 있을까. 남의 말로 생각을 하면 과연 그것이 자신의 철학이라고 할 수 있을까.

종합적으로 이 책은 〈알(알다)-나(나다)-스스로(살다)-하나(되다)-님(존경)-남(이용)〉의 '알(생명)의 구조'를 말하고 있다. 또 〈알(물질)-얼(정신)-올(시간)-울(공간)-을(목적)-일(놀, 놀일)〉 등 '한글 육하(六何)원칙'을 소개하고 있다. 〈나-너-남-님-놈〉으로 '나'를 둘러싼 호칭의 변형에 담긴 철학적 의미를 담고 있다. 이들 단어들은 서로 치환될 수 있는 특징을 가지고 있다. 그리고 최종적으로 〈맛-멋-말-몸(마음과 몸)-마당-마을〉 등 '마(진실)의 변형'을 통해 한국인의 미의식을 말하고 있다. 총 28개 단어, 철학소(素)로 한글철학을 완성하고 있다.

다시 말하면 이 책은 28개 단어로 한국인의 삶의 철학과 미학을 통틀어 말하고 있다. 28개 개념으로 한국인의 철학을 구성한 것을 자랑스럽게 생각한다. 한국인의 무의식 속에, 집단무의식 속에 숨어서 전해 내려온 이 단어를 발견한 것을 마음으로부터 자랑스럽게 생각하고, 온몸으로 뿌듯하게 자부심을 갖는다. 아무쪼록 이 책이 한글로 철학을 하는 연구풍토의 조성과 자생철학 정립의 출발이 되기를 기원한다.

세종대왕이 훈민정음을 창제한 후 580년 만에 순우리말철학, 한글철학을 세상에 내놓으니 마치 한민족에게 다시 얼을 되찾아준 기분임을 어쩔 수 없다. 한글을 사용하는 민족이 세계의 중심국이 될 것을 기원해본다. 한글은 세계의 원초적 의미이기 때문이다.

『한글로 철학하기』는 『재미있는 한글철학』을 심화시킨, 우리말로 자생철학을 하도록 이끈 두 번째 책이다. 이 책은 철학적 사유의 깊이를 더한 에세이 2편을 추가하는 한편 여러 곳에 걸쳐 내용을 보충한 것은 물론이고, 독자들의 이해를 돕는 데에도 힘썼다. 그리고 철학적 내용을 쉽게 은유적으로 표현한 철학시 68편을 추가하여 모두 118편이 되도록 보충했다.

이 책이 '외래의 철학을 번역하는 것'을 '철학하는 것으로 오해하는 철학도'들에게 한글로 철학하는 동인(動因, mover)이 되고, 기폭제가 되기를 기원해본다.

끝으로 한글 큐빅을 도안해준 건축가인 큰아들 박준석에게 고마움을 표하고 싶다. 그리고 이 책을 선뜻 출판해주신 신세림출판사 이혜숙 대표와 이시환시인, 편집교정 팀에게도 감사를 드린다.

2023년 11월 17일 73회 생일날에
파주 통일동산 寓居에서 心中 박정진

재미있는 한글철학과
소리의 비밀

나랏말ᄊᆞ미 中듕國귁에

수·ᄫᅩᆼᄃᆞ니·훓ᄊᆞᆫ이런젼ᄎᆞ로

·고쳐ᄒᆡᆼ·배ᄋᆢ져ᄠᅩᆷᄎᆞᆷ내제ᄠᅳᆮ노긴·ᄆ·ᆮ

하니라ᄂᆡ이·룰 爲·윙·ᄒᆞ·야·어엿·ᄲᅵ·너겨·새·로·ᄋᆢᆷ

여듧字ᄍᆞᆼ·ᄅᆞᆯᄆᆡᇰ·ᄀᆞ·노니ᄉᆞ·ᄅᆞᆷ마다·ᄒᆞ·ᅇᅨᆼ·수·ᄫᅵ니·겨

나·ᄅᆞᆯ로·ᄡᅮ·메 뼌 한 ·ᄏᆡ하·ᄀᆞ·져ᄒᆞᆯᄉᆞᄅᆞ·미니·라

순우리말철학 1 :
나-남-님-놈-너

1. '나'를 중심으로 한 상하좌우의 말

인간은 왜 생성·변화하는 존재인 자연에 둘러싸여 있으면서 고정·불변의 존재를 상상하는가. 이 말은 철학의 알파요, 오메가이다. 인간은 왜 본질(Essence, Idea)과 신(God)을 떠올리고, 한 생명(Life)으로서 살아가면서 실존(Existence)을 찾을 수밖에 없는가. '존재'(존재 Being 혹은 존재자 beings)라는 애매모호한 말을 사용하면서 말이다.

철학에서 가장 중요한 단어는 무엇일까? 뭐니 뭐니 해도 우리말로 '나'이다. '나'는 존재론(존재-존재자)의 시작이다. 존재와 비존재의 경계에서 현상학적 존재론의 시작은 소크라테스의 "나는 내가 아무 것도 모르는 것을 안다."라는 명제로 시작한다. 소크라테스 이전의 탈레스, 아낙시만드로스, 아낙시메네스 등 밀레토스학파는 자연철학이라고 할 수 있다. 소크라테스는 '앎(지식)의 철학'의 시작이기도 하다. 이것이 근대철학에서는 데카르트의 "나는 생각한다. 고로 존재한다." 즉 코기토로 발전하였다. 데카르트에 의해 존재는 사유존재가 되었다.

자연의 생성(생멸)을 인간이 존재로 해석하면 자연스럽게 존재는 유무(有無)가 된다. 유무는 현상학적 차원이다. 존재론적 차원에서는 유무의 의미가 없다. 존재의 유무에는 반드시 인간이 개입한 흔적(trace)이 있다. 그래서 하이데거는 인간을 현존재라고 따로 명명했다. 미적분학을 발명한 철학자 라이프니츠는 "세계는 왜 무(無)가 아니고 존재인가."라고 물었다. 파르메니데스는 "있는 것은 있고, 없는 것은 없다."라고 말했다. 인간은 분명히 '나(자아)'를 말하는 것과 동시에 '있음과 없음의 경계'에 있게 된다.

'내(나)'가 없으면 우선 철학을 할 수 없을 뿐만 아니라 살 수도 없다. 다시 말하면 인식하는 주체로서의 내가 있고, 또한 살아야 철학도 하고, 생각을 실천할 수도 있기 때문이다. 현대철학은 내가 있느냐, 없느냐를 두고 논란에 휩싸이기도 하지만 그것은 또 다른 문제이다.

'나'를 존재발생학적으로 보면 참으로 재미있기도 하지만 신비롭다. 우선 자연은 항상 생성·변화하는 존재로서 대전제가 된다. 아울러 인간은 고정불변의 존재를 가상하는 존재가 된다. 자연의 항상성은 시시각각 다르지만 봄여름가을겨울이 있는 것처럼 다름 가운데서도 항상성이 있다. 그러나 항상성은 동일성과는 다르다. 자연적 존재로서는 나와 내 눈앞에 전개되는 사물은 똑같은 존재이지만 '나'가 발생하면 나와 사물은 서로 다른 존재가 된다. 요컨대 나는 주체가 되고, 사물은 대상이 된다.

주체인 나에게는 "나는 누구냐(who are you)"라고 묻게 되고, 사물에 대해서는 "그것은 무엇이냐(what is it)"라고 묻게 된다. 이를 구별하자면 나는 존재가 되고, 사물은 존재자가 된다. 그런데 어느 날 불현듯 나의 근원을 생각하게 되면 부모를 당연히 생각하게 되고, 그 다음에 부모의 부모, 부모의 부모의 부모 등으로 소급하게 된다. 그래서 그 소급을 끊는 지점에 하나님이 있고, 태초가 있음을 깨닫게 된다. 혹은 이 기원에 대해서는 무한대를 그냥 두거나, 무(無)를 두거나, 불가지론(不可知論)을 둘 수도 있다.

인간이 사물을 해석할 때 가장 보편적인 관점이 되는 것은 역시 가족관계이다. 어쩌면 세계관과 우주론이라는 것도 가족관계를 확대해석한 것인지도 모른다. 아버지와 어머니, 형제자매, 사해동포들이 그들이다. 동양에서는 예부터 군사부일체(君師父一體)라는 개념이 있었다. 임금과 스승은 아버지와 동급의 존재인 것이다. 많은 문명들이 신을 하나님 아버지, 혹은 하나님어머니라고 부르는 것도 이 때문일 것이다.

아무튼 인간은 자신의 뿌리를 캐 들어가는 존재이다. 신을 가정할 경우, 신에 대해서는 존칭을 쓰지만 나에게 물은 것처럼 "당신은 누구입니까"라고 묻게 된다. 이를 두고 호모사피엔스를 '종교적 인간(Homo Religiosus)'라고 한다. '나'보다 더 초월적인 존재로서 '신(神)'을 두게 되고, 그 신과 대화(기도는 독백이자 대화이다)를 하게 된다. 이때 재미있는 것은 '나'와 '신'에 대해서는 왜 똑같이 '누구냐'고 묻게 되는 것인가이다. 신과 인간의 사이에는 이미 긴밀하게 통하는 내밀한(esoteric) 그 무엇이 있다. 이 관계를 두고 인격신(人格神)을 말하기도 하고, 신과 인간의 닮음 혹은 상호투사를 말하기도 한다.

신의 문제는 급기야 유신론, 무신론의 대립을 가져오기도 하고 그로 인해 파생된 끝없는 이념투쟁을 벌이기도 하는 것이 인간세상이다. 신의 문제는 기원의 문제를 내포하고 있다. 기원의 유무, 본질의 유무는 도저히 끝날 수 없는 철학적 난제(aporia)이기도 한다. 그럼에도 불구하고 대부분 인류문명은 신을 믿고, 신을 믿지 않는 사람들조차 자신의 내면에서 신의 작용을 하는, 의미작용을 하는 그 무엇을 상정하고 있다. 또한 인간은 기원을 설정하는 역학(曆學)과 시간의 기준점을 가지고 살고 있다.

우리는 왜 나를 '나'라고 하고, 너를 '너'라고 하고, 남을 '남'이라고 하고, 하느님을 하느'님'이라고 하고. 나쁜 놈을 나쁜 '놈'이라고 하는지 의문을 품지 않고 본래부터, 옛날 옛적부터 그런 것처럼 말하며 살아가고 있다. 문화와 언어의 가장 깊은 곳은 무의식적으로 즉자적(卽自的)이기 때문에 그런 것처럼 살아가고 있다. 언어는 의식적이면서 동시에 무의식적이다.

한글로 홀소리 '아래 아(·)'자는 천지인의 천(天), 원방각의 원(圓)과 같아서 우주를 점(點)으로 상징하고 있다. 여기에 우리민족의 엄청난 세계관이 숨어있다. 아무리 큰 우주도 점에 불과하다는 뜻이 담겨있다. 이 점을 안으로 붙이는 것('ㅓ')과 밖으로 붙이는 것('ㅏ')이 다르다. 위로 붙이는 것('ㅗ')과 아래로 붙이는 것('ㅜ')이 다르다. 점 하나로 우주적 차이를 표현하고 있는 것이 우리말이다.

나는 어머니 뱃속에서 밖으로 나와서(태어나서) '나'이다. 너는 나의 안을 들여다보기에 '너'이다. 남은 '나'가 원방각의 방(方), 즉 네모난 땅(ㅁ)에 서 있기에 '남'이다. 님은 나의 위에 있기에 '님'이다. 놈은 나의 아래에 있기에 '놈'이다. 이것은 우리조상과 한글의 위상학(位相學)이라고 말할 수 있다.

우리조상들은 시간을 말할 때 선후관계로 표시하기도 하지만 때로는 상하관계로 표시하기도 한다. 이는 시간이 수평적(크로노스의 시간)이기도 하지만, 수직적(카이로스의 시간)이기도 하다는 것을 암시하고 있다. 수평적 시간은 역사적 시간이고, 수직적 시간은 신화적 시간이다. 하나님의 시간은 카이로스의 시간이고, 절대의 시간이다. 우리조상들은 시간과 공간을 시공간으로 이해하고 있음을 엿볼 수 있다.

이제부터 본격적으로 한글의 차이(差異)를 통한 의미체계에 대해 들어가 보자. '나(I)'는 흔히 '자아(自我, ego)'라고 말하기도 하고 경우에 따라서는 '자신(自身, self)'을 뜻하기도 한다. '자아'라고 하거나 '자신'이라고 하거나 별 문제가 없을 것 같은데 실은 그렇지 않다. '자아'의 경우 인간의 몸과 분리된 어떤 존재, 혹은 추상적인 존재를 일컫기도 한 때문이다.

'자신'이라는 말은 몸 신(身)자가 들어있듯이 몸의 실천과 경험을 중시하는 뜻을 내포하고 있다. 동양에서는 자아보다는 자신을 중시한다. 수신제가치국평천하(修身齊家治國平天下)를 말할 때도 수신(修身)이라고 말한다. 수신이라는 말에는 철학적 이론과 함께 몸으로 실천하는 것을 당연시하는 전통이 수립되어 있다. 이에 비해 자아라는 말에는 실천이 포함되지 않을 수도 있고, 언어적 개념과 논리적 정합성만 있어도 철학으로 받아들여지는 전통을 가지고 있다. 서양 철학적 전통은 대체로 실천을 중시하는 마르크시즘이 등장하기 전까지는 '자아'에 속한다고 알 수 있다.

자아는 정신 혹은 영혼과 같은 뜻으로 쓰이기도 한다. 그런 점에서 서양의 이데아사상이나 기독교사상은 고정불변의 존재로서의 자아를 중시한다고 할 수 있을 것이다. 자아는 절대유일신과도 불가분의 관계에 있다. '나'가 '영혼'이라면 '신'은 모든 영혼을 포함하는 '하나'이고, '하나'는 '하나님'일 수밖에 없다. '나'(영혼)와 '하나님'(신)의 사이에 '자연'으로서의 '세계전체'가 있다. 이들은 논리적으로는 이율배반이지만 주관적 무제약자(영혼), 객관적 무제약자(세계전체), 주객포괄적 무제약자(신)로서 무제약자로서는 하나이다.

아무튼 철학은 우리말로 '나'에서 출발한다고 해도 과언이 아니다. '나'와 다른 것이 '남'이라는 단어이다. 남은 나와 확실히 다르게(다른 몸으로서) 나의 밖에서 존재하는(지상에서) 사람을 뜻한다. 남이라는 단어와 사람이라는 단어에는 공통적으로 'ㅁ'자가 종성으로 들어간다. 'ㅁ'은 지상을 나타내는 상징어이다. 지상에 존재하는 '나' 이외의 모든 것은 '남'인 것이다.

남이라는 단어는 굳이 다른 사람의 의미뿐만 아니라 나와 다른 사물(존재)을 지칭하기도 하는 말이다. 철학적으로 볼 때는 '나'라는 말과 '나'가 아닌 사람을 지칭하는 '남'이라는 말, 그리고 다른 수많은 남(타자)을 지칭하는 말로서 남이다. 남은 남인데 숭배하거나 존경할 수밖에 없는 사람 혹은 사물을 지칭할 때 우리는 '님'이라는 말을 붙인다. 하나님, 선생님, 부모님은 그 대표적인 예이다. 가물 때 비가 내리면 반가워서 '빗님'이라고 말하기도 한다. 사물에게도 신앙을 할 때도 '님'자를 붙인다.

'님'이라는 말에는 어딘가 죄다 말할 수 없는 '신비'와 '비밀'과 같은 것이 숨어있다. '님'이라는 말은 말 이상의 말이다. 따라서 어떤 사물에 '님'이라는 말을 붙일 때는 이미 신(神)과 같은 의미가 붙는다고 말할 수 있다. 평소에는 보잘 것 없는 사물이라고 본 것에도 '님'자를 붙이면 그 때부터 그 사물의 의미는 달라진다. '님'이라는 말에는 역으로 하나님이나 스승님이나 부모님이나 사랑하는 '님'에게 바치는 존경의 마음이 따라다닌다. '님'이라는 단어는 철학적으로도 많은 난제들을 해결할 수 있는 단어이다.

한편 '나'라는 존재는 내가 인식할 수 없는 맹점이 있다. 나는 나를 볼 수도 없다. 볼 수도 없는데 무슨 인식을 할 수 있다는 말인가? 어떤 점에서 나는 너무 가깝기 때문에 알 수 없는, 혹은 거리를 떨어뜨려서 볼 수도 없는 신비스런 존재일 수밖에 없다. 우리는 흔히 신을 보이지 않는 신비스런 존재로 상정하지만 가만히 생각해보면 '나'도 그러한 신비스런 존재임을 깨닫게 된다. 그렇기 때문에 나는 내가 남(사물, 존재)을 인식하는 것을 통해 유추하거나 추리할 수밖에 없는 존재가 된다.

이것은 바로 내가 '사유존재'라는 의미와 통한다. "나는 생각한다. 고로 존재한다." 즉 코기토는 인간의 사유존재적 특이성을 말하는 것이기도 하지만 실지로 나는 나를 알 수 없다. '나'라는 말은 떠올리는 순간 이미 초월적이다. 그래서 나는 대상인식을 통해서 반사적으로(간접적으로) 알 수밖에 없다. 더구나 시시각각 변하고 있는 나를 존재라고 말할 수 있는 것은 내가 사유존재인 때문이다. 그럼에도 불구하고 나는 나를 살고 있다. 지금 살고 있는 것이야말로 나이다. 나는 그러한 점에서 실존적인 존재(existential being)이다.

이상을 좀 더 철학적으로 말하면 나는 나를 살 수는 있어도 알 수는 없는 존재이다. 따라서 나는 남을 인식하는 나를 통해서 나를 간접적으로 알게 된다. 나는 대상의식을 통해서 자의식에 도달한다. 이것을 헤겔은 정신현상학이라고 말했다. 인간은 남을 인식하는 존재라는 점에서 정신현상학적 존재이다. 그렇지만 앎에 있어서 '나'만 알 수 없는 것이 아니라 정작 대상인 '남'도 알 수 없는 것은 마찬가지이다.

2. '님'과 '남'의 철학적 치환의 의미

주체(나)는 아무리 스스로를 대자(對自)해도 스스로를 알 수 없고, 주체는 결국 초월적 존재가 된다. 주체는 신과 다를 바가 없다. 타자(남)는 아무리 대상화해도 정체를 완전히 드러내지 않는다. 타자는 영원한 대상이다. 타자는 영원이 될 수밖에 없다. 신과 영원은 하나가 아닌가? 이것이 현상학적 순환이고, 현상학의 궁극적 한계이다. 니체의 초인사상과 영원회귀도 실은 현상학적 굴레를 벗어날 수 없는 것이었다. 신에 초인을, 영원에 영원회귀를 대입한 것에 불과하다.

현상학의 이분법인 주체와 타자는 서로 왕래하면서 조금씩 알아갈 수 있을 뿐이다. 그래서 주체철학이든 타자철학이든 완전할 수가 없다. 헤겔철학은 신을 철학적으로 해명함으로써(신학을 철학으로, 철학을 신학으로 해석함으로써) 역설적으로 무신론의 길을 열었다. 주체철학이든, 타자철학이든 모두 유신론 혹은 무신론이 될 수 있는 길이 열린 셈이다. 주체철학도 무신론이 될 수 있고, 타자철학도 유신론이 될 수 있는 것이다. 신과 영원은 하나이기 때문이다. 이 둘은 치환될 수 있는 것이었다.

앞에서 존경하거나 경배하는 대상적 존재를 '님'이라 부른다고 했다. 반대로 이용의 대상이 되는 사람이나 사물은 '남'(수단화된 타자)이라고 한다. '남'이라고 말하면 이용의 대상이 될 가능성이 있음을 의미하기도 한다. 하나님이든, 사물이든 같은 타자이지만 경배하는 대상에겐 '님'이라는 말을, 이용적 대상에게는 '남'이라고 부른다. 우리는 상대로부터 '님'이 될 것인가, '남'이 될 것인가의 순간에 살고 있는 것이다. 이 둘은 치환될 수 있다. '남'이 '님'이 되고, '님'이 '남'이 되는 것이다.

한글로 '님'과 '남'은 존재(사물)를 대할 때 인간이 취할 수 있는 기본적인 태도이다. '님'은 존경하거나 숭배하는 대상, 혹은 귀중하게 여기거나 사랑하는 대상에 붙이는 접미사이다. '님'은 따라서 대상에서 어떤 원천적인 생명을 느끼거나 생명력을 엄청나게 확인할 수 있을 때에 붙이는 이름이다. 쉽게 말하면 세계를 '님'이라고 느끼는 사람은 세계를 생명으로 인식하는 사람이다. '님'은 자신의 생명처럼 소중한 대상이다. 요컨대 하나님은 그 대표적인 경우이다.

반대로 '남'은 '님'과 반대의 입장에 있는 대상에 붙여지는 접미사이다. 대상을 '남'이라고 생각하면 결국 그것을 이용하는 것에 이르고, 이용이 좀 더 과하게 되거나 극단화되면 죽일 수도 있게 된다. 쉽게 말하면 '남'은 죽일 수 있는 대상이다. '남'은 자신을 위한 도구가 됨을 의미한다. 세계를 도구로 본다면 그것은 세계를 이용의 대상으로 봄을 의미한다. 동물마저도 남으로 보면 잡아서 먹이로 삼아도 아무런 죄책감이 없게 된다. 그러나 집에서 키운 닭, 오리, 양, 소 등 가축을 잡아서 요리할 때는 일말의 죄책감을 저버릴 수 없다. 이는 남이 아니라 가족의 느낌이 있기 때문이다.

　세계를 '님'으로 볼 것이냐, '남'으로 볼 것이냐에 따라 세계는 하나가 되기도 하고, 둘이 되기도 한다. '님'과 '남'은 존재(사물)를 바라보는 두 가지 태도이다. 한글은 '님'과 '남'이라는 두 글자를 통해 상반된 세계를 표시하고 있다.

　이것을 근대철학으로 보면 세계-내-존재를 사물존재와 인간존재로 나눌 수 있다. 인간은 자연을 사물존재로 바라보지만 스스로의 삶을 바라볼 때는 인간존재로 바라본다. 인간의 현존재적 특성이 세계를 그렇게 보게 하는 것이다. 사물에 대해서는 범주화함으로써 범주체로서 존재이해를 하게 되고, 인간존재에 대해서는 실존적으로 살고 있는 실존체로 이해하게 된다. 바로 후자의 경우가 존재론 혹은 실존주의로 명명되고 있는 것이다. 그렇지만 세계-내-존재는 이미 자연을 포괄할 수가 없다. 자연을 포괄하려면 존재-내-세계가 되어야 한다.

　인간은 사물에 대해서는 "그것이 무엇인가(what is it)"를 묻게 되는 반면에 인간에 대해서는 "당신은 누구냐(who are you)"라고 묻는다. 무엇(what)과 누구(who)의 차이가 있다. 인간은 신에 대해서도 "당신은 누구입니까"라고 묻는다. 신에게 "당신은 무엇입니까"라고 묻지 않는다. 우리는 여기서 신과 인간에게 똑같이 '누구냐'라고 묻는 사실을 알 수 있다. 신을 절대타자로 보면서도 '누구'라고 묻는 것이다.

　인간과 신 사이에는 어떤 공감대가 있는 것이다. 인간은 신을 인간처럼 생각함을 알 수 있다. 이것을 인격신이라고 말한다. 그리고 신에게 아버지, 어머니라는 가족의 호칭을 붙인다. 인간이 신을 탄생시켰는가, 신이 인간을 탄생시켰는가. 신과 인간의 기원에는 어떤 공모(共謀)가 있는 것 같다. 신(神) 속에 이미 인간이 있고, 인간 속에 이미 신이 있는 것이다.

옛 동이족 조상들은 새(鳥)를 신으로 모셨다. '새'는 한글로 '사이(間)'의 준말이면서 하늘과 땅 사이에 있는 존재, 인간을 하늘과 연결시키는 존재로서의 의미가 있었다. 그것이 신조(神鳥)이다. 신조는 토템으로서 봉황(鳳凰=風=神風=朱雀=三足鳥=닭(鷄)=日月)을 의미한다. 인간은 지상에 직립보행을 하면서 자연스럽게 머리 위에 있는 하늘을 신으로 모실 수밖에 없는 처지에 있게 된다. 하늘=신인 것이다.

인간이 신을 세계의 제 1원인으로 삼는 순간, 신은 인간과 세계의 창조자가 될 수밖에 없다. 인간은 물론이고 자연도 피조물이 된다. 신이 창조한 것이 자연이라면 자연이 신과 아무런 관계가 없는 존재가 될 수는 없다. 자연은 과연 인간이 바라보듯이 사물존재로 끝나고 말아야 할 것인가. 이것은 순전히 인간의 관점이다. 자연에 대해 무엇(what)을 묻는다면 신에 대해서도 무엇(what) 혹은 본질(essence)을 물을 수 있을 것 같다. 어쩌면 누구(who) 보다는 무엇(what)을 묻는 것이 보다 보편적인 것 같다. 인간 속에 이미 자연이 있고, 자연 속에 이미 인간이 있는 것이다. 신과 인간과 자연은 서로 떨어질 수 없는 관계에 있다.

'님'과 '남'은 철학적 인식론으로 보면 주체(subject, I)와 대상(object, You)의 다른 표현이라고 할 수 있다. '님'은 주체가 현상학적인 초월로 인해 초월적 주체가 된 경우를 말하고, '남'은 대상이 현상학적인 지향으로 인해 영원한 대상이 된 경우를 말한다고 말 수 있다. 그런데 초월적 주체와 영원한 대상은 현상학적인 순환으로 만날 수도 있는 것이다. 우리는 여기서 '나의 남(我他)'과 '남의 나(他我)'를 상호작용으로 바라볼 수 있다. 쉽게 말하면 내 속에 남이 있고, 남 속에 내가 있는 것이다. 이것을 '타자로서의 자기 자신' 혹은 '타아(他我)'로 말하기도 한다.

여기서 우리가 눈여겨보아야 할 점은 타자가 '너(You)'뿐만이 아니라는 사실이다. 진정한 타자에는 '그(He)'도 있고, '그녀(She)'도 있다. 우리는 일상생활에서 사용하는 인칭대명사가 바로 신의 문제와 연결될 수 있음을 알 수 있다. 인간은 신이 있다면 부를 수밖에 없는 존재이다. 신은 명사로서 저 하늘에 존재하는 이름으로서의 명칭(名稱)이 아니라 부름의 존재로서 호칭(呼稱)이다.

3. 부름의 신, 그(He), 그녀(She), 우리(We)의 의미

신은 존재로서 존재유무(有無)가 아니라 인간이 살아가면서 삶의 위기에 처했거나 죽음에 이르렀을 때에 부르는 '부름의 신'이다. 그렇다면 신은 그일까, 그녀일까. 가부장사회에서는 신은 '그'일 것이지만 그렇지 않는 사회에서는 '그녀'일 수도 있다. 가부장-국가사회에 사는 인간은 신을 하나님-아버지라고 부르는 것이 보편적인 현상이다. 그러나 신이 반드시 남성성인 것은 아니다.

여성성의 신으로서 가장 오래되고, 지구적인 이름은 마고(麻姑)여신이다. 마(ma)는 여성을 뜻하는 음이다. 남성을 뜻하는 음은 파(fa)이다. 마마, 파파, 엄마, 아빠, 마더(mother), 파더(father)는 잘 알려져 있다. 마고(麻姑)의 '고(go, god)'라는 음은 높은 곳에 있는 신(神), 고

(古)를 뜻하는, 제사를 드리는 존재를 의미한다. 마고라는 말 자체가 여신을 의미한다.

　인류가 빙하기에 해수면이 올라갈 때 살기 위해서 지구의 높은 곳으로 이동하였을 것이다. 그 때 지금의 파미르고원에 모여 살았을 것으로 짐작된다. 해수면이 낮아지면서 인류는 사방으로 흩어져 살았음을 전하는 신화와 전설이 바로 마고신화이다. 기독교의 '야훼(Yahweh)' 신의 음은 동양에서 여신을 말하는 여와(女媧)를 닮았다. 더더구나 아담(Adam)의 갈비뼈로 만들었다는 해와(Eva)의 발음은 여와를 닮았다. 아마도 모계사회에서 가부장사회로 바뀌면서 여성성을 상징하는 말이 남성성을 상징하는 말로 바뀌고, 여성은 남성의 아래에 자리매김 되었음을 짐작케 한다.

　아무튼 신은 남성성도 될 수 있고, 여성성도 될 수 있다. 여성은 남성성을, 남성은 여성성을 신격으로 섬기는 현상을 볼 수 있다. 가부장사회에서도 여성은 흔히 '구원의 여신' '이상적 여인상'으로 통하기 일쑤다. 기독교 혹은 불교에서도 마리아 혹은 보살을 여성적인 신앙의 대상으로 섬기고 있음을 볼 수 있다.

　인간의 일상생활에서 찾아볼 수 있는 '그'와 '그녀'에 해당하는 인물로써 가장 대표적인 인물이 아버지와 어머니일 것이다. 인간은 신을 부르는 자리에 아버지, 어머니를 놓는 경우가 많다. 황급한 경우를 만나면 사람들은 "아이구 아버지(아빠)," "아이구 어머니(에그 머니)"를 부른다. 하나님과 아버지, 어머니는 서로 통하는 원초적인 그 무엇이 있다.

　인간이 신을 부르는 이유는 위험에 처했거나 죽음에 이르렀을 때일 것이지만 평소에도 함께 평화롭게 살 것을 추구하고 기원할 때도 신을 부르고 청하게 된다. 인간은 그 어떤 특성보다도 종교적 인간(Homo religiosus)이다. 인간은 기도하기를 좋아한다. 기도(祈禱)를 통해 무엇을 구하고, 갈망하고, 이를 통해 세상에서 무엇을 기도(企圖)하기도 한다.

이를 신의 입장에서 보면, 신의 가장 큰 바람은 인간은 물론이고, 피조물들이 모두 하나가 되는, 우리(We)가 되는 것일 것이다. '우리'라는 말은 모든 존재자들이 공동존재임을 말하는 것이다. 가장 완성된 하나님은 '우리(We)의 하나님'일 것이다. 하나님은 나의 하나님, 너의 하나님이기도 하지만 우리의 하나님이 되면 '완성되는 하나님'이다.

철학은 흔히 존재론과 인식론으로 나누지만 '님과 남' '나와 남(타자)'의 관계에서 결국 양자는 하나라는 것을 발견하게 되고, 그 시점에서 집단(사회)의 윤리학을 발견할 수밖에 없다. 인간은 사회적 동물로서 윤리적 존재임을 부정할 수 없다. 윤리적 하나님은 '우리(We)의 하나님'이다. 삼인칭 단수로서의 신은 삼인칭 복수로서의 신인 '우리의 하나님'를 요구하고 있다. '우리의 하나님'은 남성과 여성을 넘어서는, 성별 이전의 신으로서, 상호작용하는(운동하는) 신이다.

윤리적 존재라는 것은 실은 존재론의 영원한 주제이기도 하다. 현상학적으로는 나와 남, 님과 남이 분리되지만 존재론적으로는 하나임을 깨닫게 되는 것이다. 님은 '남의 님'이고, 남은 '님의 남'이다. 이것은 이원대립(二元對立)이 아니라 상호보완적이면서도 순환적인 음양상보(陰陽相補)에 해당한다. 음양은 태극(太極)이고 태극은 무극(無極)이다.

'님'은 초월적 대상에 대한 부름(이것은 대화의 성격을 지니고 있다)

이다. '남'은 영원한 대상에 대한 이름(이것은 명명의 성격을 지니고 있다)이다. 초월적이고 영원한 것은 이분법의 대립적인 양극에 있는 것 같지만 실은 서로 무한대(영원, 신)를 통해 만나고 있다(직선을 무한대로 연장하면 원이 된다). 초월적인 것은 결국 내재적인 것과 하나가 된다. 요컨대 신은 초월적이면서 영원한 대상으로서 무한대를 전제하고 있는 까닭에 양자를 동시에 껴안고 있는 원융적인 존재라고 말할 수 있다.

초월적인 대상인 '님'은 숭배의 대상이고, 영원한 대상인 '남'은 이용의 대상이라고 흔히 말하지만 실은 둘은 무한대(무한자)를 통해 하나가 된다. 초월과 지향은 현상학적인 순환으로서 하나이다. 인간은 신을 숭배하면서 이용하는 이중적인 태도를 가지고 있다. 요컨대 신은 숭배를 받으면서 동시에 희생양이 되는 성질을 지니고 있음을 '님'과 '남'이라는 용어를 통해 유추할 수 있다. 토테미즘(totemism)은 숭배와 희생의 이중적 의미를 담고 있는 좋은 실례가 된다. 모든 종교의 성인들은 바로 숭배와 동시에 희생의 대상이 된 인물이다.

인간은 세계를 '님'으로 볼 것이냐, '남'으로 볼 것이냐의 기로에 서게 되지만 결국 둘은 하나이다. 세계를 '님'으로 보면 하나님이 있고, 세계를 '남'으로 보면 하나님이 없는 것이다. '하나님'을 모시는 것은 하나님을 위해서 하는 것이 아니라 인간을 위해서이다. 하나님의 존재 유무는 인간이 알 수 있는 영역이 아니다. 세계는 본래 하나의 총체적인 세계이고, 그 총체성은 인간의 앎의 체계로는 죄다 알 수 없는 세계이다. 앎과 지식체계는 세계의 총체성에서 부분에 불과한 것으로 전락할 수밖에 없다.

이상을 다시 철학적으로 정리를 하면 '나'와 '남'은 주체와 대상을 의미하는 순우리말이다. 철학적인 인식이나 사유는 주체와 대상을 필요로 한다. 철학적 과정, 좀 더 구체적으로 철학적 해석의 과점을 거치면 모든 존재는 사유존재가 되고 만다. 인간은 사유존재를 가지고 존재인 양 착각하고 있다고 해도 과언이 아니다. 철학의 결과물인 사유존재는 움직이고 변화하는 세계를 명사로 해석함을 피할 수 없다. 다시 말하면 '동사로서의 구체적인 존재(본래존재)'를 '고정불변의 추상적인 존재(존재자)'로 해석함을 뜻한다.

　'나'는 개체로서의 나일뿐만 아니라 심하게는 '신(神)'을 지칭하는 말이 될 수도 있다. 구약에서 모세가 야훼에게 "당신은 누구냐."고 물으니까 야훼는 "나는 나다."라고 말했다. 이것은 존재적(Being) 해석이다. "나는 나다."라는 말의 뜻을 "나는 내가 되려고 하는 나이다."라고 해석하기도 한다. 이것은 생성적(becoming) 해석이다. 아무튼 '나'라는 말은 나라는 개체를 지칭할 수도 있지만 세계의 주인, 혹은 우주만물의 창조자를 지칭하는 어마어마한 말이 될 수도 있다.

　철학에서 〈나-남-님〉의 삼각관계는 인식론과 존재론의 핵심과제이다. 철학적으로 '나'는 주체, '남'은 대상, '님'은 대상이지만 존경하거나 경배하는 대상을 말하는 것에 해당된다. '님'은 특히 나-남의 대립적인 관계를 중재하는 혹은 초월하는 성격을 지닌 존재이다. 만약 '님(하나님)'으로 인해 나-남이 하나의 세계, 세계의 전체성을 회복하게 된다면 세계를 자유와 평등과 평화로 인도할 수 있는 길을 열게 된다. 세계를 구원할 수 있게 된다.

　'나-남-님' 이외에 '놈'-'너'를 보태면 〈나-남-님-놈-너〉가 된다.

'놈'은 '님'의 반대말로 멸시를 하거나 함부로 대하는 말이다. 이놈저놈, 도둑놈, 못된 놈, 몹쓸 놈 등에서 예를 찾을 수 있다. '너'는 '남' 혹은 '당신'과 같은 말이지만 뉘앙스가 다르다. '남'은 대상으로서 객관적 확실성이 있는 반면 '너'는 '나'의 이면적 성격이 강하다. "너 자신을 알라."라고 하는 말과 같이 자신에 대해 '너'라는 말을 쓸 수 있다. 말하자면 '나의 너'로서 '나'가 계속해서 초월적 성격을 지닌다면 '너'는 내 안에 있는 타자(他者)의 성격을 내포하고 있다. 이렇게 볼 때 '나'의 위-아래가 님-놈이라면 나의 안팎이 너-남이다.

〈나-남-님-놈-너〉는 나를 중심으로 세계를 철학적으로 이해하는 구조적 특징을 갖는다. 덧붙이면 나를 중심으로 세계를 수평적-수직적으로 이해하는 성격을 갖는다. 그런데 이들 단어들을 곰곰이 생각해보면 나를 상대가 볼 때는 남이 된다. 나는 남이 될 수 있다. 남은 님이 될 수도 있다. 님도 남이 될 수 있다. 내가 경멸하는 남일 경우, 놈이 된다. 남은 놈이 될 수도 있다. 놈이 남이 될 수도 있다. 나는 또한 나를 두고 스스로에게 말할 때 '너'가 될 수도 있다. 이들 다섯 단어들은 고정불변의 위치나 자격을 가지고 있지 않다. 서로 가역하고 왕래하는 이중성의 관계에 있다.

'ㄴ'이라는 닿소리에 여러 홀소리를 결합함으로써 서로 관련되거나 반대되는 단어를 만들어내는 한글의 모습을 볼 수 있다. 참으로 한글은 단순하고, 간편하고, 편리하고 과학적이다. 최소의 투자로 최대의 효과를 거두는 매우 경제적인 문자이다. 따라서 과학적이고 경제적이라는 점에서 미래적이다. 닿소리와 홀소리를 결합함으로써 표현하지 못할 말이 없다.

한글(훈민정음)은 발음과는 별도로 닿소리든 홀소리든 모두 천지인(天地人)사상이 철자에 들어있다. 닿소리의 원문자(原文字)는 원방각(圓方角, ○□△)이고, 홀소리의 원문자 및 원소리는 '· / ㅣ /ㅡ'이다. 원문자에 앞서 원(原)소리가 있었고, 모음과 자음이 완성되면서 한글이 완성되었다. 훈민정음이 창제되기 이전에 우리말소리는 있었고, 우리조상들은 그 음성언어를 사용하면서 의사소통을 하고 수천 년 간 살아왔다.

인간은 자연이면서 동시에 자연에 대응하는 언어체계를 만들어서 살아온 생물종이다. 언어가 없는 인간사회는 없다. 대체로 네안데르탈인 사회부터 언어가 발생했다고 하는 편이 지금까지 인류학계의 통설이다. 자연의 소리는 인간에 이르러 의미(기의)가 되고, 자연의 표상은 기호(기표)가 되었다. 언어는 입말(음성언어)이든 글말(문자언어)이든 언어는 결국 기표의 성질로 인해 문자적 특성을 갖는다. 언어를 사용하는 것은 기본적으로 사물을 추상화하는 힘을 가지고 있음을 의미한다.

한글의 닿소리는 〈ㄱㄴㄷㄹㅁㅂㅅㅇㅈㅊㅋㅌㅍㅎ〉등 14자이다. 홀소리는 〈ㅏ ㅑ ㅓ ㅕ ㅗ ㅛ ㅜ ㅠ ㅡ ㅣ〉 등 10자이다. 한글은 이들 24자의 조합으로 이루어진다. 훈민정음 창제 때는 모두 28자였지만 '·(아래아)/△(반치음)/ㆁ(옛 이응)/ㆆ(여린 히읗)'을 사용하지 않음으로써 24자가 되었다. 한글은 인간이 창제한 원문자이면서 원소리인 소리글자이다.

닿소리 'ㅇ'와 홀소리 '·'가 결합하여 만든 원문자(原文字)는 'ㅇ·'이다. 'ㅇ'은 목구멍소리로 원(圓)을 상징한다. 'ㅇ'은 소리가 있으면서 정작 홀소리와 만나면 자신의 소리가 없다. 그런데 아래 아(·)자의 점

(點)도 천지인의 천(天)과 원방각의 원(圓)을 상징한다. 말하자면 하늘과 원이 광대무변한 우주를 상징하지만 역설적이게도 하나의 점(點)이 마치 원의 중심으로서 원을 상징한다고 할 수 있다. 이것이 한글 알파벳을 가진 한국인의 세계관이다. 세계는 거대한 원이면서 동시에 점이다. 다시 말하면 원은 점이고, 점은 원인 셈이다. 불교적인 세계관인 일미진중함시방(一微塵中含十方)의 뜻에 맞닿아있다.

이에 더하여 재미있는 것은 닿소리 'ㄴ'을 중심으로 홀소리의 조합에 따라 관련되는 여러 말들, 즉 대립적인 말, 대칭되는 말들을 상하좌우로 배열해보면 나름대로 매우 의미심장한 개념어들을 만날 수 있다. 어떻게 간단하게 홀소리를 다르게 결합함으로써 철학적 개념으로 전혀 손색이 없는 말들이 생성되는지, 놀라지 않을 수 없다.

	오 요	으
어 여	ㆍ	아 야
	우 유	이

<'ㆍ'의 변형과 홀소리>

닿소리의 'ㄴ'이라는 철자는 '＿'을 기본으로 수평과 땅을 상징한다. 이는 'ㄱ'이라는 철자가 'ㅣ'을 기본으로 수직과 인간을 상징하는 것과 대조된다. 그러니 홀소리 발음에 조심하지 않으면 한글의 소통에는 문제가 발생함을 피할 수 없다. 한국 속담에 "'아' 다르고, '어' 다르다"는 말이 있다. 홀소리를 가지고 차이를 드러내는 문자적 특성을 보인다.

'나'라는 말은 조형적으로도 땅(＿) 위에 서 있는 인간(ㅣ)이 밖으로 (ㅏ) '나아가는' 것을 의미한다. '나'라는 말은 도대체 신기한 말이다. '(태어)나다'의 동사 어근인 '나'를 명사화한 것이 '나'이지만 '나'는 '하나(한)'라는 말과 연상하면, '나→ 하나(한)'가 되어서 '나'는 작은 '나'이지만 '하나'는 '큰(great, big) 나'가 되는 의미의 확장을 상상할 수 있다. 여기에 '님'이라는 말을 결합하면 하나님(하늘님, 하느님, 한울님)이 된다. '나다'의 '나'가 의외로 우주로 확장되는 기적이 일어나는 순간이 아닌가!

'나'가 가장 크게 외연을 넓히고, 초월적으로 확장된 것이 하나님(하느님, God)이다. 다시 말하면 '나(자아)'가 보다 '큰 나(큰 자아)'가 된 것이 '하나(한나)', '하나님'이 되는 셈이다. '나'라는 단어에는 어딘가 하나 혹은 하나님과 연결되는, 혹은 '하나님과 하나 되는' '하나님이 되는' 의미가 잠재되어 있음을 알 수 있다.

'나'라는 말은 참으로 '철학의 원문자(原文字)'라고 말할 수 있다. '나'라는 말은 철학의 처음이면서 끝을 의미한다. '나↔하나님'은 서로 소통하는 말이면서 왕래하는 말이다. 하나님도 자신을 표현할 때 '나'라고 말한다. 구약에 모세가 여호와하나님에게 "당신은 누구입니까."라고 묻는다. 이때 하나님은 "나는 나다(나는 내가 되려고 하는 나이다)"

라고 말씀한다. '나' 속에 '하나' 혹은 '하나님'이 들어있고, '하나' 혹은 '하나님' 속에 '나'가 들어있다. 그렇다면 '나'를 상하좌우 사방에서 둘러싼 단어들을 보자.

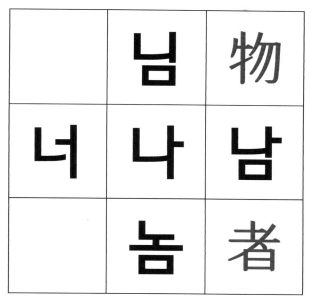

<'나'의 변형+物+者>

'나-남-님-놈-너'의 다섯 글자에 물(物)자와 자(者)를 보태 한자문화권의 소속자로서 철학적 토론의 외연을 넓히면 다음과 같다. 동양 사람들은 흔히 자신을 말할 때는 심(心)자를 쓰고, 남을 말할 때는 물(物)자를 쓴다. "내 마음 같아서"라는 말에서 나는 이미 마음과 같은 의미로 사용됨을 알 수 있다. 나는 내가 볼 수 없기에 마음이라고 표현한 것처럼 생각된다. 눈앞에 있는 사물은 바라보지만 자기 자신은 볼 수 없다.

그럼에도 불구하고 자신을 바라보는 것을 철학적으로 내성(內省) 혹은 성찰(省察)이라고 한다. 성찰의 대표적인 것이 "나는 생각한다. 고로 존재한다."라는 코기토이다. 코기토는 근대정신을 말하는 상징이지만 생각이 바로 성찰임을 암시한다. 감각적으로(감각직관)으로 느끼는 것을 다시 어떤 형태이든 인간의 생각으로 재현(representation)하는 것을 말한다.

동양에서는 오래 전부터 눈앞에 보이는 사물(事物)은 물(物)이라고 표현해왔다. 이때의 '물'은 존재를 의미하는 경우가 많았다. '물'이라는 말은 오늘날 '정신'의 대립어로서 '물질'을 의미하는 것과는 다른 차원이다. 다시 말하면 정신과 물질이 나누어지기 전, 오늘날 존재의 의미로 '물'이라는 말을 쓴 것 같다. '물'은 사물에 대해서만이 아니라 사람으로서 타인(他人)에 대해서도 쓴다. 결국 '물(物)'은 내가 아닌 남(타인)과 사물을 동시에 지칭하는 말이기도 하다.

그래서 한자로 한국인의 인식론과 존재론이 표현될 때, 특히 조선조 때 이기일원론(理氣一元論)과 이기이원론(理氣二元論), 심물일원론(心物一元論)과 심물이원론(心物二元論), 인물성동론(人物性同論)과 인물성이론(人物性異論)이 다투는 결과를 초래했다. 심이든 물이든 같은 존재인데도 말이다. 물(物)자에는 심물일체(心物一體)의 정신이 깔려 있는 것 같다.

남을 지칭할 때 쓰는 용어로 놈 자(者)자가 있다. 자(者)자는 '것(불완전명사)'의 의미로 쓰이기도 하고, 상대를 비하할 때 쓰는 말이기도 하다. 오늘날 철학적으로 존재자(存在者)를 말할 때 '존재하는 것'의 의미로 이 말을 쓴다. 존재자는 '것'이 됨으로써 '존재(存在)'와는 다른 의미로 구분된다. 존재자는 본래존재가 아닌, 인간이 문화적·제도적으로 규정한 것, 즉 사물화 혹은 고정화한 것에 붙이는 이름이다. '것'은, '앎(지식)'은 불완전한 것임을 그 말 자체에 포함하고 있다.

자연은 존재(자연적 존재)인데 인간에 의해 존재자(제도적 존재자)로 의미변전을 하는 것이다. 요컨대 하나님도 만약 존재자(존재하는 것)가 되면 그 본래의 의미, 본성을 잃고 마는 것이 아닐까. 하나님은 존재이어야 하고, 그 존재는 고정된 것이 아닌, 항상 창조적으로 변하는 존재가 되어야 함을 거꾸로 반증할 수 있다.

하나님도 존재가 아니라 존재자가 되면 무제약적인 존재, 무제한적인 존재, 무한자의 존재, 전지전능한 존재의 지위에서 추락하게 된다. 그렇기 때문에 인간은 하나님을 말할 때 함부로 말하거나 규정해서는 안 된다. 함부로 규정하지 않기 위해서 실은 '님'자를 붙이는지도 모른다. 부모님이나 선생님, 스승님에게 '님'자를 붙이는 이유는 한정짓지 않기 위한 같은 전략인지 모른다. 만약 하나님과 같은 의미로 쓰이는 '일자(一者)=Oneness'가 규정된 것으로 해석된다면 그것조차 하나님의 총체성을 배반할 여지가 다분히 있다.

일자(一者)의 의미는 '하나인 것'으로 규정되는 까닭에 존재자의 의미로 변질될 가능성이 크다. '하나'는 상징과 은유의 여지가 있는 '하나님(하나+님)'으로 불리는 것이 하나님의 본래의 성격에 맞다. 다시 말하면 '일자(一者)의 하나님'보다는 '일님(一任)의 하나님'이 바로 진정한 하나님이다.

앎(지식)은 항상 무엇을 한정짓는, 개념화하는 버릇이 있다. 앎은 항상 '것(무엇)'을 아는 것이다(I know that). 그렇기 때문에 모든 앎은 이미 불완전함을 내포하고 있다. 그래서 서양철학의 비조인 소크라테스는 "나는 내가 아무 것도 모른다는 것(사실)을 안다(I know that I know nothing)."라고 말했다. 과연 철학의 비조다운 말이다. 그래서 존재라는 말은 보편적인 것은 아닐지라도 초월적인 의미가 들어있다.

어쩌면 인간이 '나'라는 말을 쓸 때 이미 초월적인 존재 혹은 초월적 주체가 되어있다. 초월적 주체가 되면 이미 대상은 영원히 달아나는 대상(영원한 대상)이 된다. 대상은 대상목적이 되면서 있음(현존)과 없음(부재)을 반복하게 된다. '있음'을 다루는 철학의 현상학은 환원(還元)을 하든, 회귀(回歸)를 하든 결국 주체와 대상의 왕래 속에서 하나의 순환을 이루지 않을 수 없다. 초월은 내재가 될 수밖에 없고, 추상은 기계가 될 수밖에 없다.

일상에서 우리가 무심코 쓰는 말인 〈나-남-님-놈-너〉라는 용어 속에도 이상의 깊은 철학적 의미가 들어있음을 알 수 있다. 우리는 그동안 남의 말로 철학을 하면서도 정작 우리말, 즉 한글로 그것에 도전해보지 않았다. 어쩌면 철학은 이상의 5가지 혹은 7가지 말을 다 이해하면 완성되는 것인지 모른다.

서양철학의 역사는 '존재'를 '존재자'로 만들어온 역사라고 말할 수 있다. 그것이 '애지(愛智)의 철학(philosophy)'의 알파요, 오메가이다. 하이데거에 이르러 이러한 사실이 밝혀졌지만, 하이데거의 깨달음에는 불교, 특히 선(禪)불교의 영향이 컸음을 알 수 있다. 아직도 서양은 동양의 무(無)사상을 제대로 아는 철학자가 드물다. '무'는 'nothingness'가 아니라 부진공론(不眞空論) 혹은 진공묘유(眞空妙有)의 '있음'이다. 즉 'nothingless'이다.

금강경에 나오는 "누가 제상이 상이 아니라는 사실을 안다면(若見諸

相非相) 바로 여래를 볼 것이다(卽見如來)"라는 구절을 상기할 필요가 있다. 세계(자연)는 그냥 생성변화하는 존재이다. 그것을 고정불변의 존재로 변전시키는 것이 인간의 사유이고, 앎이다. 어쩌면 세계라는 말 자체가 이미 존재를 존재자로 변전시키는 과정에 들어가는 존재사건이다. 존재는 본래 있는 것이다. 그것을 인간(현존재)의 입장에서 바라보니까, 존재를 제대로 알 수 없는 것이다. '알 수 없는 님'이 존재이다.

이제 순우리말, 한글로 철학이란 무엇인가를 물어볼 차례이다.

"나는 너의 남인가?" "나는 너의 님인가?" "나는 너의 놈인가?" "나는 존재(物)인가?" "나는 존재자(者)인가?"

근대철학의 선구자인 데카르트는 본유관념(本有觀念)을 말했다. 이것은 플라톤의 이데아와 다를 바가 없다. 단지 판단명석한 지식을 위해 수학과 기하학을 도입한 것이 다르다. 본유관념과 신은 무엇이 다를까. 본래 있는 관념이란 관념의 신이 아니고 무엇인가. 데카르트의 신 존재 증명은 이미 본유관념 속에 내재해 있다. 그렇다면 본유관념은 하이데거의 본래존재(本來存在)와 무엇이 다른가. 본래 있는 것은 마찬가지인데 관념과 존재가 다를 뿐이다.

삶은 머릿속의 관념(idea, essence)이 아니고 몸(신체)으로 살아가는 실존(life, existence)이다. 본유관념과 본래존재 사이에 앎의 철학과 삶의 철학의 경계가 있다. 본유관념이 사유존재라고 한다면 본래존재는 존재사유(Seinsdenken)라고 말할 수 있다. 존재와 존재자는 서로 겹쳐 있으며 서로 왕래할 수밖에 없다.

4. '하나' 플러스 '님', 하나님의 상징성

세계(존재)에 대한 인간의 첫 해석은 신(神)이고, 하나(一)인지 모른다. '신'과 '하나'를 말하려는 순간, 처음(태초)과 시작(始作)이 필요하고, 그러한 시작은 필연적으로 시간을 수반될 수밖에 없다. 그런 점에서 시작은 시작(時作), 혹은 시작(試作), 시작(詩作)의 의미가 들어있다.

언어 혹은 문장의 시작에서는 '나'가 필요하다. '나'가 없으면 애당초 아무런 표현도 할 수가 없다. 진정한 '나'는 '하나님'만이 말할 수 있는 것인지 모른다. 또는 '하나님'에게만 붙여질 수 있는 이름인지 모른다. 더불어 '나→ 하나'의 관계도 심상치 않다. '하나'라는 말에는 앞에서도 말했지만 '큰 나' 혹은 '전체를 포용할 수 있는, 혹은 전체를 창조한 존재'의 의미가 있다. 그러한 존재에게 '님'이라는 말이 붙여지는 것은 필연이며, 당위이다.

다시 말하면 '하나님'은 필요충분조건에서만 가능한 이름인지 모른다. 내가 나를 두고 뭐라 말한다면 이미 현상학적인 초월이 개입한 것이다. 여기엔 새로운 가능성을 열어두고 있기 때문에 이미 현상학적인 지향이 개입되었다고 할 수 있다. 그런 점에서 현상학은 존재에 대한 인간의 탐구방법으로서 피할 수 없는 철학분야이다.

하나님은 흔히 '태초(太初)의 하나님'이라고 말한다. 태초는 '시작의 시작'을 말함으로써 무한대로 소급하는 것을 막는 역할을 한다. 하나님은 또한 종말(終末)과 더불어 있다. 종말이라는 말도 '끝의 끝'을 말함으로써 무한대로 나아가는 것을 막는다. 하나님은 태초와 종말과 더불어 동시에 있는 존재이다. 하나님은 유시유종(有始有終)의 존재이면서 동시에 무시무종(無始無終)의 존재이다. 따라서 시작과 끝이라는 것이 의미가 있는 존재이면서 동시에 의미가 없는 존재이다. 하나님은 의미(意味)의 존재이면서 동시에 무의미(無意味)의 존재이다.

만약 내가(어떤 누군가가) 신을 떠올린다면 그 신은 나(자신)를 포함한 세계전체를 은유(隱喩)하는 것이라고 할 수밖에 없다. 왜냐하면 나는 그것을 정확하게 알지 못하면서 말한 것이기 때문이다. 이때의 신은 유비(類比, analogy)일 수밖에 없다. 나와 세계전체, 그리고 신을 내가 죄다 알고 있다고 말할 수 없다. 내가 아는 것은 오로지 세계전체의 일부로서 내가 제약할 수 있는 것일 뿐이다. 그러나 인간은 일단 신을 은유하고 난 뒤에는 그것을 본질적인 존재로 환유(換喩)하게 된다.

내가 '신(유일신)'을 '하나님'이라고 말하는 행위(신=하나님)는 이름을 붙이는 것(作名)이 될 수도 있고, 이름을 부르는 것(號名)이 될 수도 있다. 작명은 대상을 지배하는 것이 되지만 호명은 대상을 반드시 지배하는 것이 아닌, 요청(要請)하거나 호소(號召)하는 것이 될 수도 있다. 나는 나를 끝까지 제약할 수 없다(주관적 무제약자). 나는 세계전체도 제약할 수 없다(객관적 무제약자). 그리고 나와 세계전체가 포함된 신도 제약할 수 없다(주관적객관적 무제약자). 이 세계의 무제약자는 어느 하나라도 없으면 모두 성립하지 않는다.

신이 인간과 세계전체를 창조했다고 하는 것은 존재규정에서 어떤 도치가 일어났음을 의미한다. 그렇지만 여전히 나(1)와 세계전체(∞)를 포함한 신은 필연적으로 내가 모르는 미지(未知)의 세계를 포함할 수 있고, 그것은 비어있음(空, 無, 0)일 수밖에 없다. 그렇다면 신을 말할 때 저절로 비어있음(空集合)이 포함되게 된다. 신은 스스로 비어있는 부처의 속성을 지니고 있는 셈이다.

만약 하나님이라는 일자(一者)가 현상학적인 일자, 즉 존재자로 정해질 경우 동시에 창조된 사물존재로 전락하게 된다. '일자(一者)'는 또한 이미 본질이 규정된, 한정된 존재를 의미할 때에 사용할 수 있는 적당한 말이다. 그런 점에서 존재의 근본을 의미하는 '일자(一者)'라는 개념은 '일님(一任)'이라고 부르는 것이 적합할 것 같다. '일님'은 하나의 고정된 개념으로 부르는 것과는 다른 상징적·비유적 언어이기 때문이다. '하나님=일님'이다.

하나님도 존재(Being)와 생성(becoming)을 동시에 가진 존재가 되어야 필요충분조건을 다 갖춘 존재가 될 수 있다. 하나님이 세계를 창조할 수밖에 없는 이유는 하나님이 세계를 창조하지 않았으면 지금 우리가 함께 하고 있는 존재(공동존재)의 세계도 없어지게 되기 때문이다. 하나님은 존재의 필연성으로서, 다시 말하면 필연적으로 세계를 창조하지 않을 수 없게 되는 존재가 될 때 충족이유율을 갖춘 하나님이 된다. 이를 역으로 말하면 그러한 존재를 우리는 하나님이라고 부르고 있는 것이다.

하나님은 경계의 존재로서 '생성과 존재의 이중성'의 존재이다. 이를 철학적으로 말하면 하나님은 'Being의 존재'이면서 동시에 'becoming의 존재'임을 말한다. 하나님은 필연적으로, 존재적으로, 운명적으로, 기운생동적으로 창조를 하지 않을 수 없는 존재의 숙명과 업보를 타고난 존재라고 말할 수 있다. 그러한 존재에게 우리는 하나님이라는 이름을 붙여준 것이다. 따라서 하나님이 왜 세계를 창조했느냐고 묻는 것은 어리석은 질문이면서 제대로 답을 얻을 수도 없는 질문이다.

이는 흔히 가정에서 "아버지와 어머니는 왜 저를 낳으셨지요?"라고 묻는 것과 같다. 이런 질문에는 답을 할 수 없다. 동시에 부모가 아이를 보고 "아가야, 너는 아버지가 좋으냐?, 어머니가 좋으냐?"라고 하는 질문과 같다. 아이를 양쪽을 둘러보다가 말을 할 수 없을 것이다. 이것은 부모의 잘못된 질문이다. 존재의 궁극은 말을 할 수가 없다. 그 이유는 말을 하면 그 말이 존재를 스스로(저절로) 배제하기 때문이다.

우리는 위의 두 질문에서 하나님과 부모가 이상하게도 닮은 존재라는 것을 알게 된다. 하나님은 여기서 '하나님+부모'로서 '하늘부모님'이 되어야 한다는 새로운 의미로 다가옴을 느끼게 된다. 하나님은 그동안 너무 추상적이고 보편적이어서 구체적이고 실존적인 면모를 잃어버린 것 같은 기분을 버릴 수 없었다. 이제 실존으로서의 하나님, 살아있는 하나님의 모습을 하늘부모님에게서 회복할 수 있을 것 같다. 본래존재로서의 하나님 말이다.

다른 한편 하나님은 나와 분리된 타자(절대타자)이면서 동시에 자기(절대자기)가 되지 않으면 안 된다는 진리(절대진리)를 어렴풋이 깨닫게 된다. 이는 하나님의 절대이면서 상대인 절대-상대적 존재라는 것을 의미한다. 하나님은 'Being의 존재'이면서 동시에 'becoming의 존재'였듯이 말이다.

하나님을 두고 말하다 보면 우리는 최초의 원인으로서 하나님이, 즉 인과론의 하나님이 동시에 순환론의 하나님이라는 이중성에 빠지게 된다. 이중성은 실체론으로 보면 모순이면서 동시에 비실체론으로 보면 모순이 아닌 것이다. 하나님은 진리이면서 동시에 모순이다. 하나님은

'진리의 모순'이면서 동시에 '모순의 진리'이다.

현상학적인 하나님은 결코 존재론적인 하나님이 될 수 없다. 현상학적인 하나는 존재론적인 하나를 배제하기 때문이다. 현상학적인 무한대는 결코 존재론적인 무(無)가 될 수 없다. '무(無)와 공(空)과 0으로서의 하나님'이 없다면 무한대의 하나님, 무한자로서의 하나님, 무제약자로서의 하나님, 영원의 하나님은 존재할 수 없는 것이다.

그러나 현상학과 존재론을 융합하는 것이 하나님에 대한 완전한 통일이라고 할 수 있지 않을까? 동양의 태극음양사상으로 현상학과 존재론을 바라보면 음양 관계처럼 상호보완의 입장에 있을 수 있는 길이 열린다. 현상학의 실체론과 존재론의 비실체론의 화해가 실현될 수 있는 것이다. 이것은 존재론과 생성론의 화해가 실현되는 것과 같다.

우리 말 '닮다'에는 '같다'와 '다르다'의 의미가 동시에 들어있다. 닮은 것은 같으면서도 다른 관계에 있는 두 사물의 관계이다. 그렇지만 '닮다'에는 '다르다'에 방점이 찍혀있다. 우리 말 '같다'라는 말은 서양의 동일성(同一性)과는 다르다. 굳이 '동일성'을 말한다면 우리말 '똑같다'라는 말에 상응할 것이다. 그런데 말이 그렇지 '똑같은 것'은 세상에 없다. '똑같은 것'은 인간이 만들어낸 가상일 것이다.

고정불변의 의미로서의 '똑같은 것'은 이데아, 절대유일신 등이 대표적이다. '동일성(reality, identity, substance)'보다는 '닮음(類比, analogy)'이라는 말이 자연 혹은 자연적 존재에 더 가까운 말일 것 같다. 서양문명은 '동일성'을 좋아한다. 그러나 동양문명은 '닮음'을 좋아한다. 닮음은 그 속에 같음과 다름을 동시에 포함하고 있다. 서양문명은 닮음에서 동일성으로 향하여 나아간 문명이라고 할 수 있다. 그래서 자연과학, 혹은 수학적 세계, 기계적인 세계를 구성하는 데에 서양문명이 앞섰는지도 모른다.

기독교는 또한 자연의 서로 닮음을 신과 인간의 닮음으로 치환하고, 자연을 이용의 대상으로 보는 것에 치중한 나머지 오늘날 자연과학은 자연을 기계적인 것으로 보는 바람에 자연의 생성을 소외시키거나 왜곡시키고 말았다. 그래서 자연을 이용하되 자연과 인간, 자연과 신, 인간과 신의 관계를 하나의 관계로 회복시키는 것이 시대정신의 과제로 대두되었다. 오늘날 서양철학의 존재론은 그러한 사명에 있는 철학이라고 말할 수 있다.

돌이켜 보면 존재 속에는 이미 생성이 있고, 생성 속에는 존재가 들어있다. 세계를 이분화한 것이 인간의 인식이라는 것이다. 이를 역으로 말하면 이분화하지 않으면 인식이라고 할 수가 없고, 인식할 수도 없다. 그렇지만 존재는 항상 '생성하는 하나(역동적 장)'이다. 천부경의 무시무종(無始無終)은 존재론적으로 세계를 설명한 것이라면, 기독교의 유시유종(有始有終)은 현상학적으로 설명한 것이라고 말할 수 있다.

현상학은 판단정지(epoché)함으로써 신기원(epoch)을 수립하는 철학적 환원주의의 결과이다. 기독교 성경의 천지창조는 바로 신기원을 설정하면서 존재와 세계를 설명하는 방식이다. 이에 비해 천부경의 무시무종은 신기원이 없는 순환론의 방식이다. 존재는 기독교 성경처럼 유시유종이라고 하든, 천부경처럼 무시무종이라고 하든, 결국 생성하는 전체는 하나이고, 이것을 빠져나갈 수가 없다. 결국 유시유종이든 무시무종이든 일종의 말놀이라고 할 수 있다.

인간(인간의 인식)이 이분화한 세계를 통일하는 방법이 변증법이라는 것이고, 이 변증법을 음양론으로 보면 역동적인 음양법으로 볼 수 있을 것이다. 서양의 변증법은 정반합(正反合)이지만 동양의 음양법은 정분합(正分合)으로 명명될 수 있을 것이다. 반(反)이든, 분(分)이든 결과적으로는 같은 것이다. 정반합이든 정분합이든 본래로 돌아가는 것이다. 세계는 하나(一, 統一, 正, 合, 太極, 太初-終末)에서 하나로 돌아가는 순환과정이다. 이것을 서양에서는 신(神)으로, 동양에서는 도(道)로 표현하였을 따름이다.

그런 점에서 예수회의 선교사 마테오리치가 번역한 "태초에 하나님이 천지를 창조하시니라."(기독교성경)를 "태초에 도(道)가 있었다."(천주실의)로 번역한 것은 탁월했다고 할 수 있다. 이것은 단지 인격신(人格神)과 자연신(自然神)의 차이에 불과한, 다시 말하면 '관점(a point of view)의 차이'에 불과한 것이다.

천부경의 조화신(造化神)과 기독교의 제조신(製造神)의 관계도 마찬가지이다. 조화신 속에 이미 제조신이 들어있고, 제조신 속에 이미 조화신이 들어있는 것이다. 인간의 말은 다르지만 결국 같은 것이다. "태초에 말씀이 있었다."(기독교성경)는 "도가 일을 낳고, 일이 이를 낳고, 이가 삼을 낳고, 삼이 만물을 낳는다."(도덕경)는 서로 관점의 차이에 불과하다. 이것을 알면 서로 상통할 수밖에 없다. 신(神) 속에 인간이 있고, 인간(人間) 속에 신이 있고, 인간 속에 자연(自然)이 있고, 자연 속에 인간이 있다. 그리고 자연 속에 신이 있고, 신(神) 속에 자연이 있다. 서로가 서로를 포용하고 있다. 신과 인간과 자연은 하나일 수밖에 없다.

'하나'는 '개체로서의 하나'(헬 수 있는, accountable)도 될 수 있고,

'전체로서의 하나'(헬 수 없는, unaccountable)도 될 수 있다. 만약 전체로서의 하나가 헬 수 있는 것이 되면, 그 전체는 헤는 동시에 그것은 전체가 되는 것을 포기해야 한다. 이것은 부정신학(否定神學)이 되는 것이다. 하나님에는 긍정신학과 동시에 부정신학이 들어있다. 이것은 하나님을 믿는 나에게 하나님이 절대유일신이 될 수 있지만 그것은 동시에 다른 사람에게도 강요되거나 적용해서는 안 되는 것이 된다. 전체로서의 신은 항상 달아나는 신(神), 열린 신(神), 부정(否定)의 신, 차연(差延)되는 신(神)이 될 수밖에 없다.

그 '달아나는 신' '열린 신' '부정의 신' '차연되는 신'은 완전히 이해할 수도 없고, 잡을 수도 없다. 본래적인 신, 존재론적인 신, 자연적인 신은 생성변화하는 신일 수밖에 없다. 현상학적인 신과 존재론적인 신은 다르기 때문에 인간은 둘을 융합할 수밖에 없다. 인간은 생성으로서의 신을 존재로서의 신, 도덕으로서의 신으로 해석할 수밖에 없는 존재적 특성을 타고났다.

'나'라는 말과 '하나'라는 말, 그리고 '하나님'이라는 우리말이 철학적으로 매우 심각한 수준의 논의를 불러일으킬 수 있는 말임을 깨닫게 된다. '나'라는 말에는 개체성이, '하나'라는 말에는 전체성이, '하나님'이라는 말에는 전체성이 하나로 움직이는 총체성(부분의 합이 전체가 아니다)의 의미가 들어있다. 하나님이라는 말에는 판단명석하게 규정할 수 없는 '전체성의 신비'가 들어 있다. 그래서 '님(하나+님)'인 것이다. 한글로 철학함의 위대성을 여기서 미리 맛볼 수 있다. 님은 성스러움(聖)에 대한 한글표현이다.

이를 거꾸로 말하면 성스러움이 없으면 님이 아니다. 더욱이 성스러움이 없으면 하나님이 아니다. 하나님은 성스러움의 성스러움이다. 만약 어떤 사람이 이용의 대상으로 하나님을 말한다면 성스러움의 하나님이 아니다.

5. 천지인-정기신사상과 유일신-삼위일체사상

지상에 태어나서 살아가는 존재로서의 인간을 상정하면서 하느님 혹은 하나님사상을 추론하고 조명해보는 것은 신(神)이라는 관념이 어떻게 생겨났는지, 어떻게 변하였는지 혹은 그 관념의 다양성과 변이성을 살펴보는 데 도움이 될 것이다.

자연에 태어난 존재는 변하지 않는 것이 없고, 움직이지 않는 것이 없다. 인간의 눈에 조금도 변하지 않은 것으로 보이는 돌이나 산, 하늘의 북극성과 태양도 실은 변하고 있고, 움직이고 있다. 그런데 인간이라는 존재는 이렇게 변하고 움직이는 세상에서 변하지 않는 어떤 것을 상상하거나 찾는 존재적 특징을 가지고 있다. 다시 말하면 고정불변의 존재나 기준, 중심과 법칙을 찾는 것이 인간이다.

인간의 관념은 우선 변하고 움직이는 세계에서 불변의 것을 찾는 사유능력의 산물이다. 그런 점에서 인간은 자연적 존재이면서도 반(反)자연적 혹은 인위적, 유위적 존재이다.

인류고고학적으로 보면 호모사피엔스가 지상에 등장하면서 가장 큰 특징이 두발로 수직으로(bipedalism) 걷는 동물이라는 점이다. 이런 특징의 인간은 세계를 바라볼 때 입체적으로 바라볼 수 있는 장점을 지니고 있다. 그렇다고 다른 동물들이 입체적으로 살아가지 않는다는 주장이 아니다. 수많은 동식물들은 저마다 자연을 감각하면서 살아가는 존재이기 때문이다. 이때의 입장은 수직과 수평과 원을 인식하는 존재라는 뜻이다.

호모사피엔스의 머리에는 하늘과 별들이 반짝이고 있고, 좌우로 둘러보면 거대한 자연이 펼쳐져 있다. 인간은 수많은 동식물과 더불어 살아가지 않으면 안 되는 존재로 스스로를 인식했을 가능성이 높다.

인간이 고정불변의 존재로 느끼기 쉬운 것은 밤하늘의 수많은 별들, 그 중에서도 북극성과 북두칠성, 그리고 낮의 태양이었을 것임을 상상하는 것은 어렵지 않다. 이들 구체적인 존재들은 나중에 추상적인 존재들로 변하여 중심이 되고, 법칙이 되고, 기준이 되었을 것이다.

인간의 고정불변의 존재에 대한 상상력과 기대는 언어의 발견과 구성을 통해서 강화되었다. 언어는 의미를 가지는 기호(기호체계)이다. 의미를 가지는 데는 우선 의미(의미의 발생)가 필요하고 그 의미를 기호로 표현할 수 있는 문자가 필요하다. 문자 체계는 의미가 장기간 세대를 거쳐 전수될 수 있는 도구가 되었을 것이다. 우리는 여기서 '하나님'을 표상하는 여러 문화문명체계 속의 다른 기호를 가정할 수 있다. 기호는 다르지만 하나님을 의미하는 기호, 언어가 있을 수 있다. 언어는 음성언어(입말, 口語)와 문자언어(글말, 文語)가 있다.

문자가 없는 사회에서도 언어는 있을 수 있다. 그것이 음성언어이다. 음성언어는 그러한 점에서 의미이면서 동시에 기호일 수 있다. 그렇지만 대부분이 언어는 의미와 기호, 시니피에와 시니피앙이 다르고, 둘 사이의 조합은 매우 임의적이다.

인간은 이상하게도 하느님 혹은 하나님이라는 고정불변의 존재, 그

리고 그것에 해당하는 언어(단어)를 가진 존재이다. 그렇지만 그 하나
님에 대한 개념(의미)은 조금씩 편차를 보이고 있다. 단도직입적으로
말해서 기독교의 성경의 하나님(여호와)과 동이족의 천부경(天符經)의
하나님은 다르다.

가장 큰 차이점은 여호와는 천지를 창조한, '제조신(製造神)의 하나
님'인 반면, 천부경의 하나님은 '조화신(造化神)의 하나님'이다. 조화신
의 하나님은 제조적 성격도 가지고 있지만 변하는 성격도 가지고 있는
하나님이다. 말하자면 전자는 고정불변의 하나님인 반면 후자는 변화
는 것을 내포하고 있는 하나님이다. 그렇다고 후자가 변하지 않는 것
을 부정하는 하나님도 아니다. 요컨대 천부경의 하나님은 환인(桓因),
환웅(桓雄), 환검(桓儉, 檀君)으로서 모두 환(桓)이라는 단어를 공통으로
포함하고 있다.

신학자 윤성범의 「桓因, 桓雄, 桓儉은 곧 '하나님'이다」라는 논문은
기독교의 입장에서 단군신화를 해석한 중요한 논문으로 생각된다. 그
는 우리의 민속학자나 어문학자의 신(神) 혹은 천(天) 관념은 자연신론
에 속한다고 보고 있다. 육당 최남선의 '붉(밝)'(불함문화론)사상과 양
주동의 '한볼(한밝): 한볼→한볼→한올'사상을 검토한 윤성범은 "이것
은 탱그리(tengri)의 관념에 다름 없는 것이다."라고 말하고 있다.[1]

그는 유일신관으로서의 하나님사상은 게일(James S. Gale)박사가
주장한 한국 사람이 믿는 하나님은 '한 큰 분'(The One Great One)에
서 찾고 있다. 또한 헐버트(Hulbert)박사가 주장한 "한국인의 순수한

---

1) 윤성범, 「환인 환웅 환검은 곧 하나님이다」『韓國論爭史』(靑藍文化史, 1980), 394
～395쪽.

종교관념은 외국에서 수입한 종교적 숭배와는 전연 관계없이 하나님은 우주의 최고의 지배자이며 잡다의 귀신을 초월한 신으로 유태교의 '에호바'와 일치한다고 보고 있음"[2]을 예로 들었다. 윤성범은 또 홍이섭의 '하눌, 하ᄂ님'은 모두 '하눌님'의 변화에서 온 것이라는 주장도 소개하고 있다.

그는 우랄알타이어족에 속하는 말로 우리말 '한'과 관련되는 것으로 '간' '칸' '천' '한' 등을 소개하고 있다. 그리고 신라의 제일급 벼슬 이름인 각간(角干), 이벌간(伊罰干), 이벌찬(伊伐飡), 우벌찬(于伐飡), 서불한(舒弗邯), 서발한(舒發翰) 등을 예로 들고 있다.

윤성범은 윤치호박사가 말한 "'하나님'이라는 말은 '하날'(天)과 '님'의 혼성어(混成語)이므로 '하나님'은 어떠한 인격적인 실재를 가리키는 것이 아니요, 다만 '하날'에 존경사 '님'을 붙인 것뿐이라고 반대할 이가 있을는지도 모르나, 그러나 '님'이란 존경사를 인격이 없고 생명이 없는 것에게는 붙이지 않는다는 것을 기억하면 그러한 반대는 타지(墮地)되고 말 것이다."를 소개하면서 특히 '님'에 대한 해석을 중시하고 있다.[3]

그는 이렇게 결론을 맺고 있다. "한국의 神槪念인 '하나님'은 그 자체로서 '唯一하신 人格的인 神'을 의미하고 있으니 이 얼마나 굉장한 그리고 자랑할 만한 사실인가?"라고 말하고 있다.[4]

그러나 고정불변의 신, 유일신으로서의 기독교 신은 천부경의 신과

---

2) 윤성범, 같은 논문, 같은 책, 396~397쪽.
3) 윤성범, 같은 논문, 같은 책, 398~399쪽.
4) 윤성범, 같은 논문, 같은 책, 401쪽.

는 다르다. 기독교의 신은 창조신(製造神)인데 비해 천부경의 신은 조화신(造化神)이다. 조화신은 제조신의 성격도 가지고 있지만 변화(變化: 造化)를 포함하고 있기 때문이다. 즉 기운생동을 의미하는 '동사의 신'이다.

인간이 신을 섬길 때는 '唯一하신 人格的인 神'이 될 수밖에 없다. 믿음이라는 것 자체가 절대적이고 고정불변의 것을 섬기는 행위이기 때문이다. 아마도 천부경의 신은 조화신임에도 불구하고 하느님(하나님)을 믿을 때는 우리민족이 마치 유일신처럼 모셨을 것을 쉽게 짐작할 수 있다.

우리민족의 천부경사상과 기독교의 신(神)관념은 어딘가 공통점이 있다. 그래서 기독교의 '여호와'는 '하나님'으로 대체되어도 아무런 거부감이나 저항이 없이 신앙인에게 녹아들어갔을 것으로 보인다.

천부경의 천지인사상이라는 틀로 기독교의 삼위일체(三位一體)와 천부경의 삼재(三才)사상을 비교해보자. 여기에 곁들여 불교의 부처의 삼신(三身)사상도 대입해보자. '신'이라고 하던 '부처'라고 하던 그것은 이름일 뿐이다. 이름이 아닌 본래적인 의미는 하나일 것이다.

우리는 여기서 이들 사상의 비교를 통해 문명 사이의 영향 혹은 같은 기원을 상정해볼 수 있다. 쉽게 말하면 인도유럽어문화권과 한자문화권의 영향을 생각해볼 수 있다.

	천부경(天符經)	기독교	불교
天	환인(桓因)- 조화신(造化神)	성부(聖父)- 창조신(創造神)	법신(法身)
人	환검(桓儉)- 교화신(教化神)	성령(聖靈)- inspiration	보신(補身)
地	환웅(桓雄)- 치화신(治化神)	성자(聖子)- incarnation	응신(應身)
天地人일체	천부경의 하나님은 Being(존재)이면서 동시에 becoming(生成變化)의 하나님이다		

다시 하나님, 하느님으로 돌아가자. 고정-불변의 존재이면서 생성-변화하는 존재에게 가장 걸맞은 이름은 하나님이다. 직립 보행하는 인간에게 '하나(하나님, 하느님)'를 상징하는 존재로 하늘(天)과 원(圓)은 대표적인 것이다. 그래서 천지인(天地人)은 정기신(精氣神), 원방각(圓方角)으로 표현된다. 이들은 본질적으로 하나이기 때문에 중첩되면서 순환할 수밖에 없다.

세계는 기독교의 신처럼 혹은 서양철학의 이데아처럼 실체로 볼 수도 있고, 불교의 공(空)처럼 혹은 무(無)처럼 비실체로 볼 수도 있다. 극과 극은 통한다는 말이 있듯이 둘은 하나일 수밖에 없다. 만약 그렇지 않으면 세계 혹은 존재는 둘로 갈라져있게 된다. 처음부터 갈라져 있다면 세계가 갈등과 대립으로 싸우는 것은 당연한 것이 되며, 고칠 수도 없는 것이 된다. 세계가 평화로우려면 실체와 비실체가 하나일 수밖에 없다.

서양문명에서 최초의 존재(Being)는 신(神)이다. 누스(nous)는 일자(一者)인 신(神)에서 자기유출된 것이다. 신이 스스로 창조를 하지 않을 수 없는 존재의미가 여기에 있다. 여기에는 이미 '생성(becoming)'의 의미가 들어있다. 단지 자연의 생성을 창조로 해석했을 따름이다. 그것이 바로 인간의 특이성이다. 자연의 실재는 생성변화하고, 실체는 운동한다. 신의 창조는 이미 운동을 의미한다. 실체는 변화생성 대신에 자기운동(변증법적 정반합운동)을 하지 않을 수 없다. 이것이 현상이고, 역사이다. 현상과 역사에는 인간의 존재자적 해석, 즉 사물존재로서의 '것(thing=It=that=what)의 해석학'이 이미 들어있다.

신의 자기유출은 나중에 포이어바흐에 의해 반전하게 된다. 포이어바흐는 인간에서 투사된 것이 신이라고 주장하게 된다. 결국 현상학에서는 신에서 인간의 정신이 유출되었다가 거꾸로 인간의 정신에서 투사된 것이 신이라는 양극단의 주장이 성립되는 셈이다(신↔ 인간). 분명한 것은 인간만이 신을 인식할 수 있고, 신은 또한 인간을 창조(유출)했다는 것이다. 결론적으로 신과 인간은 함께 있어야 되는 존재이다. 현상학에서 "내가 보는 대로 있느냐, 있는 대로 보느냐"의 질문은 말의 언표로서는 반대의 경우인 것 같지만 실은 같은 말이다. 요컨대 현상학에서 있다는 것은 보이는 것을 있다고 하기 때문이다.

모세가 하나님에게 이름을 묻자 여호와는 "에흐예 아세르 에흐예(ehyeh asher ehyeh)"라고 말했다(출애굽기 3:14). 이 말에 대한 그리스어 번역(70인 역)은 "나는 있는 자다."이다. 이 말은 "나는 내가 되려고 하는 자이다."라고 번역되기도 한다. 후자의 번역은 매우 미래적이면서 존재론적인 답변이다.

히브리어 '에흐예'는 '자신의 있음'을 나타내는 말인데 '있는 자'가 되어버렸다. 이것은 '있음'과 '있는 자'를 혼동한 번역이다. 인간은 동사적 '있음'을 쉽게 명사적 '있는 자'로 번역하는 경향성이 있는 것은 아닐까. 이것은 인간의 특성이다. '동사의 신'이 '명사의 신'이 되어버렸다.

토마스 아퀴나스는 『신학대전』에서 '신은 있는 자(Qui est)' 또는 '존재 자체(ipsum esse)'라고 말했다. 그는 또 "신을 가리키는 어떤 명칭보다 더 근원적인 명칭은 '있는 자'다. 이 명칭, 즉 '있는 자'는 그 자체 안에서 전체를 내포하며 무한하고 무규정적인 실체의 거대한 바다와도 같이 존재자체를 갖고 있다."라고 말했다.[5]

그런데 하이데거의 존재론으로 보면 '있는 자'는 존재자이고 '존재 그 자체'는 존재이다. 결국 존재와 존재자를 동시에 포함한다고 주장한 것이나 마찬가지이다. 이것은 현상학과 존재론을 융합하는, 유무(有無) 상생하는 것이라고 할 수 있다.

인간이 이렇게 존재를 현상으로, 존재를 역사로 해석했다고 해서 그것이 진리를 왜곡했다고 하거나 잘못 되었다고 할 수 없다. 바로 그것이 인간이기 때문이다. 크게 보면 인간의 해석은 순환론에 빠지는 것이 아니라 순환론일 수밖에 없다. 인과론은 그 속에 있는, 원주율(전체)의 선분과 같은 직선(일부)일 뿐이다.

인간의 앎(지식)이라는 것은 항상 생성을 존재로, 존재를 존재자로 이해하게 한다. 앎은 결국 존재를 불완전명사인 '것(사물, 명사, 명사

---

5) 김용규, 『서양문명을 읽는 코드, 신』(Humanist, 2010), 75쪽.

구, 명사절, thing, It, that)' 즉 고정불변의 것으로 이해하게 한다. 앎이란 존재를 왜곡하는 것이 된다. 신불도(神佛道)도 아는 것이 되면 고정불변의 것이 되고 죽어버린다. 다시 말하면 하나님조차도, 부처님조차도, 자연조차도, 세계전체도 앎이 되면 고정불변의 것으로 전락하게 된다. 우리는 이러한 존재의 전락을 앎이라고 치켜세우고 있는 셈이다.

앎은 동사의 세계를 명사의 세계로, 동적인 세계를 정적인 세계로 바꾸어버리는 것이다. 존재이해라는 것은 결국 존재를 왜곡하고야 만다. 존재는 사물(thing, It, that)이 아니고 사건(event)이다. 존재는 진리가 아니고 존재진리이다. 존재는 물질이 아니고 기운생동이다. 참다운 앎은 생명(알)을 아는 동사로서의 '알다'이다. 그런데 명사로서의 앎(지식)은 생명(자연, 기운생동, 氣)을 왜곡하고 있는 것이다. 인간이 알고 있는 모든 것은 존재자(존재하는 것)이다. 생성(존재)의 세계에서는 신과 인간과 자연이 하나이다.

6. '훈(한)'과 '하나'의 다원다층의 의미

한국인이 일상적으로 말하는 '훈(한)', '하나'라는 말에는 다원다층의 의미가 있다.

"한사상의 '훈'에는 한국, 한겨레, 한글, 한식, 하나님(훈님)', 한얼의 의미와 함께 한자로는 '韓, 桓, 漢, 汗' 등으로 쓰인다. 다시 말하면 국가, 민족, 사상, 생활전반에 관한 우리의 정체성(identity)을 규정할 때 쓰는 말이다."[6] 물론 여기에 '한(恨)'과 '칸'(khan)도 포함할 수 있을 것이다.

'한'의 사전적인 의미는 '一(one)', '多(many)', '同(same)', '中(middle)', '不定(about)' 등 다섯 가지 뜻으로 요약된다.[7] 여기에 '한'의 새로운 의미로서 무한대(無限大, ∞), 무(無, nothingness, nothingless, 0), 영원(永遠, eternity) 등 무량(無量)의 의미도 포함할 수 있을 것이다.

"이러한 '한'의 개념은 종래 서구중심의 철학사상이 제 1원인(the first cause)이나 충족 이유(sufficient cause)를 설정, 거기서 다른 존재들을 유추하는 시원적 방법론에 의존하는 데 반해 비시원적으로 사고하고 사물을 생각하는 특징을 가지고 있다. 한사상은 다양한 의미를 포용하고 있기 때문에 그것 자체가 상징이다."[8]

'한'이라는 말에는 천부경(天符經)의 무시무종(無始無終)의 의미도 계승되고 있다고 볼 수 있다. 이것은 서양문명이 추구하는 동일성(同一性), 혹은 실체성(實體性), 유시유종(有始有終)과는 다른 의미이다. '한'은 한국문화의 집단적 정체성이면서 집단적 무의식이라고 할 수 있다. '한'에는 불교적 의미의 체상용(體相用)에서 체(體)에 해당하는 어떤 존재성이 잠재되어있다고 볼 수 있다.

필자는 30년 전에 '한'의 상징성에 대해 논의하면서 상징이 역동적(力動的, 易動的)인 삶에 있어서 역동적인 장(場, 磁場)에 해당하는 상

---

6) 박정진, 『한국문화와 예술인류학』(미래문화사, 1990), 274쪽.

7) 김상일, 『한사상』(온누리, 1986), 8~9쪽.

8) 박정진, 같은 책, 274~275쪽.

징(symbol)임을 밝힌 바 있다. 더욱이 상징을 기(氣)와 연결시켜서 '상징-기(氣)'를 서양문명의 '언어-사물'에 대칭시킨 바 있다.

"그것(한)은 '축어적 해석'(一)이면서 '확장으로서의 해석'(多), 그리고 그 사이의 '불확실성(不定)'과 '중간(中, middle)' '같음(同, same)' 등을 함께 포함하고 있다. 이것은 상징의 다차원성과 다름이 없다. '한'은 고정된 상징(이것은 언어이다)보다 상징작용, 즉 역동적 상징이다. 서양철학이 시원적 사고 특성을 가졌다고 하는 것은 어떤 관념이나 개념에 결정성을 부여하는 것을 의미하는데 이것은 다름 아닌 서양문명의 '언어-사물' 중심의 사고틀과 맥을 같이 한다. 이에 비해 결정성을 부정하는 '한'은 동양문화의 '상징(氣)' 중심의 사고 틀과 상통한다. 상징이야말로 지시적 의미전달 기능을 하면서도 개인(詩人)과 집단(민족)이 특별히 부여하는 의미를 싣고, 시각적으로 독립성을 보이는 사물과 언어가 하나가 되게 하는 주술적 기능을 한다. '한'은 우리민족의 집단 상징의 원형이다."[9]

'나는 길이요, 진리요, 생명이다' '도법자연(道法自然)' '알-나-스스로-하나'사상을 인도유럽어문명권과 한자한글문명권, 그리고 이 둘의 교차지역으로서의 중앙아시아 문명권을 설정하는 것과 함께 각 문명권의 특징을 비교해 보면 참으로 유의미한 결과를 얻을 수 있다.

우선 중앙아시아 지역을 인류의 5대 고등종교(유대교, 기독교, 이슬람교, 힌두교, 불교)들이 발생한 지역으로 특징지을 수 있다. 유교(儒教)는 동아시아, 특히 동이족이 살았던 동북아시아와 연결되는 중국 산

---

9) 박정진, 같은 책, 275쪽.

동지방 지방에서 발생한 종교라고 할 수 있다. 그런 점에서 유교는 도교(道教)와 함께 선도仙道)의 새로운 버전이라고 말할 수 있다.

우선 유럽은 진리(眞理)를 숭상하고, 중앙아시아는 생명(生命)을 숭상하고, 동양(동아시아)은 길(道)을 숭상하는 것으로 나타났다. 이것은 또한 앎(지식-이용-욕망), 알(卵-생명-순환), 앎(지혜-道-自然)으로, 그리고 앎(지식)-알다-존재(Being)-과학(학문), 생성(생멸)-나다-생성(becoming)-종교, 삶(살림)-되다-도(Tao)-윤리(도덕)로 연결된다.

이것은 최종적으로 도구적(道具的) 인간, 존재적(存在的, 生滅的) 인간, 도덕적(道德的) 인간의 특징으로 나타난다.

한'의 상징성은 인류문명과 종교, 그리고 삶의 여러 유형들과도 서로 비교되는 상징임을 알 수 있다. 인도유럽어(서양)-기독교불교문명에 '악(惡)-죄의식(죄책감, 原罪)의 상징'[10]이 있다면, 한자한글(동양)—선도도교문명에는 '한(恨)-수치심(羞恥, 禮義)의 상징'이 있다.

'악'이나 '한'이라는 단어는 철학적 개념이라기보다는 문화적 상징으로서 오래 동안 각 문화권에서 집단심리의 일종으로 심층에 쌓여진 것인데 이는 각 문화권의 신화와 연결되는 성격을 가지고 있다. 예로부터 '정(情)의 사회'인 한국은 심정(心情)을 중시할 수밖에 없고, 따라서 역사적으로 주변 강대국의 침략에 시달려온 한국은 또한 '한(恨)'을 가질 수밖에 없다. 만약 한국에서 하나님이 탄생한다면 '심정의 하나님' '한의 하나님'이 될 수밖에 없다. 따라서 한국의 하나님은 어떤 문화권에서보다 평화를 사랑하는, '평화의 하나님'의 탄생지가 될 수밖에 없는

---

10) 폴 리쾨르, 양명수 옮김, 『악의 상징』(문학과 지성사, 1994), 참조.

지정학적 위치에 있다.

동아시아 한자문화권에서는 심(心)과 물(物) 혹은 심물(心物)이라는 말을 붙여서 쓰는 경우가 많다. 그래서 철학에도 심과 물을 따로 떼어서 마치 서양철학의 정신(=心)과 물질(=物)처럼 반대개념으로 쓰기도 하고, 그렇게 번역하기도 한다. 유심론(唯心論)과 유물론(唯物論)은 그러한 산물이다. 또한 심학(心學)의 경우는 심물일체(心物一體)를 최고의 경지, 혹은 덕목으로 삼기도 한다. 또한 물아일체(物我一體)를 논하기도 한다.

그러나 한국은 특히 정(情) 혹은 심정(心情)이라는 말을 많이 쓴다. 한국인에게 심(心)과 정(情)은 붙어있는 경우가 많다. 한국 속담에 "미운 정, 고운 정 다 들었다." "좋아서 사나 정 때문에 살지." "정 주고 가지 마오."라는 말이 있다. 정은 한국 사람에게 좋고(好) 싫고(不好), 좋고(善) 나쁘고(惡)를 넘어선 개념이다. 그래서 심정(心情)은 한국인에게 초월성과 내재성을 동시에 갖는 개념이다. 개념이라기보다 상징이다. 그 속에 온갖 의미가 다 들어있으니 말이다.

'한'(韓, 恨)이라는 말도 마찬가지이다. 한국말에 정한(情恨)이라는 말이 있다. 정과 한이 뭉쳐진 말이다. 정한(情恨)으로 표현하면 한국 사람의 심층에 숨어 있는 모든 의미가 다 포함될 수 있을 것이다. 여기에 하나님(하늘님, 하느님, 한울님)도 포함된다. 한국 사람에게 가장 절대적이고 초월적인 존재는 '하나님'이다. '하나'에 '님'이 붙었으니 말이다. 오직 '하나의 높고 높으신 분인 하나님'인 셈이다. "하늘(하나님)도 무심하시지."라는 말이 있다. 〈정, 심정, 정한, 한, 하나님〉은 한국인에게 가장 복합적인 상징이다.

세계의 종교분포를 언어문화권으로 보면 기독교(이슬람교 포함)와 불교(힌두교 포함)는 인도유럽어문화권에 속하고 있다. 유교와 도교와 선도는 한자문화권에 속하고 있다. 이중 선도는 한자문화권과 한글문화권에 걸쳐 있다.

이상의 분포를 보면 우리는 종교와 문화의 통합이나 초종교초국가운동이 어떠한 경로를 거치는 것이 가장 효과적인 것인가를 생각하게 된다. 인도유럽어문화권에서 기독교와 불교가 소통(통합)을 이루고, 그 다음에 불교가 한자문화권의 도교와 유교와 소통을 이루고, 최종적으로 도교는 동북아시아의 선도문화와 소통을 이루어야 한다.

이러한 통합과정은 철학적으로도 매우 중요하다. 서양문명권은 이데아-기독교-자연과학을 문명의 특징으로 하기 때문에 고정불변의 실체가 있음을 전제하고 있다. 이에 비해 불교는 같은 인도유럽어문화권에 속하면서도 고정불변의 실체가 없음을 주장하고 있다. 실체의 유무(有無)가 인도유럽어문화권에 공존하고 있는 셈이다.

이렇게 보면 유무는 서로 소통할 수 있고, 상생할 수 있음을 유추할 수 있다. 기독교와 불교가 상통하게 되면 불교는 다시 도교와 상통될 수 있는 문화적 기반을 이미 가지고 있다. 소위 인도불교가 중국에 번역 소개된 격의불교(格義佛教)는 인도유럽어문화권과 한자문화권의 문화적 소통을 이룬 바 있기 때문이다.

한자문화권의 도교와 유교는 고정불변의 실체의 유무가 중요한 것이 아니라 인간과 자연과의 교감(소통)을 중시하고 있다는 점에서 인도유럽어문화권과는 매우 다른 세계관을 가지고 있는 셈이다. 도교와 유교는 '유무(有無)'보다는 '음양(陰陽)'의 세계관을 가지고 있다. 서양의 '유무대립(有無對立)'과 동양의 '음양상보(陰陽相補)'는 세계를 바라보는 태도가 기본적으로 다름을 의미한다. 유무는 대립하는 경향이 강하고, 음양은 상생하는 경향이 강하다.

도교와 유교는 한자문화권에서 소통된 많은 경험을 가지고 있다. 그리고 동북아시아의 선도는 특히 인간을 자연적 존재로 봄으로써 강도 높은 자연주의를 표방하고 있다고 볼 수 있다. 도교와 유교와 선도는 소통하는 데 별문제가 없다. 이상에서 볼 때 〈기독교→(↔) 불교→(↔) 도교→(↔) 유교→(↔) 선도〉의 소통을 이루는 것은 불가능한 것이 아니다.[11]

인간에게는 항상 자연의 인간동형론(Anthropomorphism)과 인간의 자연동형론(Physiomorphism)이 동시에 작용하고 있다. 또한 인간에게는 인간에 대한 신의 입장인 신인(神人)과 신에 대한 인간의 입장인 인신(人神)의 교차와 교감이 있다(〈신인(神人)→(↔)인신(人神)〉).

이상을 종합적으로 보면 〈신-(↔)인간-(↔)자연〉의 입장과 〈자연-(↔)신-(↔)인간〉의 입장은 서로 다르면서도 서로 가역하면서 공존해야 인류가 문화적으로 평화에 도달할 수 있음을 알게 한다.

동양은 생성(becoming)에 중심을 둔 문명권이고, 서양은 존재(Being)에 중심을 둔 문명권이다. 인도는 인도유럽어문명권에 속하는 문명권으로 그 중간에서 존재(Being)에서 생성(becoming)으로 진행한 문명권이다. 특히 불교는 생성의 정점에 있다. 생성변화하는 자연에서 고정불변의 존재(존재자, 공리, 법칙, 절대)를 찾은 문명권이 서양문

---

11) 박정진, 『신체적 존재론』(살림출판사, 2020), 337~342쪽 : 박정진, "박정진의 인류학토크 85, 97"(마로니에 방송, YouTube)

명이다. 동양에서는 생성을 도(道, Tao)라고 말한다.

인도유럽어문명권(유럽중앙아시아)		
	한자한글문명권(아시아대륙)	
유럽	중앙아시아 (수메르문명권)	동양 (동아시아)
진리(眞理)	생명(生命)	길(道)
앎(지식)-알다	생성(생멸)-나다	삶(살림)-되다
Being	Being→becoming	becoming(Tao)
과학(학문) 기독교 "악(惡)의 상징"	종교: 세계 5대종교 유대교 기독교 이슬람 교, 힌두교, 불교	윤리(도덕) 선도, 도교, 유교 "한(恨)의 상징"
Science	Belief	Conscience
유신유물무신론	유신유심범신론	심물일체자연
法(법칙, 법률, 실체, 자아, 用)	法(불법, 제행무상, 비실체, 제법무아, 體)	道(인법지, 지법천, 천법도, 道法自然)
삶< 앎(지식, 이용, 욕망)	알(卵, 생명, 순환)	앎< 삶(지혜, 道, 自然)
도구적(道具的) 인간	존재적(生滅的) 인간	도덕적(道德的) 인간
"나는 길(道)이요, 진리(法)요, 생명(生命)이다."(道法自然) ="알(올)-나-스스로-하나(한, 혼)=알다-나다-살다-하나되다"		

<인류문명권으로 본 길-진리-생명, 도법자연, 알-나-스스로-하나>

인류는 기독교로 볼 때는 새로운 하나님, '하나 되는 하나님'을 추구

하는 하나님주의(Godism)에 도달하여야 한다. 'God' 'Geist' 'Ghost'
는 인간문화를 표상하는 상징개념들이다.[12] 하나님주의는 '존재의 신'
과 '생성의 신'이 융합된 '제조화신(製造化神)'을 의미한다. 이것은 천
부경과 기독교의 융합이기도 하고, 기독교와 불교의 융합이기도 하다.

이제 최종적으로 〈알-나-스스로-하나〉 우리말철학이 어떻게 동서양
철학, 불교철학, 유교철학, 기독교철학과 관련을 맺는지를 종합적으로
바라볼 차례이다. 이 표를 자세히 설명하지는 않을 것이다. 지금까지
이 책을 성실하게 읽은 사람은 저절로 알게 될 것이기 때문이다. 이들
은 사유의 사태가 같다.

	생멸하는 자연과 인간과 우주			
자연의 순환	起(生) (봄)	承(長) (여름)	轉(斂) (가을)	結(藏) (겨울)
우리말철학 (앎과 삶)	알 (알다)	나 (나다)	스스로 (살다)	하나 (하나 되다)
유교-동양철학 (도학)	自身(儉素) 修身(格物)	自信(謙遜) 齊家(致知)	自新(自由) 治國(誠意)	自神(創意) 平天下(正心)
불교-인도철학 (존재론)	苦(生) (我相)	集(老) (人相)	滅(病) (衆生相)	道(死) (壽者相)
기독교- 서양철학 (현상학)	생명(천지창조) (무의식)	자아 (의식)	자유 (평등)	평화 (종말구원) (사랑-영원)
서양문명(4T)	Thing	Time	Text	Technology

12) 박정진, 『서양철학의 종언과 한글철학의 탄생』(yeondoo, 2022), 752~763쪽.

하나님주의(4G)	God	Geist	Ghost	Godism (製造化神)
자연과학 (천체물리학)	빅뱅 (Big-bang)	은하계 (우주)	태양계 (지구, 인간)	블랙홀 (Black-hole)

<생멸하는 자연과 인간>

7. 한민족 문화의 원형 환(桓)-한(韓)

1) 환(桓)의 상징성[13]

◎ 桓환

환(桓)자는 갑골문(甲骨文)에는 없고 금문(金文)에서부터 찾아볼 수 있다. 금문의 자의(字意)를 보면 '하늘에 외롭게 떠서 환히 비추는 해'이다. 우변의 긍(亘)자는 뻗칠 긍, 펼 선이다. 공중에 떠 있는 해가 움직이는 모습으로 배로 비유되기도 한다. 까마귀를 상징하기도 한다.

좌변의 목(木)자는 나무라기보다는 해나 별이 밝게 빛나는 모양을 상징한다. 빛 혹은 삼신(三神, 빛)이 내리는 것으로 볼 시(示)와 뜻이 같다. 본(本)=심(心)=태양(太陽)의 의미가 있다.

---

13) 박정진, 『종교인류학』(불교춘추사, 2007), 275~276쪽.

환(桓)자를 종합적으로 보면 나무 사이로 햇빛이 비치는 모습이다. 나무사이로 비치는 빛이 더 찬란하다. 나무는 예로부터 하늘과 땅을 잇는 우주목(宇宙木)의 역할을 하고 있다. 원시림에 햇빛이 비치는 모습은 생명의 시작을 의미하기에 충분하다.

'태양의 시기'와 관련해서 환단(桓檀)이라는 글자에 대해서도 주목할 필요가 있다. 환(桓)을 파자하면 환(桓=木+一+旦(日+一))이고 단(檀)을 파자하면 단(檀=木+亠+回+旦)이다. 여기서 두(亠)자는 상(上)자의 의미가 있고 단(旦)자는 물론 모두 태양을 나타내는 글자이다. 두 글자에 공통으로 들어가는 것이 목(木)자와 '요구할' 선(亘=一+旦)자이다. 선(亘)자는 환(桓)자로도 쓰인다. '아침' '밝을' 단(旦)자는 단(檀)자와 발음도 같다. 한글 발음으로 '환(한)'이든 '단'이든 모두 같은 계열이다. 이들은 태양 혹은 태양이 뜨는 모습을 상형하고 있다. 여기에 목(木)을 감안하면 나무 사이로 태양이 떠오르는 상형이다. 목(木)은 식물을 말하기도 하지만 생명을 뜻하기도 한다. 태초의 태양과 생명의 모습을 고스란히 담고 있다. 특히 단(檀=桓+丶+回)자에는 환(桓)자와 달리 여기에 '등불' 주(丶=炷)자와 돌 회(回)자를 보탠 것이 눈에 띈다. 이미 태양의 돌고 도는 순환 혹은 주기에 대해 주목하는 발전을 보이고 있다. 이러한 전통은 다음의 고대 개국신화에도 이어진다.[14]

낙빈기류의 금문학(金文學)에 따르면 '환'(桓)자도 '木+亘'자의 합성어인데 '亘'자는 '일(一)+일(日)+일(一)'의 합성어이다. '木'자는 신농(神農)의 '丨(수컷을 나타냄)'를 기초로 하고 있으니 결국 신농에서 뉘조

---

14) 박정진, 『종교인류학』(불교춘추사, 2007), 275～276쪽.

(뉘조), 아들 희화 주씨, 희화 주씨의 아들 정옥 고양씨의 이름표시가 포함되어 있다. 나무 목(木)자는 '주'(柱)자와 '상'(相)자에서 이름자로 등장하는데 이는 세계수와 연결시켜 볼 수 있을 것이다. 적어도 나무 신앙이 등장하는 것과 초기국가의 시작을 환(桓)자에서 표현한 것이라고 보아도 무방할 것이다.[15]

소리가 먼저 있고 글자가 나중에 만들어진다는 대원칙에 따라서 본다면 소리에 북방민족의 소리글자(표음문자)를 나름대로 의미글자(표의문자)인 한자문화권의 체계에 맞게 글자를 맞춘 것이라고 여겨진다. 그래서 소리를 우선하되 한자를 참고로 적용하는 것이 고대 언어를 어원학적으로 변천과정을 살피는 데 좋을 것으로 보인다.

환(桓)과 한(韓)은 같은 발음이라고 여겨진다. 환(桓)에서 한(韓)이 되면서 본격적인 나라, 부계-부족국가사회가 되었을 것으로 짐작된다. 환(桓)자에는 산림과 초원을 무대로 살아간 유목민족문화의 특성이 잘 드러나 있다.

2) 한(韓)의 상징성[16]

◎ 韓한[胡安切(井垣也;북두칠성이 돈다)
[금문],　[설문]

---

15) 박정진, 같은 책, 253~254쪽.
16) 박정진, 같은 책, 47-48쪽.

한(韓)자도 금문과 설문에 나온다. 한(韓)자의 자의는 북두칠성 신앙을 믿는 민족이라는 뜻이다. 한(韓)자는 우물을 상징하기도 한다. 고대에 우물은 마을을 상징하지만 결국 마을이 커지면 마을공동체가 되고 마을공동체는 나라로 확장된다. 즉 '井=囲=圍=國(口)'임을 알 수 있다. 우물 정(井)자와 관련하여 우리나라의 이름 '한국'(韓國)의 '한(韓)'에 대해 천착해보면 의외로 우물 정자와 관련이 있음을 알게 된다.

'한'(桓, 韓, 漢, 汗, Khan)은 또한 한국은 물론 중국, 몽고 등 동북아시아, 중앙아시아, 스키토 시베리아 지역에서 문화적으로 가장 의미 있는 글자(발음)일뿐더러 문화적 원형을 복원하는데 있어서 결정적인 키워드가 되는 용어이다.

『설문』에 따르면 한(韓)자는 정교야(井橋也), 즉 우물의 난간이며 '한'이라는 음가는 '한'(韓)의 모양과 비슷한 '간'(倝: 우변이 사람 人: 해 돋을 간)에서 온 것이라고 말한다. 한(韓)자에서 우물을 떠올리고 둘레에 상하로 대칭을 이루고 있는 것들은 '난간'을 뜻한다고 본 것이다. '간'(倝)자는 바로 우물난간을 말한다. 결국 '간'이 '한'이 되었다는 얘기이다.

그런데 한(韓)자는 어딘가 조(朝)자와 비슷하다. 『강희자전(康熙字典)』에는 한(韓)자의 대전(大篆)이 조(朝)자의 그것과 비슷한 모양이다. 두 글자는 좌변은 같고 우변이 하나는 위(韋)자, 다른 하나는 월(月)자로 다르다. 위(韋)자는 앞에서 밭 전(田)자를 설명할 때 했다. 위자의 모양은 봉토 주위를 돌고 있는 발의 모양을 나타낸 것이다. '봉토를 호위하다' '밭 가운데 농작물을 호위하며 지키다'는 뜻이다. 결국 이것도 순임금을 나타내는데 문제는 위(韋)자에 들어있는 상하의 두 개의 발과 순임금의 이름자인 순(舜)자에 들어있는 두 개의 발의 모양이 서로 방향을 달리하고 있다는 데에 있다. 서로 어긋나고 있는 것이다.

다시 말하면 위(韋)라는 음이 '호위하다'라는 본래의 뜻에서 변화하여 '어긋나다'라는 뜻을 갖게 된 것이다. 이것은 '순임금의 유신(維新)' 특히 '모계제(母系制)에서 부계제(父系制)로의 전환'을 말하는 것이다. 낙빈기류의 해석은 아직도 많은 연구를 기다리고 있지만 생각해 볼 문제이다.

한(韓)자에는 점차 북방에서 남방으로 이동하는 것과 함께 우물과 물을 중심으로 정착하기 시작한 농업사회의 상징적 의미들이 숨어있다. 우리민족이 거주하고 있는 한반도와 만주일대는 북방유목문화와 남방 농경문화가 교차되는, 복합문화적 특징을 드러내는 지정학적 위치에 있다.

02

'알-나-스스로-하나'의
상징성

나랏말ᄊᆞ미 中듕國귁에 달아 文문字ᄍᆞ와로 서르 ᄉᆞᄆᆞᆺ디 아니ᄒᆞᆯᄊᆡ 이런 젼ᄎᆞ로 어린 百ᄇᆡᆨ姓셩이 니르고져 ᄒᆞᇙ 배 이셔도 ᄆᆞᄎᆞᆷ내 제 ᄠᅳ들 시러 펴디 몯ᄒᆞᇙ 노미 하니라 내 이를 爲윙ᄒᆞ야 어엿비 너겨 새로 스믈여듧 字ᄍᆞᆼ를 ᄆᆡᇰ ᄀᆞ노니 사ᄅᆞᆷ마다 ᄒᆡᅇᅧ 수ᄫᅵ니겨 날로 ᄡᅮ메 便뼌安ᅙᅡᆫ킈 ᄒᆞ고져 ᄒᆞᇙ ᄯᆞᄅᆞ미니라

순우리말철학 2 :
알(올)-나-스스로-하나(흔)[1]

1. '알(알다)-나(나다)-스스로(살다)-하나(되다)'의 순우리말철학[2]

앞장에서 철학에서 가장 중요한 단어는 '나'라는 사실을 살펴보았다. 그렇다면 이제 한글철학에서 세계를 이해하는 데 있어서 가장 중요한 단어, 즉 키워드는 무엇일까? '알'이라는 단어이다. '알'은 흔히 정신에 대해 육체, 혹은 물질을 나타내는 말로 사용하기도 한다. 이것은 서구의 정신과 육체를 나누는 이분법에 크게 영향을 받은 탓이다. '알'은 이

---

1) 박정진, 『신체적 존재론』(살림, 2020), 313~317쪽, 337~342쪽 : 박정진, "박정진의 인류학토크 63"(마로니에 방송, YouTube)
2) 박정진, 『신체적 존재론』(살림, 2020), 313~314쪽 : 박정진, "박정진의 인류학토크 84"(마로니에 방송, YouTube)

분법 이전에 생명을 나타내는 원형적인 말이다. 우리말의 원(原)문자라고 말할 수 있다.

'알'은 생명을 나타내기도 하고, 태양을 나타내기도 하고, 둥근형태의 물건을 지칭하기도 한다. 한글에서 가장 중요한 단어는 '알'이었다. '알'은 우리말의 가장 상징적인 단어이다. '알'이 있어야 알에서 태어나는 '나'도 있게 되고, 태어난 나는 어떤 경우에라도 스스로 살아가지 않으면 안 된다. 삶의 본질은 '스스로 하는 것'임을 우리말의 '스스로 하다'에서 찾을 수 있다. '스스로(살)+하다'는 '살다'가 된다. 삶의 정의를 여러 차원에서 말할 수 있겠지만 이보다 더 확실한 말은 없다. 무엇인가를 스스로 하지 않으면 삶이라고 할 수 없다.

사람은 무엇인가를 스스로 하면서 살아가는 존재이다. 그러고 보니 삶과 사람이라는 말의 관계도 어딘가 공통점을 느낄 수 있다. 사람을 축약하면 '삶'이 된다. 사람이 사는 것이 삶이다. '사람'이라는 말이 먼저 생겼는지, '삶'이라는 말이 먼저 생겼는지 알 수 없다. 아무튼 둘은 순환적이고, 즉자적이다.

스스로 살게 되면 사는 목적이 무엇이냐를 설정하지 않으면 안 된다. 아무런 방향설정 없이, 목적 없이 살아갈 수는 없기 때문이다. 그 목적이 의식적이든, 무의식적이든 목적을 가질 수밖에 없다. 더구나 최종목적은 태어난 것으로 다시 돌아가는 것일 수밖에 없다. 이것이 바로 '하나'로 돌아가는 것, '하나 되는' 것이다. 세계는 본래 하나였으니 당연히 하나로 돌아가는 것이 삶의 목적일 수밖에 없다.

사람이 하나로 돌아가기 위해서는 무엇을, 어떻게 하여야 할까. 우리는 '사랑'이라는 말을 많이 쓴다. 사랑이라는 말의 기원을 찾는 여러 가지 방법이 있지만 그 중에서 한자로 사량(思量)에서 변천되었다고 말하기도 한다. 그러나 우리말의 세계관으로 보면 '사람'에서 '사랑'이 나왔다고 보는 편이 옳은 것 같다. 요컨대 네모진 땅(ㅁ) 위에 사는 '사람'이 하늘을 닮아 둥글게(ㅇ) 완성되려면 '사랑'해야 한다고 보는 편이 더 옳은 것 같다. 원(ㅇ)은 하나의 상징이다.

한글로 '하나(한)'라는 말은 철학적 의미가 지대한 말이다. '나'에서 보다 크게 된 것이 '하나'이고, 최대치가 '하나'이기 때문이다. 세계는 본래 하나였고, 결국 하나로 돌아간다는 생각은 너무도 자연스러운 생명의 생멸과정, 생노병사의 길처럼 들린다. 그렇기 때문에 '하나'는 '지존의 님'이 될 수밖에 없고, 그것이 하나님이 될 수도 있고, 부처님이 될 수도 있다.

'알'은 개념이라기보다는 상징에 더 가깝다. 예부터 우리조상들은 '알(太陽, 天, 元)=하느님(하늘님, 한울님, 하나님)'을 섬겨온 민족이었다. 알은 결국 하나에서 출발하여 하나로 돌아가는 생명의 순환과정을 의미한다. 이것이 〈알-나-스스로-하나〉의 탄생이다. 하나님은 하나'님'이지만 하나님에 의해 창조된 피조물은 '남'이 된다. 우리는 '님'이 될 수도 있고, '남'이 될 수도 있다. 이것은 일견 〈고-집-멸-도(苦-集-滅-道)〉에 해당되는 것 같다.

인간을 포함한 생물은 스스로 살기 위해 수많은 노력을 경주했을지라도 끝내 한계상황에서는 죽지 않으면 안 된다. 죽음은 본래 태어난 곳으로 돌아가는 귀소행위이다. 이를 좀 더 철학적으로 말하면 '하나(본래하나)'로 돌아가는 것이다. 이것이 삶의 목적인 셈이다. '하나'로 돌아가는 것은 어쩌면 '하나님'으로 돌아가는 '하나님 되기(Godbecoming)'의 사건, 심물일여(心物一如)의 사건이라고 말할 수 있다.

<'알+나+스스로(살)+하나(한)'+남+님+自>

한자로 자(自)자는 코 비(鼻)자에서 따온 말이다. 코는 인간의 얼굴 중앙에 위치하고 있는 일종의 중심이며 어떤 점에서는 인간의 자존심을 상징한다. 그래서 고대에 죄인에 대한 다섯 가지 형벌 가운데 코를 베는 형벌이 있었다. 의형(劓刑)이 그것이다. 코는 인간을 대표하는 신체 부위이다.

그런데 자(自)와 결합하는 단어 가운데 가장 큰 단어는 물론 자연(自然)이다. 어떤 점에서 세상에서 가장 큰 자아(自我)는 자연(自然)인 셈이다. 자연은 '스스로 그러한' 것이니까 가장 큰 자아가 되는 것이 당연하다. 세상에서 '스스로 그러한' 것보다 큰 것은 없다. 그래서 자연 다음으로 떠오르는 것은 뭐니 뭐니 해도 몸으로서의 자신(自身)이다. 몸이 있는 다음에 믿음으로서의 자신(自信)이 중요한 것 같다.

몸을 가지고 있는 인간이 살아가는 데 있어서 믿음이 없으면 결코 불안해서 살아갈 수 없을 것이다. 그래서 인류학에서 '종교적 인간(Homo religiosus)'을 중요하게 다룬다. 종교적 인간은 아마도 인간의 탄생과 더불어 비롯되었으리라 생각된다. 포유류 중에서는 신체적으로 약하게 태어난 인간은 발달된 대뇌용량으로 자신을 도와줄, 혹은 자신이 기댈 어떤 존재를 상상했을 것이다. 원시고대인들의 제사유적지는 그것을 잘 말해준다. 제사의 대상이 되는 존재로 가장 먼저 떠오르는 아이콘, 상(像)은 고정불변의 존재로서 신(神)이다. 비록 고등종교의 유일신은 아닐지라도 인간은 조상 혹은 주위 사물에서 신물(神物)을 찾아내었을 것이다.

신이 인간의 정신에서 투사(投射)되었든, 아니면 신에서 인간의 정신이 유출(流出)되었든 간에 양자는 서로 왕래하는 관계에 있다. 불안과 공포의 자연에서 살아가기 위해 인간은 우선 스스로를 달래면서 다스려야 했을 것이고, 상은 그러한 역할을 수행했을 것이다. 사회생활을 하는 인간은 집단적 상징도 필요했을 것이다. 원시고대인이 집단적 상징으로 신이 필요했다면 오늘날 현대인은 그 상징으로 국가를 만들었는지도 모른다. 아무튼 신과 국가는 삶을 영위하는 데 없어서는 안 될 존재였을 것이다.

인간이 만든 제도는 시대에 따라, 환경의 변화에 따라 변하지 않으면 안 된다. 인간에게 있어 권력을 포함한 제도는 변하지 않으면 안 된다.

그것을 말해는 게 바로 자신(自新)이다. 어떤 점에서는 새롭게 되는 것이 신(神)이다. 만약 신이 태초에 창조를 하고 다시 창조를 하지 않았다면 신의 자리에서 내려오지 않으면 안 되었을 것이다. 아마도 인간은 그러한 신은 폐위시키고 말았을 것이다. 그래서 한자로 자(自)에는 '스스로 창조하는' '스스로 행하는' 자족자립의 실체(substance)의 뜻도 있다.

어느 나라 철학자이든 철학자라면 자신의 말, 즉 자신이 발을 딛고 살아가는 땅에서 사용되는 말로 철학을 할 때('이 땅에서 철학하기') 진정한 철학자가 될 수 있을 것이다. 이러한 점에서 한글(순우리말)로 된 주체철학의 구성은 현재를 살아가는 한국철학자들의 숭고한 책무임에 틀림없고, 그렇게 구성된 철학이 세계적인 지평에서 소통될 때, 다시 말하면 기존의 동서철학과 소통될 때 독립적인 철학으로 자리매김할 수 있을 것이다.

이상에서 짐작할 수 있듯이 순우리말에 〈알-나-스스로(自)-하나(한)〉라는 말이 있다. 이 말은 일상에서 흔히 사용하기 때문에 우리는 그 말이 담고 있는 철학적 의미에 대해서 대수롭지 않게 생각하는 경우가 많다. 심지어는 정치(精緻)한 서양의 철학이나 중국철학에 심취한 철학자들은 도대체 한글철학이 무슨 철학적 의미가 있겠느냐고 반문할 수도 있다. 이러한 태도는 스스로 철학을 한 적이 없거나 아니면 오래동안 문화적 사대주의에 찌든 자들의 푸념이거나 고답적인 생각이라고 단정해도 좋으리라.

자신의 일상어로 철학을 하지 않으면 결코 자생철학을 만들어낼 수 없다. 일상어에 숨어 오래 동안 전해 내려온 개념, 세속의 속담, 그리고 문헌학적·역사적 개념들을 찾아내고 의미부여를 하고, 의미를 일깨우는 과정을 통해 자생철학은 그 철학적 건축물을 드러낼 수 있을 것이다.

'아리랑'이라는 말도 '알'에서 유래되었다. 아리랑은 그대로 천지인 사상의 대중적 버전이다. 아=천(天), 리=지(地), 랑=인(人)이 그것이다. 우리말은(우리조상들은) '알'이라는 말에서 서로 다른 홀소리 변이를 통해 삶의 근간이라고 할 수 있는 육하원칙을 만들어냈다.

뒷장에서 상술하겠지만 우리말로 '알-얼-올-울-을-일'은 대수롭지 않는 말 같지만 삶의 기본구조 혹은 원칙이라고 할 수 있는 육하원칙을 뜻한다. 인간이 하늘 아래 땅 위에 살면서 기본적으로 정립하고 따져야 살 수 있는 것들이다. 〈알=생명(물질), 얼=정신, 올(미래)=시간, 울(우리)=공간, 을=목적(대상), 일(일하다)=노동〉을 뜻한다.

우리는 일상생활을 하면서 〈누가(who)-언제(when)-어디서 (where)-무엇을(what)-어떻게(how)-왜(why)〉라는 말을 밥 먹듯이 한다. 그러나 육하원칙에 해당하는 순우리말이 있다는 것을 잊어버리고 산다. 왜 그럴까? 우리말로 사유하는 습관을 들이지 않았기 때문이다.

우리말로 사유하는 내용(사유체계)들은 속담(俗談)에 많이 들어있다. 속담, 민속(民俗), 무속(巫俗)이라는 말에는 스스로를 비하하는 감정과 뒤틀린 태도가 들어있지만 속담이야말로 우리의 사유를 들여다볼 수 있는 보고(寶庫)이다. '알'은 우리말의 깊은 곳에 자리한 생명사상은 물론이고, 그 생명이 어디서부터 비롯되었는지, 왜 '알'자의 변형으로서 가장 중요한 우리말의 현상학적인 개념어들이 형성되었는지를 살펴볼 필요가 있다.

흔히 우리는 무엇을 인식하는 것을 '알다(알하다)'라고 말한다. 왜 인식하는 것이 '안다'일까. 너무도 당연하기 때문에 의문을 품지도 않는다. '알다'라는 말에는 단도직입적으로 말하면 "알(생명)을 아는 것이 앎이다."라는 함의가 숨어있다. 이것은 철학적으로 극과 극은 통한다는 태극적인 발상이 내재되어 있다. 이것은 철학적 순환론이기도 하다. 알(생명)에서 태어난 인간이 알(생명)을 아는 것이 앎이라면 일종의 순환이기 때문이다.

'알'과 '앎'의 관계를 분석해 볼 때, 통상적으로 동사(알다)에 'ㅁ'을 붙임으로서 명사형(앎)이 되는 게 보통이다. 이것은 '살다'(동사)가 '삶'(명사)이 되는 것과 같다. 앎은 '알다'의 명사형이다. 이것은 '알'이라는 어원과 떼어서 생각할 수가 없다. 이상을 통해 볼 때 인간의 앎이 생명에 이르지 못하면 진정한 앎에 도달하지 못했다는 뜻도 도는 셈이다. '앎'이 '알'에서 기원하는 우리말의 '말 만들기 원리(造語原理)'를 파악하면 철학적으로 얼마나 무시무시한 사건인가를 느끼게 된다. 한글은 우주의 원리를 꿰뚫고 있는, 우주의 원리를 담고 있는 글자임을 알수 있다. '알'자는 물론이고, '나' '스스로' '하나'도 무섭도록, 소름이끼칠 정도로 철학적 의미를 담고 있음을 확인할 수 있다. 이것은 한글의 자부심이기도 하다. 그렇기 때문에 늦었지만 지금이라도 한글로 철학을 해야만 하는 이유와 당위성을 발견할 수 있다.

한자한글문화권 (알-나-스스로)			인도유럽어문화권 (相-象)		세계종교	미래종교
알	나	스스로 (자신)	불교사상 (四相)	서양철학 (주체-대상)	유불선 기독교	네오(neo) 샤머니즘
올(몸) 알(알)	나	자신(自身) 검소(儉素)	아상 (我相)	주체(개체)-초월적 주관-절대	天(陽)-기독교(창조주-피조물)	자기-자신 (ego-self)
얼(감)	너 (남, 님)	자신(自信) 겸손(謙遜)	인상 (人相)	대상(對象,타자, thing)/상호 주관성/相對	地(陰)-불교(無上正等覺)	토테미즘 (totemism)
울(닭) 올/을	우리 (we)	자신(自新) 자유(自由)	중생상 (衆生相)	主客一體(心物一體)/초월내재, 내재초월	人(太極) 유교(君子)	정령숭배 (animism)
일(밝) 놀이	생명	자신(自神) 창의(創意)	수자상 (壽者相)	心情交感/心物存在/공동존재/telepathy	天地人(三太極, 三一) 선도	샤머니즘 (shamanism)

* 사람(人)=삶(生)=사랑(愛, 仁, 慈悲, 道)=유불선기독교=천지인삼재=人中天地一風流道
*세계는 기운생동(氣運生動)하는 하나(One)이다

<한글(순우리말)철학과 세계철학>

'알'이라는 단어는 매우 신화적인 단어이기도 하다. 알은 생명이면서 동시에 태양을 의미한다. 말하자면 인간이 태양계의 가족이라는 것을

상기시키는 말이다. 알은 난생설화(卵生說話)와 관계됨으로써 생명을 중시하는 사상을 드러내기도 하지만, 빛을 내는 둥그런 사물인 태양, 황금을 상징하는 우리말이다.

'나'라는 말은 '알'과 동시적으로 형성된 말이다. '나'는 '나다(태어나다)'라는 동사에서 생겨난 명사로 결국 '난(태어난) 존재'의 의미가 있다. 우리말 '나무'라는 말은 '나다'라는 동사의 명사형으로 '남(난 존재)'의 대명사이다.

우리말 '나다'라는 말은 한자로 '날 생(生)'의 뜻이지만 영어로 자연을 의미하는 단어인 'na-ture(네이처: 나의 틀/태어나는 틀/생겨나는 틀)'과 발음으로 같을 뿐만 아니라 의미도 통한다. 'ture(투르, 틀)'는 우리말 '틀'의 발음과 통하면서 어떤 바탕이나 체계를 의미하는 단어이다. 그런 점에서 문화를 의미하는 단어인 'culture(칼처, 나누는-틀 혹은 도구)'의 의미가 있다.

'알-나'는 다분히 생성적(태어나는, 생겨나는) 우주관의 산물이다. 이에 비해 문화(文化)는 다분히 생성적인 하나의 우주를 도구로 나누는(분류하는, 명명하는) 존재적 의미를 함의하고 있다.

알(생명)-나(나다, 태어나다, 생겨나다, 生)/네이처(na-ture: 나의 틀, 태어나는 틀, 생겨나는 틀)=생성론
문화(文化, 文=언어, culture: 칼처(나누는 틀-도구)=존재론

그런 점에서 필자가 앞서 제안한 '자신'의 철학과 '알-나'의 철학을 통합하면 결국 '알-나-자신'의 철학이라는 체계가 구성된다. 이 철학은

〈한글(순우리말)철학과 세계철학〉에서 보듯이 세계의 철학과 비교되는 것은 물론이고 의미소통과 번역이 될 수 있다.

한자한글문화권의 필자의 철학은 인도유럽어문화권과도 대응 혹은 대조되면서 서로 소통할 수 있는 자생철학이라고 할 수 있다.

2. 위인성신(爲人成神):자신(自身)-자신(自信)-자신(自新)-자신(自神)

필자는 '자신'이라는 한글발음으로 철학을 하고자 한다. '자신'이라는 한글발음은 같지만 한자의 뜻이 다름을 활용한 '한자한글문화권'의 새로운 철학적 시도라고 할 수 있을 것이다. '자신'은 상징개념이라고 할 수 있다. 독자들은 감히 자신(自身)-자신(自信)-자신(自新)-자신(自神)으로 그동안 성리학에서 신주처럼 모셔온 수신제가치국평천하(修身齊家治國平天下)를 대신하고자 함을 결과적으로 보게 될 것이다. 이제 고문상서(古文尚書)를 그만 두고 금문상서(今文尚書)를 할 때가 되었다.[3]

사람의 몸과 마음은 본래 하나이다. 그래서 서양철학처럼 정신과 육체라는 이분법으로 사람의 몸과 마음을 분리하는 것은 자연의 이치에 맞지 않는다. 필자는 신체라는 단어를 몸과 마음이 하나라는 의미에서 사용하고자 한다. 따라서 신체는 정신의 대상으로서의 육체나 물질이

---

3) 필자는 최근에 『21세기 詩經』(신세림, 2023)이라는 책을 저술하였다. 이것도 금문상서(今文尚書)의 일환이라고 할 수 있다.

아니다. 그런 점에서 세계는 신체이고, 신체가 세계이다.

정신과 육체(물질)를 분리함에 따라서 서양철학은 필연적으로 유심론과 유물론, 유신론과 무신론으로 대립할 수밖에 없는 처지에 이르게 된다. 일단 정신과 육체를 분리한 다음에 하나로 합치려고 하니 자연을 유물, 물질로 볼 수밖에 없고, 확실한 것을 찾으려고 하면 할수록 유물론자가 된다. 후기근대 서양철학자들의 다수가 유물론자가 되거나 아니면 과학실증주의에 빠지면서 결과적으로 물신숭배자(物神崇拜者)가 되는 것은 이런 까닭이다.

서양철학자들의 눈에는 자연이 자연과학으로 존재한다고 생각할 것이다. 이것은 "나는 생각한다. 고로 존재한다."의 굳건한 실천인 것이다. 참으로 서양철학의 이분법에, 처음에 끝이 있는 것이다. 이는 기독교의 신이 알파요, 오메가이면서 창조와 종말의 신인 것과 같다. 종말은 창조에 따라 일어나는 당연한 귀결이다. 그렇다면 창조가 없다면 종말도 없다. 대자연의 법칙은 스스로 그러한 것이다. 서양문명은 스스로 그러한, 종말로 갈 수밖에 없는 것인가.

생각해 보면 시간이라는 것이 있어서 죽음도 있는 것이다. 시간이 있어서 과거가 독립해서 있고, 미래가 독립해서 있는 것처럼 생각이 든다. 그렇다면 현재는 독립해서 있을 수 없기 때문에 시간이 아니다. 시간을 계산할 수 있는 시간으로 만든 것은 문명의 출발이기도 하지만 문명의 종말이기도 하다. 태초의 원인에 최후의 결과가 그냥 있는 것이다. 그런 점에서 문명도 자연이고, 인간도 자연이다.

생각해 보면 눈에 보이는 존재를 아무런 욕심 없이 바라보면 존재인데 조금만 욕심을 내면, 그것을 대상화하는 순간, 존재는 사물(사물존재)이 된다. 존재가 사물이 되는 데에 서양문명의 특징이 있고, 서양철학의 모든 문제가 숨어있다. 눈앞에 보이는 모든 존재는 생성-변화하는 존재이다. 이것을 고정불변의 존재로 보거나 혹은 현상 속에 고정불변의 존재가 있다고 생각하는 것이 인간인지 모른다. 이런 관점은 특히 서양문명에서 유난하다. 고정불변의 존재는 본질(essence)을 말하고 생성변화하는 존재는 그것 자체(Thing itself)를 말한다. 인간이 찾아내는 본질은 결코 그것 자체가 될 수 없다.

동양 사람들은 철학(哲學)을 하는 것이 아니라 수신(修身)을 한다. 이 말을 '앎의 철학'을 하는 것이 아니라 처음부터 '삶의 철학'을 하는 것을 의미한다. 삶의 철학은 물리학보다는 윤리학, 더 정확하게는 도덕을 중시하게 된다. 윤리는 사회생활의 준범 혹은 규칙을 의미하지만 도덕은 윤리뿐만이 아니라 자연과 인간이 어떤 관계를 형성하고 유지할 것인가를 포함한다. 그래서 동양의 도덕을 쉽게 윤리로 번역해서는 안 된다. 동양의 도덕에는 함께 살아야 하는 존재로서 자연이 들어가 있기 때문이다.

'자신'은 〈자신(自身)-자신(自信)-자신(自新)-자신(自神)〉의 네 가지 의미변전으로서 인간개인의 발전과 성숙, 시간에 따라 혹은 역사적으로 새롭게 되어야 하는 인간문화의 특성을 함축하고 있다. 자신(自身)은 '스스로 몸'이고, 자신(自信)은 '스스로 믿음'이고, 자신(自新)은 '스스로 새로움'이고, 자신(自神)은 '스스로 신'이 되는 것이다. 세계는 '스스로 되어감(돌아감)'이다.

자신(自身), 즉 내 몸(몸)이 있기 때문에 내 몸의 총체성의 표현으로써 마음이 있고, 그 마음은 언어를 통해 스스로를 드러내지 않을 수 없다.

그것이 바로 스스로 믿음으로서의 자신(自信)이다. 자신(自信)에 말씀 언(言)이 있는 것은 이 때문이다. 이것은 거꾸로 믿음이라는 것이 인간의 삶에 얼마나 중요한 지를 말해주고 있다. 믿음은 언어와 더불어 있는 인간의 존재적 특성이다.

현대인을 두고 불안의 존재라고 하지만 인류학적으로 볼 때 실은 불안보다는 믿음이 더 원천적인 존재방식이라고 하지 않을 수 없다. 믿음, 즉 종교가 없는 인간사회는 찾아볼 수 없다. 이것을 두고 불안하기 때문에 믿음을 요청하고, 종교를 발명했다고 보는 견해가 없는 것은 아니지만 곰곰이 생각해보면 믿음이 먼저인 것 같다. 믿음과 불안은 양면적인 성격이 있지만 그래도 인간이 종의 번영을 이루어낸 것을 보면 믿음이 강했던 것으로 보인다.

인간의 믿음은 항상 새롭게 전개되지 않으면 안 되었을 것이다. 왜냐하면 생성변화하는 자연 속에서 살아가려면 그러한 변화에 적응하지 않으면 안 되었을 것이기 때문이다. 인간은 항상 스스로 새로워지는 자신(自新)의 존재가 되지 않으면 안 되었을 것이다. 자연은 항상 그렇기 때문이다. 인간의 욕망과 이성은 가장 이상적인 존재로서의 신(神)을 최종적으로 상정하지 않을 수 없었을 것이다. 바로 이 단계가 바로 자신(自神)이다. 전지전능(全知全能)한 신이 되는 것은 인간의 욕망이자 이성의 궁극이라고 하지 않을 수 없다.

종교의 역사를 보면 비록 진화론적인 견해를 수긍하지 않는다고 하더라도 토테미즘에서 발견할 수 있듯이, 믿음의 대상이 되는 동물이 동시에 서로 생존을 경쟁하는, 심하게는 서로 먹고 먹히는 관계에 있었음을 알려준다. 여기에는 숭배와 이용의 양면성이 동시에 있었음을 알 수 있게 한다. 샤머니즘의 단계에서 인간은 비로소 자연을 지배하고 권력을 경쟁하는 존재로서 거듭 났음을 보여준다. 그러나 신이 되려는 인간은 그만큼 신의 역할과 책임을 다하지 않으면 안 된다. 이때의 책임은 세계의 주인으로서의 책임이다. 이는 부모가 가정에서, 왕이 나라에서 역할과 책임을 지는 것과 같다.

오늘날 고등종교는 크게 보면 샤머니즘에서 그 원형을 찾을 수 있다. 샤먼(shaman)들은 제정일치사회에서 제사장이면서 왕을 겸하였던 권력자였다. 제정분리사회에 들어오면서 왕권과 제사권이 분리되고, 정치적 권력이 더욱 강화되기 시작했다. 그렇지만 현대에 들어서도 정치권력과 종교권력은 권력을 나누고 있다고 볼 수 있다. 이것은 정치에도 종교적인 기능, 종교에는 정치적 기능이 잔존함을 말해준다.

신(神)의 문제는 현대와 같은 과학물질만능의 사회에서도 여전히 신학적인 논쟁을 불러일으키고 있다. 이는 신의 문제가 결국 인간의 문제이기 때문이다. 인간의 영혼이 없다면 신도 존재방식을 찾을 수 없을지 모른다. 영혼과 신은 초월적인 존재방식이다. 인간의 몸(몸)에서 분리된 마음은 고정불변의 명사가 되면서 동시에 영혼과 함께 존재하여야 할 신을 투사하거나 발명했을지도 모른다. 분명한 것은 인간이 없으면 신이 없고, 신이 없는 인간의 존재방식을 상상하기 어렵다. 그래서 자신(自身)에서 자신(自神)에 이르는 순환을 상상하지 않을 수 없다.

철학은 신(神)을 가정하거나 신이라는 말을 쓰지 않고, 초월적인 현상이나 작용에 대해 합리적으로 설명하고자 한다. 칸트는 그래서 '이성의 내의 신'을 설명하고자 했고, 헤겔은 인간의 절대정신을 전제하고 '절대지(絕對知)'를 통해 신을 설명하고자 했다. 에마뉘엘 레비나스는

'타인의 얼굴'을 통해 신을 설명하고자 했다. 이에 비해 신학은 신을 전제한 가운데 신을 합리적으로 설명하고자 노력한다.

이에 비해 일상인의 신에 대한 신앙은 반드시 합리적이어야 하는 것은 아니다. 신앙은 도리어 합리적이지 않는 계시나 기적이나 섭리를 믿는 경우가 더 많다. 그럼에도 불구하고 철학과 신학과 신앙은 서로 만나는 접점 혹은 경계영역을 지니고 있다고 말할 수 있을 것이다. 요컨대 신앙행위가 없는 경우를 전제하고 철학이나 신학이 신에 대해 논하는 것은 무의미한 것이다. 신은 왜 존재(Being)가 되었을까.

자연의 생성변화(becoming)가 인간에 이르러 왜 존재(being)가 되었을까. 오늘날 존재론(ontology)이라고 하는 것은 존재와 시간을 구분하면서 논리전개를 하고 있지만 그 출발부터 자기모순을 안고 있다. 생성론(becoming)은 시간이라는 변수가 존재 속에 포함되어 있다. 말하자면 시간은 독립변수가 될 수 없다. 그럼에도 불구하고 존재론(being)은 마치 시간이 존재의 독립변수처럼 기정사실화하면서 실마리를 풀고 있다. 여기에 서양철학의 존재론의 한계가 드러난다. 서양철학의 이분법이 여기서도 맹위를 떨치고 있다.

존재론은 분명히 가부장적인-남성중심의 사고와 관련이 깊다. 가부장적인 사회에서 살아가니까 인간개체는 자연의 생성으로부터, 즉 어머니의 생성으로부터 독립해서 나와서 어머니를 잃어버리고 고독한 존재가 된 것이다. 자연과 연결된 모성-여성성과 결별한 인간은 세상에 던져진 존재가 되고만 것이다. 그런데 인간의 삶을 보면 어머니의 몸으로부터 세상에 태어나서 적어도 십 수 년은 어머니의 품에서 양육되어 왔다. 이 기간 동안 신체적으로 발육되는 것은 물론이고 생활을 위해 필요한 기본적인 언어도 습득했다.

인간은 하이데거가 말하듯이 세상에 나자마자 세상에 던져진 것은 아니다. 세상에 던져졌다고 하는 것은 분명히 어머니와의 관계를 무시하거나 잃어버린 상태의 모습이다. 존재론이라고 하는 것은 단적으로 말하면 모성-여성성을 무시한 인간사유의 결과라고 하지 않을 수 없다. 존재론은 인간의 몸을 무시하거나 잃어버린 인간사유의 노정이라고 하지 않을 수 없다. 이것은 물론 함께 살아가는 존재로서의 자연을 잃어버린, 자연을 무시함으로써 스스로 황폐화한 마음의 자기고백이다.

인간에 의해 자연으로부터 독립된 신은 이제 자연으로, 자연의 생성으로 돌아가지 않으면 안 된다. 고정불변의 존재로서의 신, 절대불변의 신, 전지전능한 존재로서의 신을 포기하지 않으면 결국 인간은 스스로 자연과 분리된 채, 자신의 뿌리를 잃어버린 채 고독하게 자멸하지 않을 수 없을 것이다. 초월적이고 내재적인 자신(自神)은 존재적인 자신(自身)으로 돌아가야 한다. 그러기 위해서는 이제 홍익인간(弘益人間)에 그칠 것이 아니라 홍익자연(弘益自然)으로 넘어가는 사상을 가져야 한다.

몸이야말로, 정신의 대상으로서의 육체가 아닌 신체야말로 존재의 근본이다. 생멸하는 것이야말로 자연의 가장 자연스러운 삶의 방식임을 돌이켜볼 필요가 있다. 자연이외의 것은 모두 허상이고 유령이다. 그럼에도 불구하고 허상이고 유령이기 때문에 가장 실체적인 것이 된다.

필자의 '자신'의 철학은 '인도유럽어문화권'의 철학과도 통할 수 있다. 또한 한글은 한자문명권에 속해 있는 문자로서 한글발음을 가진 다른 뜻의 한자를 대체함으로써 의미변전(意味變轉) 혹은 의미점증(意味漸增)을 기할 수 있는 장점이 있다.

'자신'의 철학은 한글로 발음이 같지만 그 의미는 다르다. 〈자신(自身)-자신(自信)-자신(自新)-자신(自神)〉의 자(自)라는 글자의 뜻은 '스스로' '저절로' '~부터' 그리고 '자연'의 뜻을 함의하고 있다. 따라서 동양적 자연(自然)의 의미와 함께 서양철학의 존재론적 의미에서의 존재(Sein)의 의미가 들어있다. 그리고 뒤에 오는 서로 다른 '신'자와의 조합을 통해 당위(Sollen)의 의미도 담고 있다. 이것은 흔히 '필연과 당위(Sein-Sollen)'로 번역되는 철학적 의미를 '존재와 당위'의 전환해도 좋음을 시사하고 있다.

더욱이 놀랍게도 자연으로서의 존재(Sein)의 발음인 '자인'은 '자연'과 발음이 비슷하다. 필연과 존재(Sein)로서의 두 개념은 정반대라고 할 수도 있다. 서양철학에서 흔히 말하는 존재(Sein)라는 개념이 그동안 '필연(必然)'의 의미로 사용된 것은 동일성을 추구하는 서양문명권은 자연에서 필연적 법칙을 발견하는 것을 목적으로 하고 있음을 유추할 수 있다.

필자의 '자신' 철학은 '위인성신(爲人成神)'으로 축약된다.[4) 위인(爲人)은 '自身-自信-自新'에 해당하고, 성신(成神)은 '自神'에 해당한다.

위인성신(爲人成神): 自身, 自信, 自新, 自神

---

4) 박정진, 『신체적 존재론』(살림, 2020), 325~327쪽 : 박정진, "박정진의 인류학토크 82"(마로니에 방송, YouTube)

'위인성신'은 필자가 어느 날 갑자기 돈오(頓悟)하면서 동서철학을 관통하는 깨달음에 도달하여 지은 '7언(七言) 대련(對聯)' 작품에서 비롯됐다.

신진대사보충리(新進代謝補充理)
위인성신교심중(爲人成神交心中)

날마다 새롭게 진화하면 하늘의 이치와 만나고
사람과 신은 마음 깊은 곳에서 하나로 통한다.

위인성신의 의미를 해석하면 여러 층위의 의미가 가능하다.

爲: 하다, 되다, 살다, 생각하다, 위하다
人: 사람: 나(인중천지일), 남(천지중인간)
成: 生成, 構成, 完成/性, 姓, 聖, 誠
神: 神, 鬼神/靈魂魄

① 사람을 위해(목적인) 신이 생성(구성)되다
② 사람 때문에(궁극인) 신이 생성(구성)되다
③ 사람으로 하여금(질료인) 신(형상인)이 되게 하다
④ 사람으로 하여금 신을 완성케(작용인) 하다
⑤ 사람(나)이 되는(생성) 것이 신이 되는(생성) 것이다
⑥ 사람 짓(나)을 함으로써(구성) 신을 완성하다(구성)

⑦ 사람이 신(님)이 될 것을(이라고) 생각하다(상상)

자연=신=존재=심물존재(心物存在)=만물만신(萬物萬神)=나=하나

위인성신의 自身, 自信, 自新, 自神에 대응되는 4가지 덕목이 바로 儉素, 謙遜, 自由, 創意이다.

自身, 自信, 自新, 自神 儉素, 謙遜, 自由, 創意는 신유학의 팔조목인 格物, 致知, 誠意, 正心, 修身, 濟家, 治國, 平天下에 대응되는 것이다.

自身	自信	自新	自新	儉素	謙遜	自由	創意
格物	致知	誠意	正心	修身	濟家	治國	平天下

서양 사람에게 가장 본보기가 되는 것은 신(神)이다. 신은 주관적·객관적으로 완전한, 아무런 제약이 없는 이상적 존재이기 때문이다. 그래서 감히 자신(自神)이라는 덕목을 내세웠다. 그렇지만 동양 사람에게 가장 본보기가 되는 것은 자연, 즉 무위자연(無爲自然)이다. 자연은 스스로 그러한 존재(본래존재)이기 때문이다. 결국 사람은 자연에서 태어난 존재로서 자연과 다름을 주장하지만혹은 위대한 문명을 건설하지만, 결국 자연(본래자연)으로 돌아가는 것으로 끝난다.

	自神 자유	無爲 自然
自信 겸손	자신 스스로	自新 창의
	自身 검소	道法 自然

<'자신'의 변형과 현대판 팔조목(八條目)>

동서양문명이 만나서 지구촌 문명을 건설한 오늘날에서 보면 서양의 신(神)과 동양의 자연(自然)은 만나지 않을 수 없다. 신과 자연이 하나가 되는 것은 유위(有爲)와 무위(無爲)가 하나가 되는 것이다. 무위자연(無爲自然)은 도법자연(道法自然)과 의미가 같다. 무위자연과 도법자연은 아무 일도 하지 않는 것이 아니라 자연에 적절하게 적응하면서 살아가는 것을 의미한다.

서양의 창조신 속에도 이미 스스로 변화하는 힘이 내포되어 있다. 서양의 신(神)과 동양의 기운생동(氣運生動)이 하나가 되는 경지에 이르면 둘은 본래 하나였음에 깨닫게 된다. 신과 하나가 되는 자신(自神)의 경지에 이르면 본래존재로 돌아감(復)을 의미한다. 이것이 바로 '죽음을 넘어서는 안심입명의 경지'이다. 존재는 기운생동이다. 인간의 의식은 실은 존재와 아무런 관련이 없는 것이다. 죽음을 의식하는 것은 죽음과 아무런 상관이 없다. 의식이기 때문에 존재가 없는 것이 아니라 의식이 아니기 때문에 존재가 있는 것이다.

죽음을 넘어서는 길은 죽지 않는 것이 아니라 죽음을 성스럽게 받아들이는 경지를 의미한다. 죽음은 '나' '자아'가 있기 때문에 비롯된다. 더구나 신도 '나' '자아'가 있기 때문에 있는 것이다. 그래서 신은 죽음과 관련될 수밖에 없다. 어떤 것을 가정했기 때문에 다른 것들이 따라서 일어나는 것이다. '나' '자아'를 가정했기 때문에 '신'은 가정되는 것이고, 신은 '우주적인 나', '우주적인 자아'가 된다.

세계(존재)가 본래 없는 것임을 깨달으면 무(無)가 두렵지도 않고, 무아(無我)야말로 열락(悅樂), 법열(法悅)임을 깨닫게 된다. 생각해보라. 생명으로 태어나 죽지 않는 형벌보다 큰 형벌이 어디에 있겠는가. 죽음이 두려운 것은 살면서 삶에만 길들여진 때문이다. 삶 안에서 속박되었기 때문이다. 죽음은 개인에게 태어남이 알파라면 일종의 오메가인 셈이다. 알파와 오메가는 본래 하나이다. 하나님이 알파요, 오메가인 것은 당연하다. 삶과 죽음은 하나이다. 마치 원의 한 점과 같다. 원의 한 점은 유시유종(有始有終)이라고 할 수도 있고, 무시무종(無始無終)이라고 할 수도 있다. 둘은 말은 다르지만 뜻은 같은 것이다.

공자는 "지어도(志於道), 거어덕(據於德) 의어인(依於仁) 유어예(遊於藝)"를 말함으로써 인(仁)을 자신의 도(道)를 실천하는 방법으로 드러냈다. 노자는 무위자연(無爲自然)을 말하면서도 "자연은 불인(不仁)하다."고 했다. 이 둘은 종합하면 "자연은 불인(不仁)함으로써 결국 인(仁)하다.”고 말할 수 있다.

　예수가 스스로 “나는 알파요, 오메가다”라고 말했다. 석가는 깨달음에 도달한 뒤 “천상천하유아독존(天上天下唯我獨尊)”이라고 일성(一聲)으로 내뱉었다. 두 성인이 그렇게 말할 수 있었던 까닭은 우주의 아포리아(aporia)를 경험했으며, 그 아포리아를 나름대로 벗어나는 경지에 동시에 도달했기 때문이다. 아포리아의 혼돈에 이른 사람 중에 자신의 말로 새로운 시대를 열 수 있는 사람이 있게 된다.

　신(神)과 불(佛)과 도(道)는 하나이고, 하나에 도달한 자만이 신불도(神佛道)를 말할 수 있다. 무엇보다도 ‘하나의 님’, 순우리말로 ‘하나님’에 도달할 수 있는 자만이 신불도가 하나라를 것을 알 수 있다. 하나님에 이르면 생사가 하나이다. 생사가 하나인 것을 기독교에서는 하나님이 영원하다고 에둘러 말하는 것이다. 태초(太初)는 태극(太極)이고 도(道)이다.

3. 순우리말철학과 천지인·원방각·아리랑[5]

　‘알(ㅇ)-나-스스로-하나(ㅎ)’ 철학은 순 우리말로 구성된 한글철학으로서 전통적인 천지인(天地人)사상과도 어울리는 철학이다. 이 철학은 사람이 태어나서(알에서 태어난 존재로서) 독립적인 존재(인격)로 성장하는 것과 자연과 하나님을 깨닫는 과정을 한글로 체계화한 것이다. 결

---

5) 박정진, 같은 책, 314~317쪽. 박정진, “박정진의 인류학토크 52”(마로니에 방송, YouTube)

론부터 말하면 '하나 되는 것이 하나님'이다. 이 말에는 '하나는 될 수밖에 없는 것이고, 그것이 바로 하나님'이라는 뜻이 담겨있다.

기독교의 신은 세계를 창조한 신, 하나님이다. 세계를 창조하는 유일신은 존재(Being)의 신이라고 말할 수 있다. 이에 비해 하나 되는 신으로서의 하나님은 생성(becoming)의 신이라고 말할 수 있다. 기독교 유일신이 '제조(製造, 創造)의 신'이라면 요컨대 한민족의 최고경전인 천부경(天符經)의 신은 '조화(造化)의 신'이면서 '생성의 신'이다. 생성의 신은 자연의 신과 다를 바가 없다. 단지 그것을 하느님이라고 호칭했을 뿐이다.

한국인의 하느님은 '제조의 신'이라기보다는 '조화의 신'이라고 할 수 있다. 한국인의 신은 생성변화하는 신이다. 그런 점에서 한국인의 하나님은 고정불변의 존재라기보다는 생성변화하는 존재이다. '하나 되는 하나님'은 한국인의 조화의 신과 맥락을 같이하고, 그러한 전통을 계승하는 입장에 서게 된다. 한국인의 하나님은 최초원인으로서의 하나님이라기보다는 결과적으로, 종국적으로 '하나 되는 하나님'이다. 하나님이 '하나 되는 하나님'이 될 때 인간은 스스로 구원되는(스스로를 구원할 수 있는) 존재가 될 수 있다.

지금까지 하나님은 기독교의 영향으로 '태초의 원인으로서의 하나님'이었지만 이제 '인간의 최종목적으로서의 하나님'이 되어야 함을 함축하고 있다. 인간이 스스로 하나님이 되지 못하면 인류는 자신이 가진 지혜(도구적 인간)로 인해 스스로 멸망(멸종)을 할 수도 있음을 경고하는 의미가 담겨있다.

'알(올)-나-스스로-하나(훈)' 순 한글철학은 또한 한글창제의 자음과 모음의 철학적 원리인 원방각(○□△/ㆍㅡㅣ/子丑寅) 사상과도 일치한다는 점에서 특기할 만하다. 이것은 단군사상인 천지인·원방각과도 통한다는 점에서 눈여겨 볼 필요가 있다. 한국의 대표적 민요인 아리랑(알랑)도 이것으로 해석할 수 있다.

'알-나-스스로'는 '하나'에서 완성된다. 여기서 완성은 본래존재(자연적 존재, 심물존재)로 돌아감을 의미한다. '하나'는 '기운생동하는 세계로서의 하나'를 의미한다. 필자의 철학은 철저하게 생성론을 바탕으로 하고 있다. 이것은 세계를 '살아있는 생명체'로 이해하는 '살림살이'의 태도를 의미한다. 살림살이의 의미는 '사람이 살을 사는(사르는) 것이 삶'이라는 의미를 지니고 있다. 살을 사는 것은 우주적 소리와 하나가 됨을 뜻한다(촉각=청각). 아울러 '세계를 살린다(살림)'는 의미, '살이'로서의 삶이 신체적 존재론임을 뜻한다.

한자한글문화권: '알-나-스스로'			천지인 '-하나'	아리랑 '-하나'	원방각 '-하나'
알(올)	나	스스로 (자신)	천지인	아리랑	원방각
알(알) 올(몸) egg	나 ego	자신(自身) 검소(儉素) I, subject	天(태양) 환웅(桓雄) 니마/님/임	아(알, 올) 태양	○(ㆍ, 子)
얼(감)	너 (남, 님)	자신(自信) 겸손(謙遜)	地(지구) 곰(熊) 고마/물/땅	리 (태양 빛이 땅을 비춤)	□(ㅡ, 丑)

울(닭) 올/을	우리 (we)	자신(自新) 자유(自由)	人(사람) 단군(檀君) 왕검/임금	랑(사랑, 짝) 사람들이 함께 살 아감	△(┃ , 寅)
일(밝) (놀이)	생명 (살림살이)	자신(自神) 창의(創意)	천지인 '하나(훈)'	함께 살아가는 '하나(공동)존재'	원방각 '하나'

<'알나(알-나-스스로-하나: 알다-나다-살다-하나 되다)'철학과
천지인·아리랑·원방각>

   이상의 철학을 단군신화와 결부시키면 위 도표와 같다. '님'이라는 말에는 '태양신을 섬기는 마음'이 내재해 있다. 아래 아자 ' · '는 '하늘(○)=태양'의 의미와 같은 기능을 한다. 세계는 원과 점(중점)으로 표시될 수 있다. 모든 점은 중심이 될 수 있고, 중심이 있으면 크고 작은 동심원을 그릴 수 있다. 십간십이지의 자(子), 축(丑), 인(寅)의 발음도 원방각과 어울린다. 우리는 천지인사상과 단군신화, 한글체계, 아리랑 등에서 하나의 뿌리를 발견한다.

   '하나(the one)'는 '알-나-스스로' 철학의 완성적 의미가 있다. '하나'는 우선 '큰 나'의 의미가 있다. '나'라는 존재가 삶을 통해서 깨달음에 도달함으로써 '하나'의 완성(나→ 하나)에 이름을 말한다. '나(작은 나)'가 '큰 나'가 되는 것이 인간 삶의 목적이다. '하나'는 명사로도 의미가 확대되면서 하나님(하느님, 하늘님, 한울님)으로 통한다.

   '하나'에도 본래적(근본적) 하나, 초월적 하나, 내재적 하나, 수학적 하나가 있다. 본래적 하나는 인간이 현상할 수 없는(셀 수 없는, 잡을 수 없는) 하나를 말한다. 본래적 하나는 따라서 텅 빈 것으로서의 하나(0)를 의미한다.

초월적 하나는 하나를 현상학적으로 일단 말하기 시작하면 계속해서 추구하지 않으면 안 되는(지향해야 하는) 하나를 말한다. 초월적 하나의 반대편에 내재적 하나가 있다. 초월적 하나는 반드시 내재적 하나를 동반하고 있을 수밖에 없다. 초월-내재는 평행한다고 말할 수 있다. 초월적 하나는 '이(理)의 하나'라고 말할 수 있다. 내재적 하나는 '기(氣)의 하나'라고 말할 수 있다. 수학적 하나는 무한대로 향하는 하나가 있고, 무한소로 향하는 하나가 있다. 무한대-무한소도 평행한다고 할 수 있다. 무한대와 무한소는 오늘날 미적분이 되었다. 동양의 주역(周易), 음양법(陰陽法)은 라이프니츠에 의해 미적분(微積分)이 되었다. 미적분은 나아가서 이진법(二進法)의 컴퓨터가 되었다. 동양의 음양(陰陽)은 서양의 함수라는 전기(電氣)장치가 되었다.

동양의 생성론은 서양의 존재론이 되었다. 동양의 생성론은 비실체의 변화를 말하는데 존재론은 실체의 운동을 말한다. 자연과 신, 생성과 존재, 변화와 운동은 세계를 보는 관점이 다르다. 동양에 역학(易學)이 있다면 서양의 역학(力學)이 있다.

그 핵심은 바로 실체론과 비실체론의 차이이다. 세계는 실체로 볼 수도 있고, 비실체로 볼 수도 있다. 동양의 기운(氣運)은 서양에서 힘(力, 物理力)으로 번역된다. 동양은 도학(道學)을 숭상하는데 서양은 과학(科學)을 숭상한다.

이밖에도 원인적 하나와 결과적 하나를 말할 수 있다. 원인적 하나는 초월적 하나에 포함되고, 결과적 하나는 무한대적 하나에 포함된다. 이상에서 말하는 모든 하나를 종합하면 만물일체(萬物一體), 만물만신(萬物萬神)이 된다. 이것을 다른 말로 이기심물일체무위자연(理氣心物一體

無爲自然)이라고 말할 수 있을 것이다.

	초월적 하나, 理 (하나님)	
무한소 적 하나 (0)	본래적 하나 (1)	무한대 적 하나 (∞)
	내재적 하나, 氣 (부처님)	

<'본래적 하나', 초월과 내재, 무한소와 무한대>

'하나'를 동사로 말하면 '하나하다' '하나다' '한다'가 된다. 무엇을 하는 것은 자연의 일이고, 동시에 위대한 일이다. 천치창조도 무엇을 하는 것이다. 그런 점에서 '하는 것은' '하나님의 일'이기도 하다. 모든 존재는 나름대로 무엇을 하면서(노동, 놀이) 살아간다. '하나'는 '한다'로 의미변전하면서 존재(being)에서 함(doing)으로 움직이게 된다. 무엇을 하는 것은 존재론의 입장에서 존재이면서 동시에 존재의 현현이다.

한은 하나, 하나는 하나님이다. 하나님은 하나, 하나는 한이다. 한의 동사는 '한다'이고, '한다'의 처음은 '하다'이다. '하다'의 처음은 '창조하다'이다. '하나님이 창조하다'는 '한'에서 유래했다. '한' '한다'의 명사는 하나이다. '하나'의 존칭은 하나님이다. 하나님은 창조한 세계와 더불어 하나이다. 만물은 항상 무엇을 하는 존재이고, 존재는 항상 움직이는 존재사건이다.

생명이 태어나면 개별적인 차원에서는 '나'(자아, 주체)와 '너(남, 대상)'를 깨닫는 것이 의식의 성장과정이다. '나' 이외의 모든 존재는 '남'이다. '남'에는 사람도 포함되지만 다른 모든 동식물과 사물까지도 남이다. 남은 더불어 사는 존재(공동존재)이기도 하지만 결국 내가 살기 위해서, 특히 이용하는 대상이고, 극단적으로는 죽일 수도 있는 대상이다. 특히 동물들 사이는 그렇다. 이것은 생존경쟁의 냉엄한 법칙이다.

집단적으로는 '남'은 더불어 사는 존재이다. 그래서 '나'와 '남'은 '우리'가 된다. '우리'는 '나'와 '남'에 비해서는 실체가 없는 추상적인 개념이다. 그렇지만 인간은 '우리'라는 개념을 통해 친구와 적을 구분하기도 하고, 신화와 역사를 공유함으로써 정체성을 확인하기도 한다. '우리'와 '하나'의 개념은 서로 만나서 상승효과를 거두면서 "우리는 하나다"라는 공동운명체를 형성하기도 한다. 그런 점에서 하나님(하느님)은 '하나 됨(하나 되다)'의 인격체, 혹은 하나 됨이 인격신으로 승화(昇化, 聖化)된 것일 가능성이 높다. 하나님은 '하나-님'의 철학적 의미를 일상화한 명칭이다.

동양에서는 천지(天地)를 천(天)으로, 천지인(天地人)을 천(天)으로 표현하기도 한다. 이는 하늘이 다른 것의 대표성을 갖기 때문이다. 그러나 하늘이 다른 것을 배제하고 독점하는 권력을 갖는 것은 아니었다.

그런데 그 대표성이라는 것이 가부장-국가시대의 전개와 더불어 점차로 절대적이고 권력적이고 독점적인 의미로 사용되기 시작했다. 말하자면 하늘이 땅과 인간을 지배하는 형국이 되었으며, 이는 기독교의 세계화와 더불어 더욱더 강화되게 된다. 천지인은 본래 하나이다. 그 본래하나에 존경과 경외의 마음을 실은 것이 바로 '하나-님=하나님(하느님)'이다.

하나님(하느님)은 본래 우리말이다. 기독교가 우리나라에 처음 들어올 때 '천주(天主, 천주교)'라는 말을 쓰거나 '여호와'라는 말을 쓰다가 우리나라 사람에게 가장 잘 이해시키기 위해서 우리말 '하나님'으로 번역함으로써 '하나님=여호와'가 되었다. 그런데 알고 보면 우리의 하나님은 여호와는 다른 개념이다. 그런 점에서 기독교의 진정한 토착화를 위해서는 우리의 '하나님'을 되찾을 수밖에 없다. 한국인의 전통적인 하나님(하늘님, 하느님, 한울님)을 되찾는 것이 하나님주의(Godism)이다.

기독교의 토착화는 천부경(天符經)의 일시무시일(一始無始一), 일종무종일(一終無終一)의 하나님(一)을 되찾는 길일 수밖에 없다. '알-나-스스로-하나' 순우리말철학의 '하나'는 바로 그것을 의미한다. '하나'를 높이면 '하나님'이 된다.

'알-나-스스로-하나'는 동사형으로 '알다-나다-살다-하나 되다'로 말할 수 있다. 이들 동사에는 능동적 의미와 수동적 의미, 존재적 의미와 생성적 의미가 동시에 있지만 전반적으로 인간이 어쩔 수 없는 수동적-생성적 의미의 기조 위에 있다. 말하자면 생성(becoming)의 의미가 바탕에 깔려 있다. 생성의 의미 위에 존재의 의미가 첨가되는 것이다. 그런 점에서 인간은 사물에 의미를 부여하는 존재이다. 존재 (Being)는 '인간이 이해한 존재' 혹은 '인간이 존재를 이해한 것'의 성격이 강하다. 생성은 자연적인 과정이고, 존재는 인간적인 이해과정이다. '하나 되다'와 '하나(一者)'는 다르다.

인류의 '문화권별 세계관'이라는 것도 실은 알-나-스스로-하나의 패러다임에 맞출 수 있다. '알'의 기둥에 천부경, '나'의 기둥에 '자신', '스스로' 기둥에 불교와 도교, '하나'의 기둥에 기독교를 배치할 수 있다.

천부경은 무시무종(無始無終)과 인중천지일(人中天地一)로 대변된다. 자신은 여러 의미변형(自身, 自信, 自新, 自神)이 있다. 불교에는 무(無), 공(空), 도교에는 무위자연(無爲自然)으로 대변된다. 기독교에는 유시유종(有始有終)과 인위(人爲), 유위(有爲)가 들어간다.

'도법자연(道法自然)'의 세계도 선도자연(仙道自然), 도법자연(道法自然) 불법자연(佛法自然), 신법자연(神法自然)을 대입할 수 있다. 여기서 우리는 결국 모든 종교는 자연의 사칭(私稱)이라고 할 수 있다. 고등종교일지라도 결국 자연으로 귀의하지 않으면 안 된다.

'위인성신(爲人成神)'의 경우도 자신(自身), 자신(自信), 자신(自新), 자신(自神)을 대입할 수 있다. '위인성신'의 의미는 가장 인간적인 것이 가장 신적인 것이고, 가장 신적인 것이 가장 인간적인 것이라는 의미를 담고 있다(神人一體). 신과 인간이 하나가 되는 것은 자연에 대해서 둘이 하나가 될 때에 가능한 것이다. 신과 인간이 하나가 될 때 신과 인간은 진정한 자연으로, 자연적 존재로 돌아갈 수 있다.

이렇게 보면 이제 세계를 자신(自身, 自神)으로 볼 것이냐, 아니면 타자(他者, 對象)로 볼 것이냐가 문제로 남는다. 우리가 잊지 말아야 할 것은 자연은 진화(進化)하고, 문화는 문화(文化)한다는 사실이다. 진화는 나아가면서 변화하는 것이고, 문화는 문을 새롭게 구성하는 것을 의미한다. 여기서 문화(文化)한다는 말은 자연에 대처하는 인간의 삶이 항상 자연에 이름을 붙이고 그 이름을 연결하는 문장을 구성함에 있어 항상 새로움을 추구하면서 진리를 추구한다는 의미이다. 따라서 변화 생성하는 자연에 적응하기 위해서는 새로운 진리를 구성하지 않으면 안 되는 인간의 존재론적 조건을 말한다.

알-나-스스로-하나에 이르는 과정의 공통점은 모두 자연과 문화가 이중적으로 겹쳐있다는 점이다. 이것은 또한 무의식과 의식, 무아와 자아가 겹쳐있다는 말과 같다. 이를 철학적으로 말하면 생성과 존재가 겹쳐있다는 뜻이다. 자연은 생성과정인데 인간은 그것을 존재를 확인하고(잡고) 싶어 하고, 존재를 확인하는 것이 또한 생성과정이기도 하다. 이것은 생성과 존재의 묘미(妙味), 즉 진공묘유(眞空妙有)이다. 사람에 따라, 문화권에 따라 생성을 상위에 두기도 하고, 존재를 상위에 두기도 한다. 이것은 또한 인간현존재의 특성, 현상학과 존재론의 특성이기도 하다.

〈알-나-스스로-하나〉를 비롯해서 필자의 한글철학의 핵심은 결국 '알'이라는 '생명성'에서 출발하고 있음을 보았을 것이다. 그렇다고 해서 '알'이 '얼'의 정신성에 비해 물질, 혹은 육체를 뜻하는 것은 아니다. '알'은 정신과 육체가 분리되기 이전의 생명성, 우주의 원초적 생명성을 말하는 것이다.

'알'은 분명히 여성성과 더 긴밀하게 관련을 맺는다. '알'이 '얼'에 비해 물질성으로 전락(매도)하는 것은 가부장-국가사회의 남성위주, 페니스(팰러스)중심의 사유체계가 등장하고부터다. 가부장-국가사회의 등장 이후, 인구의 생산자로서의 여성의 지위가 남성의 도구(무기)를 중심으로 하는 생산성에 밀리면서 여성의 격하운동이 전 지구적으로 이루어지는 것과 더불어 여성의 여성성과 자연성은 남성의 정신성의 타자로 전락하게 하게 된 것이다. 이것은 인류학자들은 '여권(여왕)의 폐위(廢位)' 사건이라고 부른다.

이것은 단순히 철학의 문제 혹은 이데올로기 경쟁의 문제가 아니라 삶의 문제로서 인류가 받아들이지 않을 수 없었던 과제였다. 여권 폐위 사건은 단순히 남성적 일방적인 권력욕에 의해 폭력적으로 자행된 것이 아니라 여성이 성인이 될 때까지 자식들을 안전하게 키우는 것과 관련되는 것으로서 자식에게 남자의 성씨(姓氏)를 부여하는 것과도 긴밀하게 관련이 있다. 말하자면 여성의 동의에 의해 혹은 남성의 가족화(domestication)와도 관련이 있다.

가부장-국가사회는 인류의 역사의 대부분을 차지하는 것이고, 그 이전에 모계사회가 유지되었던 것은 인류학적 상상이나 아프리카 혹은 티베트의 현지조사를 통해 간헐적으로 유추할 수 있을 뿐이다. 여성성은 자연성과 긴밀한 관계에 있다. 남성성은 문명과 긴밀한 관계에 있다.

남성성은 인류를 정치적-종교적으로 이끌어왔다. 여성과 민중들은 남성에 의해 이끌려왔다. 이것은 남성의 지배라고 말할 수도 있다. 그러나 남성적 지배가 패권경쟁으로 극단화된 시점에서 여성성과 자연성을 회복하는 것은 인류의 생존을 위한 갈림길의 과제라고 할 수 있다.

그렇다고 여성과 민중이 남성의 자리를 차지해야 한다고 생각하는 것은 문제의 해결이 아니라 문제의 재생산에 지나지 않는다.

〈알-나-스스로-하나〉의 철학은 기본적으로 〈남성철학-개념철학-보편성의 철학-국가철학-전쟁철학〉에 대해 〈여성철학-소리철학-일반성의 철학-가족철학-평화철학〉의 입장에 있다. 이것에 대해서는 필자의 『철학의 선물, 선물의 철학』, 『소리철학, 포노로지』[6] 등 필자의 존재론의 철학으로서 일반성과 소리를 강조한 저술을 참조하기 바란다.

순우리말철학의 완성(알-나-스스로-하나)				
명사세계	알 (egg, sun) : 생명, 태양	나(ego, I) : 자아, 주체	스스로 (自, self) : 자연, 자신	하나(한, the one) : '나'→ '하나'
동사세계 하다(되다) 명사화('ㅁ')	알다 (알+하다) (know) 알다-앎	나다 (나+하다) (born) 나다-낢	스스로하다 (ㅅ+·+ㄹ=살/ 살다(살+하다) (live) 살다-삶	하나 되다, 하나하다 (한다, 창조한다), 하나님, 하느님 하나-하나님
생성-존재 세계	알(우주) 생성되다	태어나다 존재하다	자연(進化)하다 문화(文化)하다	하나 되다(爲一) (become one)

---

6) 박정진, 『철학의 선물, 선물의 철학』『소리철학, 포노로지』(소나무, 2012) 『빛의 철학, 소리철학』『니체야 놀자』(소나무, 2013) 『일반성의 철학과 포노로지』(소나무, 2014) 『니체, 동양에서 완성되다』(소나무, 2015) 『위대한 어머니는 이렇게 말했다』(살림, 2017) 『네오샤머니즘』(살림, 2018) 『신체적 존재론』(살림, 2020) 『서양철학의 종언과 한글철학의 탄생』(yeondoo, 2022) 참조.

영어개념	Genesis	birth	becoming-being	doing-becoming doing-being
문화권별 세계관	천부경=無始無終/人中天地一	자신(自身-信-新-神)	불교=無, 空 도교=無爲自然	기독교=有始有終/ 有爲, 人爲
자연회귀 (自然回歸)	선도자연 (仙道自然)	도법자연 (道法自然)	불법자연 (佛法自然)	신법자연 (神法自然)
철학핵심 (哲學核心)	원시반본 (原始反本)	무위자연 (無爲自然)	불생불멸 (不生不滅)	창조종말 (創造終末)
위인성신 (爲人成神)	자신(自身)	자신(自信)	자신(自新)	자신(自神)

세계를 자신(自身)으로 볼 것이냐, 타자(他者)로 볼 것이냐, 이것이 문제이다.
'스스로 하다'는 '살다(삶)'가 된다. 'ㅅ+·+ㄹ==살이고, 살을 사는(하다)것이 삶이다.
자연에서 태어난 존재인 인간에게 가장 큰 하나(하나님)는 자연일 수밖에 없다.
자연은 진화(進化)하고 문화는 문화(文化)한다. 문화는 항상 새로운 텍스트를 쓴다.
자연은 생존경쟁하지만 인간은 권력경쟁을 한다. 인간은 앎(지식체계)의 존재이다.
니체는 영원회귀(永遠回歸)를 주장했지만 필자는 자연회귀(自然回歸)를 주장한다.

<순우리말철학: '알나(알-나-스스로-하나: 알다-나다-살다-하나 되다)철학>

4. 길(道), 진리(眞理), 생명(生命)[7]

필자는 앞에서 〈알(올)-나-스스로-하나(혼)〉 사상을 말한 바 있다. 그런데 이 말은 천부경의 〈천지인(天地人) 하나〉사상에 대입시킬 수 있는 것은 물론이고, 『도덕경(道德經)』의 〈도법자연(道法自然)〉, 성경의 〈나는 길이요, 진리요, 생명이다〉와 의미가 상통하는 것을 발견할 수 있다.

인류의 동서양문명은 우리가 생각하는 이상으로, 특히 실크로드를 통해 빈번하게 교류했으며, 그 결과가 기독교와 불교, 불교와 도교, 도교와 선도의 상호소통이다.

"나는 길(道)이요, 진리(法)요, 생명(生命, 自然)이다."(성경, 불경)
"도법자연(道法自然)"(도덕경)
"알(올)-나-스스로-하나(혼)"(박정진)

"나는 길이요, 진리요, 생명이다." 길은 삶을 상징한다. 사람은 살면서 어느 길이든 선택해서 가지 않으면 안 된다. 진리는 삶의 여정에서 사람이 추구하는 것이다. 그런 점에서 길 중의 길이 진리인 셈이다. 생명은 진리 중에서도 핵심이 되는 진리이다. 진리 중의 진리가 생명인 셈이다. 결국 생명이 없으면, 생명에 도달하지 못하면 진리도, 길도 의미가 없어진다.

---

7) 박정진, 『신체적 존재론』(살림, 2020), 337~338쪽

"도법자연(道法自然)" 사람은 어느 길을 가든 결국 자연을 모범으로 할 수밖에 없다. 자연적 존재로서 태어난 인간이 자신의 길을 찾아 살아가지만 결국 자연으로 돌아갈 수밖에 없다. 자연으로 돌아가는 것이 죽음이다. 죽음은 자연으로 돌아가는 성스러운 의식인 셈이다. 인간은 자연을 벗어날 수 없다. 사람이 만물의 영장이라고 말하지만 결국 자연일 수밖에 없다.

"알-나-스스로-하나" 나는 알에서 태어난 나이다. 태어난 나는 스스로 살아가지 않으면 안 된다. 스스로 살아가는 것이 바로 삶이다. 갓난아이가 어머니의 젖을 빨 때도 스스로 하는 행위가 있어야 그것이 가능하다. 다른 행위는 물어볼 필요가 없다. 살면서 세계가 하나인 것을 아는 것이 삶의 목적이다. 하나님은 '하나 되는 하나님'인 것이다.

알(생명)은 앎(알을 알다)에서 완성된다. 생명(알)을 낳는 여성적인 것은 남성적인 것보다 근원이요, 인류의 평화와 구원이 될 가능성으로 인류에게 열려 있다.

"나는 길이요, 진리요, 생명이다."라는 한 구절은 동서양문명을 통틀어서 생명의 중요성을 말하는 철학이다. 우리는 여기서 길<진리<생명의 점증적 중요성을 깨닫게 된다.

〈알-나-스스로-하나〉는 "나는 길이요, 진리요, 생명이다."를 생명을 강조함으로써 거꾸로 말하는 동시에 '하나 됨'(하나 되어야 하는 하나님)의 중요성을 설파한 것이다.

天地人 -하나	天(聖)	길(道)	진리(眞理)	생명(生命)	佛經, 聖經
	人(姓)	道	法	自然	道德經
	地(性)	알(卵)	나(알다, 앎)	스스로-하나	박정진
나다/하다/되다	삶 (生成)	(태어)나다 nature	(일, 놀)하다 doing (perform)	(완성)되다 becoming	동사적 존재 (Being)

<길-진리-생명, 도법자연, 알-나-스스로-하나>

이 구절은 삶과 진리와 존재의 근원(根源)을 한마디로 축약한 인류문명의 축약이라고 말할 수 있다. 이것을 인류의 언어문화권과 고등종교들에 대입하면 크게 다음의 표를 얻을 수 있다.

언어문화권은 인도유럽어문화권과 한자한글문화권으로 나누고, 종교는 원시종교(도교, 선교)와 고등종교(유교, 불교, 기독교)로 나누었다. 여기서 원시종교란 자연종교를 의미한다. 천지인사상이든, 도법자연의 사상이든 모두 순환론에 바탕하고 있다. 말하자면 편의상 천지인을 갈라놓았지만 이들은 서로 상통하고 교차될 수 있음을 의미한다.

天地人(析三 極)-道法自然 (三生萬物)	人法天	기독교	고등종교 (지배-피지배)	인도유럽어 문화권
	人法地(物)	불교		
	地法天(心)	유교		한자한글 문화권
	天法道	도교 (선교)	원시(자연)종교 (공동체사회)	

<천부경과 도법자연으로 보는 인류의 종교>

이러한 천지인구조는 하늘과 땅 사이에서 수직(vertical)으로 서서(stand) 두발로 걸어가는(bi-pedalism) 인간의 삶의 조건이라고 말할 수 있다. 말하자면 생물로서의 삶의 조건이 이러한 구조를 만들었다고 할 수 있다. 동시에 천지인 가운데 어느 것을 더 중심적으로 생각하느냐에 따라 문화가 다양하게 전개되었음을 알 수 있다. 그런데 성인들의 말은 결국 '하나'(보편적이고 일반적인 혹은 일반적이고 보편적인)에 도달했음을 알 수 있다.

5. 존재(Being)와 생성(becoming), 그리고 변증법

동양의 음양론과 도학, 그리고 불교는 존재론의 정수를 일찍이 보여준 문명의 본보기이다. 이에 비해 서양철학과 기독교, 그리고 과학은 현상학의 본보기이다. 현상학은 표상 혹은 의미를 찾는 철학이다. 현상학은 궁극적으로 유심과 유물, 유신과 무신, 현상학과 존재론의 왕래(往來)와 반전(反轉), 변증법(辨證法)을 벗어날 수 없는 상황에 처해 있다. 이것은 헤겔과 마르크스, 후설과 하이데거, 쇼펜하우어와 니체에서도 드러났다.

헤겔은 신학을 철학(인간학)으로 해석함으로써 철학을 신학으로 완성했다고 할 수도 있지만 거꾸로 절대지에 의해 인간을 신으로 격상시킴으로써 신을 해체했다고도 볼 수 있다. 그래서 그의 제자인 마르크스가 생겨났다고 할 수도 있다. 흔히 헤겔은 신을 인정한 까닭에 본질주의자라고 말하기도 하지만 동시에 그는 신을 해체함으로써 비본질주의

자의 측면을 가지고 있다. 헤겔은 어떤 점에서 본질주의와 비본질주의, 신학과 인간학을 왕래함으로써 양자 사이의 경계에서 반전할 수 있도록 길을 연 인물이라고 말할 수 있다.

헤겔의 변증법은 항상 반(反)운동을 통해 기존의 것을 해체해왔던 것이다. 그런 점에서 헤겔은 철학적 구성주의와 해체주의, 근대와 후기근대의 기로에 서 있었던 인물이라고 할 수 있다. 헤겔의 '이성의 간지(奸智)'는 신의 것이기도 하고 인간의 것이기도 하다. 신이 인간의 이성을 이용해서 자신의 목적을 실현한다고 말하기도 하지만 결국 인간의 손에 의해서 현실에서 실현되는 것이다. 만약 절대유일신이 결정한 것이라면 인간이 결코 해체할 수 없을 것이다. 따라서 해체할 수 있다는 것의 깊은 이면에는 인간이 구성했기 때문인 것을 포함하고 있다.

헤겔의 정반합을 통한 관념론의 완성은 동시에 존재론의 길을 예감케 한 것이기도 하다. 헤겔의 관념론은 인식론, 즉 앎-본질(essence)의 철학을 완성한 것과 함께 이에 대한 반(反)운동으로서 인식 밖의 삶을 철학적으로 시작하는 존재론의 단초를 제공하였다. 헤겔에 대한 거대한 반운동으로서 존재론은 삶-존재(existence)의 철학을 본격적으로 시작하는 것이었다. 존재론의 등장과 함께 그동안의 인식론은 존재방식의 한 양태에 불과한 것이 되었다. 철학은 이제부터 욕망과 의지의 실현 혹은 무의식-집단무의식의 실현이 되었다.

후기근대의 해체주의는 실은 변증법을 다른 말로 번안한 것에 불과하다고 말할 수도 있을 것이다. 이는 삶의 철학에서 변증법을 다시 시작하는 것이었다. 말하자면 데리다의 '차연(差延)'은 '차연의 변증법'이라고 말할 수도 있는 것이다. 해체는 서양철학의 철학하는 방법인데 그것을 목적으로, 즉 해체주의로 바꾼 것이 해체주의인 것이다. 데리다의 해체주의는 마르크스의 계급해체처럼 인류문화를 해체하는 마르크스주의라고 말할 수 있다.

헤겔의 변증법과 데리다의 은폐-탈은폐는 수평적-현상학적 변증법이라고 말할 수 있다. 헤겔은 역사적 정반합을 통한 절대지를 주장했고, 데리다는 현존의 부재를 통한 차연을 주장했다. 이에 비해 하이데거의 은폐-탈은폐는 수직적-존재론적 변증법이라고 말할 수 있다. 하이데거는 존재의 무(無)를 주장했다. 쇼펜하우어의 의지와 표상의 세계는 수직적-존재론적 변증법이라고 한다면 니체의 힘에의 의지는 수평적-현상학적 변증법이라고 할 수 있다.

쇼펜하우어는 불교적 허(虛)와 무(無)에 도달함으로써 존재론적인 영역을 개척하였다면 니체는 힘(권력)이라는 표상으로 돌아감으로써 영원회귀(永遠回歸)라는 현상학적인 종착역을 자신의 철학의 최종결산으로 삼았다. 뉴턴의 힘에서 출발한 서양의 근대는 니체의 힘으로 원점회귀(原點回歸)한 것이다. 이것이 실체를 중시하는 서양철학의 자기회귀(自己回歸)인 셈이다.[8]

우리는 흔히 혁명이나 해체라는 말에 크게 동의하기 쉽다. 이는 기존의 체계에 대한 반항이고, 비판이고, 부조리에 대한 개선을 의미하고 있기 때문이다. 그러나 논리적으로는 각광받는 이 말이 사회에서 실지로 자주 일어난다면 그 사회는 결국 무질서로 인해 해체되고 말 것이다. 현실은 어떤 하나의 논리로 갑자기 변하기에는 너무나 복잡하다.

---

8) 박정진, 『니체, 동양에서 완성되다』(소나무, 2015) 참조.

그래서 혁명보다는 자정작용이 있는 개혁을 더 바람직하게 본다. 그러나 마르크스주의자들은 항상 혁명을 추구하고 선전한다. 마르크스주의자들은 급진적 개혁을 통해 사회구조 전체를 통째로 바꾸고자 한다.

마르크시즘의 결정적인 모순과 허구성은 바로 인간의 욕망을 무시하고 부정하는 데에 있다. 신체적 욕망과 대뇌적 이성도 서로 상호작용을 하면서 상대에게 촉매작용을 해야 더욱더 자신에게 충실할 수 있다. 욕망을 부정하고 머릿속의 합리성과 이상을 급진적으로 추구하다보니 유물론자이면서도 도리어 신체적 존재로서의 인간을 무시하는 어리석음을 범한다. 더구나 무신론자이면서도 도리어 유신론자보다 더 결정론적인 이념의 노예가 되게 한다. 마르크시즘은 결국 공산사회라는 유토피아를 선전하지만 프롤레타리아가 주인이 되는 세상은커녕 음모꾼처럼 노예를 길들이는 노예철학의 대명사가 되는 동시에 지상의 지옥을 선물함으로써 인류를 저주한다.

실지로 인류사에서 혁명이라는 말을 붙일 만한 사건은 농업혁명, 산업혁명, 정보혁명 등에 불과하다. 특히 문화혁명과 사회혁명은 실패하기 쉽다. 왜냐하면 문화는 문화복합으로서 가장 보수성이 강할 뿐만 아니라 문화전체를 바꾸어야하기 때문이다. 중국의 문화혁명이 실패한 것은 좋은 증거이다. 계급혁명도 처음부터 성공할 수 없는 것이었다. 공산사회주의 혁명이 실패하는 이유는 사회의 근본적인 구성원리인 계급 혹은 계층을 부정하기 때문이다.

공산사회주의는 소수가 다수를 다스리는 정치의 기본원리를 배반했을 뿐만 아니라 문명의 발전원칙인 소수창조자가 다수추종자를 이끌어온 기본원칙을 배반했다. 더욱이 농업사회에서 산업사회로 발전한 근대의 역사발전을 노동생산성을 기본으로 해석함으로써 역사를 역행하는 어리석음을 범했다. 그 결과 공산혁명이 성공한 나라의 경우에도 결국 공산당귀족에게만 혜택이 돌아갔다.

사회주의는 인간의 욕망을 부정함으로써 사회적 역동성을 잃어버리고 겉으로는 평등과 정의를 외쳤지만 결국 위선이나 부정부패, 부조리로 몰락하게 된다. 또한 노동생산성의 부족으로 빈곤의 평준화를 벗어나지 못한다. 구소련의 붕괴는 이를 잘 말해주고 있다. 사회주의는 공산당이라는 새로운 귀족계급을 형성하는 데에 그쳤다.

욕망과 이성은 같은 방향일 수도 있고, 반대방향일 수도 있다. 대뇌는 욕망을 인정할 수도 있지만 인정하지 않을 수도 있다. 자유-자본주의는 욕망을 인정하는 이성의 편에 있는 반면 공산-사회주의는 욕망을 부정하는 이성의 편에 있다. 전자는 개인주의와 이기주의로 인해 철학자들의 비판을 받을 수밖에 없지만 후자는 집단주의와 공생주의로 말로는 이상을 선전하지만 현실은 빈곤의 하향평준화를 피할 수 없다. 사회주의는 한마디로 선(善)과 정의(正義)를 가장한 위선이며, 독재전체주의이다. 이것은 역사의 후퇴이다.

유물론이나 무신론, 그리고 과학주의는 인류로 하여금 물신숭배자를 양성하는 데 큰 공을 세웠다. 이들은 어떤 결정론의 삼총사이다. 유물론은 유심론의 최종결과이고, 무신론은 유신론의 최종결과이다. 최종결과는 도그마가 되기 쉽다. 왜냐하면 결정론으로 닫혀있기 때문이다. 과학주의마저도 닫혀있다면 인류에게 나쁜 결과를 초래하기 쉽다. 과학과 종교도 끝없이 열려있어야 현상학의 한계나 굴레에서 벗어날 수 있다.

신을 비롯하여 인간의 모든 문화와 문화상징들은 해체될 수 있는 요소를 원천적으로 지니고 있다. 문화는 언어로 구성되어 있기 때문이다. 그럼에도 불구하고 인간은 문화를 새롭게 구성하지 않고는 살아갈 수 없는 존재이다. 인간은 문화적-문법적 존재이기 때문이다. 문화는 한마디로 자연에 대해 적응해 살아가는 인간이 '구성한 언어체계'인 것이다. 해체야말로 거꾸로 인간의 문화가 구성된 것이라는 것을 반증하는 것이다. 해체는 구성의 이면인 셈이다.

헤겔의 유심론은 마르크스에 의해 유물론으로 뒤집어졌고(현상학적 반전), 쇼펜하우어의 불교이해를 통한 '불교적 존재론'은 니체에 의해 '힘(권력)에의 의지'를 통해 '힘의 현상학'으로 되돌아가고 말았다(존재-현상학적 반전). 그리고 후설의 현상학은 하이데거에 의해 존재론으로 뒤집어졌다(존재론적 반전). 이것은 모두 현상학에 토대를 둔 서명문명의 다양한 반전들이다. 인간은 현상학적인 태도를 통해 서로 경쟁—종교전쟁, 경제전쟁, 과학기술전쟁—을 할 것이냐, 아니면 존재론적인 태도로 미래에 함께 살아갈 것이냐의 기로에 처해 있다.

이는 오직 인간의 이타성(利他性)을 증진시키는 데 성패가 달렸다. 인간의 이타성을 증진시키려면 서양문명의 특징이라고 할 수 있는 사물에 대한 이용과 해석과 기술만능주의로 연결되는 4T(Thing-Time-Text-Technology)를 맹종하는 삶의 태도에서 벗어나야 한다.[9] 서양철학은 존재를 사물존재(Thing)로 보기 때문에 사물의 운동량을 측정하게 되고, 운동량을 측정하려면 시간(Time)을 필요로 한다. 시간은

---

9) 박정진, 『평화의 여정으로 본 한국문화』(행복한에너지, 2016), 424~425쪽.

또한 일상적으로는 이야기 혹은 문장(Text)으로 접하게 된다. 시간과 이야기처럼 흘러가는 것을 잡고 이용하려면 기술(Technology)이 되어야 한다.

서양철학의 존재론의 최종점은 무(無)이다. 이것은 '존재(있음)'의 최종점은 '없음(nothingness)'이라는 뜻이다. 그러나 서양철학의 무(無)에 동양의 무(無) 혹은 무위(無爲)사상이 포함되고 있는지에 대해서는 의문이다. 분명히 동양의 무사상에는 없음이 아닌, '없는 듯 있음(없이 있음)'의 사상이 내재해 있기 때문이다. 동양의 '무'사상에는 자연의 보이지 않는 기운생동 혹은 생성을 포함하고 있다.

인간은 왜 생성(becoming)을 존재(being)으로 바꾸어 해석해야만 하는 존재인가. 좀 더 구체적으로 왜 생성의 생멸(生滅)을 존재의 유무(有無)로 바꾸어 해석해야만 하는가. 이것은 일종의 아포리아(aporia)에 해당한다.

철학한다는 것을 무엇을 의미하는 것일까. 간단하게 말하면 생성·변화하는 자연(스스로 그러함)을 존재(고정불변의 이데아 혹은 법칙, 존재자)로 설명하는 행위이다. 이것은 좀 더 부연하면 자연을 시공간으로 해석하는 행위이다. 여기서 시간은 생성을 의미하고, 공간은 존재를 의미한다. 공간이 없으면 존재가 성립되지 않고, 성립된 존재는 변화하지 않으면 안 되기 때문에 시간을 필요로 한다고 말할 수 있다.

더욱이 시간과 공간은 무엇이 먼저 인지 알 수가 없는 특징을 가지고 있다. 시간은 동시성을, 공간은 동일성의 특징을 가지고 있다. 그런데 시간은 동시성을 내포함으로써 시간(시간의 변화)을 부정하는 자기모순(antinomy)을 함의하고 있다. 공간은 동일성을 내포함으로써 고정불변(변화를 부정하는)을 고집하는 경향성(tendency)을 보인다. 말하자면 진리를 목적으로 하는 철학은 원천적으로 모순에 빠질 수밖에 없는 운명을 지니고 태어났다.

철학은 현상에서 본질을 찾으려는 인간의 노력의 흔적이다. 그런 점에서 태생적으로 본질주의의 편에 서 있는 것이지만 어떠한(어떤 철학자의) 본질도 다른 철학자에 의해 부정(해체)된다는 점에서 비본질주의를 지향한다고 할 수 있다. 따라서 철학은 본질주의이면서 비본질주의라는 이중의 몸짓을 하지 않을 수 없다. 철학 자체가 바로 모순이며, 철학이 말하는 진리는 모순의 진리일 수밖에 없다. 이것은 생성·변화하는 자연을 고정불변의 존재로 해석하려는 철학의 운명에서 비롯된다고 할 수 있다.

이렇게 볼 때 시간과 공간을 논하는 자체가 이미 철학행위이다. 그러한 점에서 헤겔의 변증법은 물론이고 해체주의의 차연(差延)이라는 것도 실은 자연(自然)을 그렇게 해석한 것에 불과하다. 차연은 '동일성의 차연'이다. 차연은 결코 자연이 될 수 없다. 철학은 생성과 존재, 본질주의와 비본질주의의 말놀이의 성격이 짙다. 자연의 입장에서 신과 인간을 바라보면 둘은 하나이다.

6. 한글문법의 마침으로서 동사와 잡음씨

한글의 문법에서 문장을 만들 때는 항상 마지막에 동사와 잡음씨로 마무리를 한다. 한글의 동사는 '하다'가 대표적이다. 어떤 명사에 '하다'를 붙이면 대체로 동사가 된다. 예컨대 "공부하다." "운동하다."를 들 수 있다.

'하다'는 능동적(actively, positively)으로 행위를 하는 것을 의미한다. 이에 반해 '되다'는 수동적(passively, negatively))으로 어떤 행위를 하는 것을 의미한다. 무엇 혹은 어떤 사태(사건)가 저절로 이루어지는 것을 뜻하는 것을 두고 '되다(becoming)'라고 말한다. 예컨대 "봄이 되었다." "올해 나이가 칠순이 되었다."를 들 수 있다.

'되다' 중에서도 보다 원초적인 됨을 뜻하는 것으로 '나다'가 있다. 예컨대 "태어나다" "생겨나다" "생각나다."를 들 수 있다. 이것은 궁극적으로 그 출처를 알 수 없을 때 사용되는 단어이다. 자연현상은 대체로 여기에 속한다.

'하다-되다-나다' 이외에도 '살다'가 있다. '살다'는 '하다'의 성격을 갖기도 하지만 '되다'의 성격을 동시에 갖는 게 특징이다. 그래서 동사를 크게 보면 '하다-되다-나다-살다' 등으로 볼 수 있다.

한글에는 동사는 아니지만 문장을 마무리하는 단어로 잡음씨가 있다. 요컨대 '있다' '이다'(be)를 들 수 있다. 서양철학에서는 이를 계사(繫辭)라고 한다. 잡음씨, 계사는 독자적인 뜻이 없이 자연스럽게 문장에 마침표를 찍게 하는 단어이다. 우리는 문장을 만들 때, 존재의 상태를 의미하는 뜻으로 잡음씨를 쓰는 경우가 많다. 요컨대 "나는 살고 있다." "나는 생각하고 있다." "나는 아름답다." "나는 바쁘다."를 들 수 있다.

'있다'의 변형으로서 '잇다'가 있다. '잇다'는 '있음(존재)'이 서로 연결되어 있음을 의미한다. '잇다'는 특히 '있다'의 깊은 의미를 탐색한 결과 생겨난 우리민족의 관계적(relatively) 존재론, 네트워크 존재론으로 연결되는 점을 고려해 볼 때 의미심장하다고 하지 않을 수 없다.

이들은 모두 '이다'의 '이'에서 간단하게 받침을 달리함으로써 '존재(있다)'와 '사유(이다)', 그리고 상호작용하는 '존재의 궁극(잇다)'을 표상하는 키워드라고 하지 않을 수 없다. 심하게는 '있다-이다-잇다'로 존재의 상태 혹은 관계양상을 모두 설명할 수 있을 것 같은 단어들이다.

이상을 종합하면 〈있다-이다-잇다-하다(살다)-되다-나다〉 등 여섯 개 단어는 잡음씨, 혹은 동사로서 존재론적 의미를 지니고 있다. 문장에 마침표를 찍게 하는 것을 이들이다. 이들 잡음씨와 동사들에 대한 탐색이 바로 철학의 존재론과 연결되는 한글의 키워드이다.

	하다	살다
이다	있다	잇다
	되다	나다

〈한글의 동사와 잡음씨〉

7. 신(神)과 존재(Being)의 역사적 의미변천

기독교성경에 따르면 신은 인간이 아니다. "구약성서를 경전으로 삼는 유대교, 기독교, 이슬람교에서 말하는 신은 그렇지요. 구약성서에 나오는 천지창조는 히브리인들의 이야기고 그들에게 신은 영(靈)입니다. 영을 뜻하는 히브리어 루아흐는 '바람' 또는 '숨결'과 어원이 같아요."10) 영과 신은 함께 한다는 뜻이다. 신은 어떤 감각적 형상도 갖고 있지 않다. 구약에 신을 보았다고 하는 것은 신의 본체가 아니라 신의 영광과 위엄의 상징을 인간이 보았다고 할 뿐이다.

아리스토텔레스는 『형이상학』에서 신을 부동의 동자(unmoved prime mover)로 묘사하고 있다. 토마스 아퀴나스는 아리스토텔레스를 따라 "최초의 원인자는 마지막 원인이라 그 이상의 원인이 없고 다른 것들을 움직이게 하는 존재로서 부동의 동자이며 이러한 존재가 곧 하나님(신)이다."라고 소위 신의 존재증명을 했다. 신을 무한소급을 끊는 최초원인으로 규정하고 있다.

이데아(idea) 혹은 에이도스(eidos)는 처음엔 눈에 보이는 형상을 뜻하는 단어였지만, 플라톤과 아리스토텔레스에 의해 사물 안에 깃들어 있어 '그것이 그것으로 존재하게 하는 실체'로 쓰이게 되었다.

아무튼 존재라는 말이 등장하면서 신은 존재가 되었다. 구약에서는 엘(El), 신약에서는 테오스(Theos)가 신에 해당하는 이름이다. 그렇지만 신은 이름이 없어야 하는 게 정상이다. 왜냐하면 이름은 한정된 존

---

10) 김용규, 『서양문명을 읽는 코드, 신』(Humanist, 2010), 27~28쪽.

재물(존재자)에 붙이는 것이기 때문이다. 이름은 무엇(what)에 붙이는 것이기 때문이다. 신은 무한정자, 무규정자, 무한자(apeiron), 무제약자이기 때문이다.

구약성경에 모세가 하나님에게 이름을 물었을 때 "나는 나다(나는 내가 되려고 하는 나다)"였다. 이것은 존재=본질이라는 뜻이다. 신은 일자(一者)로 불리기도 한다. "일자는 하나의 그것(It)도, 그분(He)도 아니다."[11] 왜냐하면 일자는 하나의 사물이 아니기 때문이다. 철학적으로 보면 하나님은 "나는 있는 자다(존재자)"가 아니라 "나는 있음이다(존재)."가 되어야 한다. 신은 한정된 자가 아니기 때문이다.

구약에 '야훼'라는 말은 6823회나 등장한다. 야훼는 "그는 있다(He is)" "그는 존재한다(He exists)" "그는 현존한다(He is present)"로 해석되는 게 보통이다.[12] '존재'라는 말은 동사로 쓰여야 하지만 그것은 동시에 명사인 존재자(것)의 성격을 갖게 됨을 피할 수 없다. 존재라는 말에는 이미 고정불변의 존재의 성격이 들어있기 때문이다.

인간이 말을 하면서 생기는 문법체계는 '주어+동사+목적어+보어'라는 체계를 벗어날 수 없다. 주어 혹은 목적어에는 명사가 들어와야 한다. 그런데 그 명사(명사, 동명사, 명사구, 명사절)는 바로 존재자(것)를 의미한다. 우리는 이러한 곤란한 사정을 "존재자는 존재한다."라는 말에서 찾을 수 있다. 어떤 것이 존재하려면 존재자가 되어야 하는 것이다. 명사가 되지 않는 존재는 끊임없이 생성변화하는, 기운생동하는 존재일 뿐이다. 말하자면 생성의 존재이다. 그럼에도 불구하고 서양문명

---

11) 김용규, 같은 책, 89쪽.
12) 김용규, 같은 책, 95쪽.

은 기운생동을 힘(권력) 혹은 물질(유물)로 이해하고 있다.

존재는 창조주이고, 동시에 일자(一者)이다. 일자가 무엇을 생성한다는 것은 운동과 그에 따르는 변화를 뜻하는 것이다. 신플라톤주의자인 플로티노스는 유출(derivation)이라는 단어로 이것을 설명했다. 플로티노스는 "일자는 아무 것도 추구하지 않고, 소유하지 않으며, 필요로 하지 않기 때문에 완전하다. 그리고 완전하기 때문에 넘쳐흐르고, 그 넘쳐흐르는 풍요함이 또 다른 존재를 만든다."라고 설명한다.[13]

플라티노스는 "일자(一者)로부터 누스(nous), 곧 정신이 생긴다. 일자는 정신의 아버지이다. 정신은 그의 첫 아들이 된다." 라고 말한다. 우리는 여기서 가부장사회의 프레임을 느끼게 된다. 하나님이 왜 '하나님 아버지'가 되고, 예수가 '그 아들'이 되는지를 알 수 있다.

이데아, 에이도스, 존재, 창조주, 일자, 정신, 아버지, 아들의 시퀀스에서 가부장사회의 프레임을 확인할 수 있다. 말하자면 남성성은 고정 불변의 것이고, 영원한 것이고, 성스러운 것이고, 혼이다. 이에 반해 자손을 낳은 여성성은 생성변화하는 것이고, 순간적인 것이고, 속세적인 것이고, 썩는 것이다. 전자는 '이데아의 계열'이고, 후자는 '자연의 계열'이다.

그렇지만 존재는 생성변화하지 않을 수 없다. 존재가 생성하는 것이 창조이고, 존재가 운동하는 것이 변증법이다. 변증법이 '본질주의의 계열'이라면 이것에 반기를 든 '비본질주의의 계열'을 우리는 해체주의라고 한다. 그러나 헤겔의 변증법과 하이데거 및 데리다의 차연(差延)은

---

13) 김용규, 같은 책, 133쪽.

'동일성'을 전제한다는 점에서 같은 것이다. 해체주의는 동일성에 반기를 들어 '차이'를 추구한다 할지라도 동일성의 은폐에 지나지 않는다.

요컨대 서양철학이 동일성의 철학인 것은 애초에 현상에 시시각각 차이가 있음을 전제하고 그것에서 동일성을 찾은 과정이었다고 볼 때, 차이의 철학은 결국 서양철학의 자가당착 혹은 자기모순이며, 막다른 골목에서 자기부정에 이른 일종의 철학적 야바위에 불과한 것이라 볼 수 있다. 이것은 동일성의 철학이 변화를 수용하기 위해서 벌인 변증법의 자기부정의 극치이며, 일종의 차이의 변증법에 불과한 것을 호들갑을 떨면서 무슨 거대한 철학적 반전의 하이라이트라고 발견한 것처럼 자작극의 쇼를 벌이는 것에 불과하다.

서양철학은 애초에 자연의 차이에서 동일성을 발견하려고 출발한 철학이다. 이제 와서 동일성에 반기를 드는 것처럼 차이를 주장하지만 속내를 보면 동일성의 차이이다. 서양철학은 '차이-동일성'에서 '동일성-차이'로 전환한 것에 불과하다. 차이가 전제되지 않으면 동일성이 없고, 동일성의 전제되지 않으면 차이가 없다. 동일성이 전제되지 않는 철학은 동양의 도학이다. 도학은 애초에 자연에서 동일성을 찾아 자연을 정복하는 것이 아니라 자연에 순응하면서 살아가는 삶의 철학인 것이다.

차이의 철학이 제대로 자신을 주장하려면 이성주의에 반기를 든 것이 차이의 철학이라고 주장할 것이 아니라 이성 자체가 차이의 흔적에 불과한 것이라고 주장해야 한다. 더욱이 욕망이라는 것이 이성의 반대인 것처럼 주장할 것이 아니라 욕망도 신체적 이성으로서 욕망과 같은 것이라는 데에 도달하여야 한다. 욕망의 철학이 무슨 큰 구원이라도 되는 것처럼 설레발을 치는 것은 욕망도 차이의 흔적에 불과한 것이라는 점을 간과한 소치이다. 무상하지 않는 것은 세상에 없다. 그 까닭은 자연이 본래 그런 것이기 때문이다. 차이의 철학은 스스로 이성주의를 벗어났다고 생각하겠지만, 차이의 철학은 결코 자연이 될 수 없다.

동양의 도학에서는 자연을 그저 '닮음'으로 보고 있다. 닮음이라는 말 속에는 '같다-다르다'가 동시에 함께 있다. 같으면서 다른 것, 다르면서 같은 것이 닮음이다. 동양의 닮음에는 아예 동일성이라는 것이 없다. 동양의 같음은 동일성이 아니다. 동양의 닮음은 서양의 유추(analogy)와 다르다. 서양의 유추는 이미 동일성을 향하고 내포하고 있기 때문이다.

서양철학의 이데아(Idea)이든 형상(eidos)이든, 변화를 포용하기 위한 변증법(dialectics)이든, 차이(difference)의 철학이든, 모두 동일성의 철학의 일종의 가족유사에 지나지 않는다. 서양의 후기근대철학은 근대와 연속-불연속의 관계에 있다. 이것을 불연속-연속으로 말을 바꾸어보았자 무슨 소용이 있는가. 그래서 야바위인 것이다. 니체의 힘(권력)이라는 것도 실은 '힘이라는 동일성'에 지나지 않는다. 단지 적분적(積分的) 힘과 함께 미분적(微分的) 힘을 강조한 것밖에는 다를 것이 없다.

존재(Being)를 우선하면 세계는 실체론의 순환—기원환원 혹은 영원회귀—에 이르고, 생성(becoming)을 우선하면 세계는 실재론—무시무종, 무위자연—에 이르게 된다. 니체의 영원회귀는 현상학적 환원과는 반대방향이지만 결국 하나의 원 혹은 순환으로 돌아온다. 환원과 회귀는 결국 같은 것이다. 그래서 서양철학과 과학에는 무한대(∞)가 필요했던 것이다. 무한대는 중심을 두 개 가진 타원형과 같은 것을 표현한 상징기호이다.

서양철학의 이론(theory)은 종교와 과학과 예술의 의미를 동시에 내포하고 있는 단어이다. 'theo(theology)'는 신(神)을 의미하면서도 동시에 인간의 통찰(theorine)을 의미한다. 그리고 'ory(orgy)'는 신들림 혹은 광기의 행동을 의미한다. 이것은 예술을 의미한다. 인간의 삶은 종합적으로 예술이라고 할 수 있다. 말하자면 종교와 과학을 내포하고 있는 예술이다.

앎의 철학에는 삶의 철학이 이면에 숨어있고, 삶의 철학에는 앎의 철학이 이면에 숨어있다. 인간의 앎은 삶을 위해서이고, 인간의 삶은 앎을 통해서 실현된다. 신은 존재와 생성의 이중성일 수밖에 없다. 신과 인간, 신과 자연, 인간과 자연은 이중성의 관계에 있다. 신과 인간과 자연도 결국 하나일 수밖에 없다. 현상학에서 '신(神)'은 중심이다. 신은 제조화신(製造化神)으로서의 유령(Ghost)이기 때문이다. 존재론에서 '나'는 중심이다. 삶은 언제나 '나의 삶'이기 때문이다.

03

한글은 세계 언어의
모어(母語)이다

나랏말ᄊᆞ미 中듕國귁에

ᄯᆞ디아니ᄒᆞᆯᄊᆡ 이런젼ᄎᆞ로

고젼ᄒᆞᆯᄫᅵ션도 ᄎᆞᆷ내제ᄠᅳ들시러

하니라 내이ᄅᆞᆯ 爲윙ᄒᆞ야 어엿비너겨

여듧字ᄍᆞᆼ ᄅᆞᆯ밍ᄀᆞ노니 사ᄅᆞᆷ마다 ᄒᆡ야

날로ᄡᅮ메 便빤한 킝ᄒᆞ고져ᄒᆞᆯᄯᆞᄅᆞ미니라

한글은 세계 언어의 원형, 원문자(원소리)일 가능성이 높다. 한글과 한자, 한글과 일본의 가나가 서로 영향을 주고받았다는 언어친족도가 있지만, 최근 한글과 영어가 하나의 원류에서 출발하였다는 증거가 수많은 단어의 어근을 통해서 드러나고 있다. 아마도 인류가 역사적 어떤 시점에서 작은 집단, 공동체(모계공동체)를 이루어 살았다가 흩어졌음을 강력하게 시사하고 있다.

지질학과 고고학적으로 보면 인류는 네 차례의 빙하와 간빙기를 거치면서 살아왔음을 알 수 있다. 지금 우리가 살고 있는 지구는 어쩌면 제 4기 뷔름빙하기를 지난 간빙기에 살면서 문명을 이루었다고 볼 수 있다. 구인류의 탄생과 현생인류의 탄생도 여기에 포함된다.

간빙기가 되면 거대한 빙하가 녹기 때문에 해수면이 상승하고 그러한 상승을 피해 주거지를 마련하기 위해서 인류는 지구의 높은 지역, 중앙아시아 고원지대, 요컨대 파미르고원 지역 쪽으로 이동하여 살다가 다시 빙하가 시작되면서 다시 낮은 지역으로 사방으로 흩어져 살았을 가능성이 높다. 이러한 삶의 모습을 전하는 것이 바로 '마고(麻姑)신화'이다.

마고신화는 인류가 여성신(神)을 중심으로 모계사회를 이루면서 살았던 시대를 우리에게 전하는 중요한 신화이고 경전이다. 인류의 언어를 보면 어머니(엄마, 맘마, 맘, 마더)와 아버지(아빠, 파파, 파더)는 세계적인 공통어이다.

한글과 영어의 공통어근으로 형성된 단어는 수천 개에 이를 정도로 풍부하다. 이러한 사실은 최근 몇 년간 오랜 외교관생활을 통해 터득한 세계 언어에 대한 경험을 바탕으로 새로운 언어학·어원학을 집필 중에 있는 언어학자 김세택(金世澤) 대사에 의해서 밝혀졌다.[1] 그에 따르면 세계 언어의 공통어근을 연구한 결과, 한글과 영어는 물론이고, 인도유럽어와 한자, 한글은 공통어근을 가지고 출발했다는 가설에 도달했다는 것이다.

필자는 단어의 종류보다는 소리의 원형을 중심으로 세계 언어의 원(原)소리를 찾는 한편 그 원소리가 어떻게 인류철학의 형성에 영향을 미쳤는가를 규명하고자 한다.

---

1) 김세택, 『일본어 한자훈독사전』(기파랑, 2015) : 『우리말 속에 영어, 영어 속에 우리 말(Korean in English, English in Korean』(2022, 세원미디어) 참조.

한글의 원소리:
아(A), 안(AN), 알(AL)[2)]

한글소리 아(a)는 목구멍소리인 'ㅇ'+ 모음 'ㅏ"의 조합이다. 인류문화에서 가장 중요한 소리는 목구멍소리(vocal cords)인 'ㅇ'+ ㅏ, ㅓ, ㅗ, ㅜ, ㅡ, ㅣ = 아, 어, 오, 우, 으, 이 의 조합이라고 할 수 있다.

서양문명에서는 아(a-)는 하나(one), 아니다(apathy: 무감동), 없다(atom: 더 이상 나눌 수 없다)의 의미로 사용된다. 안(an)도 아(a)와 마찬가지이다. 아니다(anarchy: 무정부), 없다(individual: 더 이상 나눌 수 없다)는 좋은 예이다. 안(아니)은 또한 한글로 안(in, 內)의 의미로 쓰인다.

아, 안(아니)은 존재의 있음과 없음, 긍정과 부정을 동시에 달성하는 함의를 가지고 있다. 영어 알파벳(al-phabet)의 A는 '아'로 발음된다.

---

2) 박정진, "박정진의 인류학토크 92"(마로니에방송, YouTube)

여기에 시작(Adam, Abraham)의 의미가 있다. 서양철학의 시작인 변명(apologize)도 a에서 시작한다.

동양문명에서는 아(a-)는 아침, 태양, 빛의 의미로 사용된다. 알(al)은 생명/열림의 의미를 지닌다. 그리스어의 아레테이아(aletheia)는 망각(忘却, 隱閉)에서 깨어난 것이 진리(記憶, 顯現)라는 의미가 있다. 진리에서 존재진리로 나아가야 진정한 존재, 본래존재(생성)에 도달할수 있다. 이슬람교의 유일신은 알라(Allah)이다. 이스라엘(Israel)의 엘(el)은 신을 의미한다.

'알'의 'ㄹ'(弓, 乙: 弓弓乙乙)은 변화와 운동을 의미한다. 'ㄹ'은 인류문명의 원시고대에는 밤하늘의 천문(天文)을 의미했다. 원시고대인은 삶을 영위할 때에 '밤하늘의 북두칠성'의 움직임(모양)을 보고 그것에 따라 세계를 해석하고 생활했다. 북두칠성의 움직임이 계절과 시간과 방향을 나타내는 밤하늘의 시계였으며, 하늘의 좌표였다는 것은 잘 알려진 사실이다.

아A/아래아(·)	아(a)	하나/否定, 無/에(부사구)	아니다 *apathy 없다 *atom	아침(시작)
	안(an)	하나/안(아니, 否, 不, 無)	아니다 *anarchy 없다 *individual	안팎(內外)
	알(al)/알다/알맞다(中)	알(卵, 생명)/얼(넋)/앎/중심	태양(빛), 球體 *아리랑/아리수	태양=金人 *(불)알/아기
	엘(el)	신(神)	이스라(엘)	유일신

	알라(allah)	신(神)	(알라)신	유일신
	아레테이아 (aletheia)	진리 (脫隱閉)	아(脫)+레테 (망각의 여신)	은폐(존재)-탈 은폐(현상)
	A(아)	첫 알파벳	아담(Adam)	아브라함 (Abraham)
	아+하=하 (喉音+牙音)	아설순치후 (牙舌脣齒喉)	(올)알/얼/올/울/ 을/일 (한글원형)	물질/정신/시 간/공간/사물/ 사람
	할(하늘), 한	하늘,한(한/큰)	할(하늘)아버지	할(하늘)머니
옴/욤	알나한(알-나-하나): 알에서 태어나 큰나가 되다			

<동서양의 공통음소: 아(a), 안(an), 알(al)>

인류문명의 발전과 함께 가부장-국가사회가 되는 것과 함께 '낮의 태양시대'가 됨에 따라 태극음양오행(太極陰陽五行)이 변화와 운동(☯)을 나타내는 중심에 서게 된다. 그 후 불교의 만다라(卍)도 천제의 움직임과 우주의 기운생동을 나타내는 기호이다. 기독교의 십자가(♰, ♁, ✠, ✿)도 우주의 변화와 운동을 나타내는 기호로 해석할 수도 있다.

북두칠성, 태양, 만다라, 십자가는 운동과 변화를 나타내는 기호로서 현대에 이르러서는 실체의 운동과 변화를 측정하는 변수(독립변수, 종속변수), 즉 좌표(十)로 변모하였다. 과학은 운동과 변화를 시간과 공간으로 계산할 수 있는 좌표를 통해 달성된다는 점을 상기할 필요가 있다.[3]

---

3) 박정진, "박정진의 인류학토크 125"(마로니에방송, YouTube)

우주의 가장 근본적인 원리는 무엇일까. 운동하고 있고, 변화하고 있다는 점이다. 운동하고 변화하고 있다는 말은 철학적으로 무엇을 의미하는 것인가. 우주의 수많은 위성들은 원이 아니라 타원형의 궤도를 돌고 있다. 위성이 타원형의 궤도를 도는 이유는 중력과 속도의 상호작용 때문이다. 타원형 궤도는 위성이 중심체(일반적으로는 지구) 주위를 돌 때 중력과 관성력이 균형을 이루는 결과로 생기는 것이다. 말하자면 원심력과 구심력의 같은 지점에서 궤도를 이루는 것이다.

타원형의 궤도는 중심이 두 개임을 말하는 것이다. 타원형 궤도는 한 관성체(위성)가 중심체(일반적으로 행성 또는 별) 주위를 돌 때, 중심체와 함께 타원의 두 중심을 공유한다고 해석할 수 있다. 이렇게 하면 타원의 한 쪽 끝은 중심체에 가깝고 다른 한 쪽 끝은 중심체에서 멀리 떨어져 있다.

타원은 한 점(중심체)에서의 거리가 더 가까울 때 더욱 빠른 속도로 움직이는 위성의 궤도를 나타내는 반면, 다른 점에서의 거리가 더 멀 때 더 느린 속도로 움직이는 부분을 포함합니다. 이렇게 함으로써 중심체 주위를 돌 때 위성은 중력과 관성력 사이의 균형을 유지하면서 타원형 궤도를 형성하게 됩니다.

이러한 물리학적 사실은 철학에서도 적용되는 것 같다. 우주가 완벽하고 절대적인 '하나'라면 하나의 중심을 가진 원운동을 하였을 것이다. 그렇지 못하고 두 개의 중심을 가졌다는 것은 두 실체의 상호작용을 의미한다. 상호작용이 없는 실체는 없음을 역으로 증명하고 있다. 타원은 원으로서 하나이지만, 중심이 둘이라는 점에서 두 개의 원이다. 철학적으로 불일이불이(不一而不二)이다. 그렇기 때문에 대립할 수도 있고, 통일할 수도 있다. 이것은 또한 생명의 이치로 보면 생멸(生滅)을 의미한다. 빅뱅과 블랙홀도 마찬가지이다. 약(藥)과 독(毒)을 동시에 품은 파르마콘(pharmakon)도 여기에 포함된다. 이들은 모두 양가성(兩價性)을 말한다.

무교	불교	기독교	과학
북두칠성	만다라	십자가	좌표
하늘시계	좌우만다라	상하좌우	XY축
尸	卍	十	+
칠성신(천지신명) 하늘님, 하느님	부처(보살)	하나님(유일신)	함수신(과학신)

<길-진리-생명, 도법자연, 알-나-스스로-하나>

운동을 나타내는 'ㄹ'은 순우리말의 철자(ㄱ, ㄴ, ㄷ, ㄹ······)가 되었다. 북두칠성은 흔히 우물 정(井)자를 나타낸다. 우물 정(囲)자는 상징수 9수와 10수를 포함함으로써 복희팔괘, 문왕팔괘를 통해 상생과 상극의 운동과 변화를 표시했다. 이에 더하여 팔괘가 발전하여 64괘의 주역으로 발전하였다.[4]

---

4) 박정진, 『종교인류학-북두칠성井에서 태양十까지』(불교춘추사, 2007) 참고.

	水	火	木	金	土	八卦周易
生數	1	2	3	4	5	복희·문왕
成數	6	7	8	9	10(0)	팔괘-주역

<生數와 成數>

　인류문명의 문자학으로 볼 때 '알'자가 가장 중요한 단어이다. 알은 생명을 나타내는 단어이기 때문이다. 생명보다 중요한 것은 없다. 알은 '아+ㄹ'의 조합이다. 앞에서 'ㄹ'이 운동과 변화를 표시하는 기호라고 말했다. '아'자의 다원다층의 의미에 대해서 알아보았다.

　옴(움)-아래아(·)은 무의식(여성적-음적 속성)을 의미한다. 옴마니밤 메훔(티베트)은 "온 우주에 충만한 지혜와 자비가 지상의 모든 존재에 게 그대로 실현될지어다."라는 뜻이다. 티베트인들은 옴마니반메훔 글 자를 산등성이 곳곳에 새겨 놓았다.

　'옴'은 무의식-여자를 의미한다. 이에 반해 '아'는 의식-남자를 의미 한다.

　옴: 무의식-엄마-밤(暗)의 속성

　여자: 자연=귀의 존재(소리-파동-무의식-밤)=비권력

　아: 의식-아버지-낮(日)의 속성

　남자: 문명=눈의 존재(빛-입자-의식-낮)=권력

옴	무의식-여자(엄마) -밤(暗)의 속성	여자: 자연= 귀의 존재(소리-파동-무의식-밤)=비권력
아	의식-남자(아버지) -낮(일)의 속성	남자: 문명= 눈의 존재(빛-입자-의식-낮)=권력

<옴과 아, 여자와 남자>

아(a)는 한글과 영어에서 공통어근으로 느낄 수 있다. 스스로 신(神)을 발신(發信)하고 그 발신한 신을 믿은 인간은 그 신을 거두어들여 안에 감출 때가 되었다. 이것이 신을 현상한 인간이 신을 본래의 자리, 본래존재의 자리로 돌려놓는 문명적 의식이다.

과학기술문명이 고도로 발전한 현대문명은 자연을 황폐화시킨 이후 인간 스스로 자연으로부터 소외되는 '소외인'이 되었다. 자연을 잃어버린 인간은 신을 잃어버렸고, 신을 잃어버린 인간은 고향을 잃어버린 존재가 되었다.

이러한 문명적 상황은 절대유일신-인간신(人間神)이 아니라 만물만신(萬物萬神)-신인간(神人間)으로 돌아가야 하는 '원시반본의 시대'를 갈망하고 있다. 자연이 자연적 존재라면, 신은 인간을 위해서 존재하는 존재자이다.

서양기독교문명권은 예기치 못한 일이나 감당할 수 없는 큰일을 당할 때 "오 나의 하나님(oh my God)=아이구 하나님(아버지)"이라고 말한다. 이에 비해 한국인은 위와 같은 일, 어처구니없는 일을 당하면 "에그 머니=에그 어머니(egg mother)=아이구 어머니"라고 말한다. 한국인에게 신은 자신을 낳아준 어머니인지 모른다. 이것이 인류사회가 대체로 가부장사회가 되면서 가부장(아버지, 남성성)의 이면에 숨어버렸다고 할 수 있다.

경상도 방언에 갓난아이를 '얼나'라고 말한다. '얼나'라는 말은 실은 알과 나를 한꺼번에 압축한 말(얼나=알나=알+나)이기도 하다. 한국문화의 여성성과 여성중심, 그리고 생성적 세계관을 발견하는 일은 어렵지 않다. 마고(麻姑)신화는 그 대표적인 것이다. 마고신화는 『지구 어머니, 마고』[5]라는 필자의 책에서 상술한 바 있다.

---

5) 박정진, 『지구 어머니, 마고』(마고북스, 2014), 서울.

순우리말철학 3: 육원음(六原音)과 육하원칙[6]

우리말 알, 얼, 올, 울, 을, 일(놀, 놀일)은 한글로 이루어진 삶의 가장 기본적인 육원음(六原音)이다. 이 여섯 단어는 단음절이지만 물질, 정신, 시간, 공간, 대상목적, 수단과 방법, 그리고 인간의 삶의 조건을 상징하는 단어들이다. 특히 마지막 '일'이라는 단어에는 '놀, 놀일'이 포함된다. 다시 말하면 인간은 일(Arbeit, work, 육체노동) 뿐만 아니라 '놀이(Spielen, play, 정신놀이=언어놀이)'라는 일, 즉 '놀일'을 하지 않으면 안 되는 '놀이의 존재'(Homo Ludens)이다.

인간이 살아가면서 노동(육체)을 먼저 하는가, 아니면 놀이(정신)를 먼저 하는가. 호모사피엔스는 부모로부터 양육되면서 노동보다는 놀이를 먼저 배운다. 놀이는 어린이의 특징이다. 놀이는 인간의 창조적 능

---

6) 박정진, "박정진의 인류학토크 124"(마로니에방송, YouTube)

력을 키우면서 사물조작 혹은 언어조작을 배우는 첩경이다. 어린이에게는 노는 것이 일이다. 말을 배우는 것도 실은 놀이에서 출발한다. 놀이 중에서도 최고의 놀이는 언어놀이이다. 언어는 표상이면서 동시에 의지 혹은 존재 자체를 드러내기 때문이다. 한국인은 일에 놀이(놀일)을 반드시 포함한다. 한국인은 일하면서 노래는 하는 민족이다. 농요(農謠)는 그 대표적인 것이다. 한국인은 노래를 함으로써 시름을 없애고, 의기소침에서 벗어나는 것은 물론이고, 새로운 힘과 기운을 얻는 신기(神氣), 신바람의 민족이다. 놀이가 없으면 한국인의 삶을 설명할 수 없다. 한국인은 놀이를 자신만의 독특한 풍류(風流)로 승화시킨 민족이다. 이것은 다분히 예술과 연결되지 않을 수 없다.[7]

서양철학의 관념론을 완성한 헤겔은 이 '놀이'를 철학에 전혀 고려하지 않음으로써 반쪽철학으로 끝나고 말았다. 따라서 한국의 철학이야말로 헤겔의 철학적 실수를 바로잡을 수 있는 철학이 될 바탕이 충분하다. 한국은 예부터 '풍류도(風流道)의 나라'이다. 풍류도의 3대강령은 '상마의도의(相磨以道義)' '상열이가락(相悅以歌樂)' '유오산수(遊娛山水)이다. "도의로써 서로를 갈고 닦고, 노래와 춤으로 서로를 즐겁게 하며, 산수를 함께 놀면서 마음과 몸을 즐겁게 한다."는 내용이다. 이보다 놀이를 좋아하는 민족이 어디에 있겠는가.

헤겔은 바로 그 '노동'에 대한 집착 때문에 노동(노동자)경제학에 매진한 마르크스를 탄생시키고 말았다. 마르크스는 인간의 욕망과 놀이에 대한 본능을 무시한 결과, 인류문명의 재앙이라고 할 수 있는 마르

---

7) 박정진, 『한국문화와 예술인류학』(미래문화사, 1990) 참조.

크시즘을 상상해냈다. 공산사회주의는 분노와 질투의 인간, 계산적 평등을 주장하는 '저주(咀呪)의 인간', 즉 계급투쟁을 일삼는 근본적 반체제집단을 만들어냈다. 인간은 일을 하면서도 동시에 놀이(노래)를 하는 존재이다. 인간은 '일-놀이하는 존재'이다. 인간의 정신과 육체는 둘이 아니라 하나이다. 정신의 자유가 없으면 인간은 살아갈 수도 없다.

언어를 사용하는 인간에겐 '일'보다 '놀이'(언어놀이)라는 것이 포함될 수밖에 없다. 인간의 특징은 '일'보다는 '놀이'에 더 있는 것 같다. 어린아이가 언어를 배우는 것은 '노동(work)'이라는 개념보다는 '놀이(play)'라는 개념이 더 어울린다. 인간의 삶에는 노동이라는 개념보다 놀이라는 개념에 포함되는 것이 많다. 게임(game) 혹은 예술(art)이라는 말이 붙는 행위(performance)에는 놀이가 더 어울리고, 놀이의 이면에는 언어놀이가 숨어있다.

한글의 육원음은 서양의 육하원칙과 일치함을 알 수 있다. 한글의 누가(who, 주체), 언제(when, 시간), 어디서(where, 공간), 무엇을(what, 대상), 어떻게(how, 방법), 왜(why, 이유)는 알(육체, 몸)-얼(정신, 마음)-올(시간)-울(공간)-을(대상목적, 수단)-일(삶, 이유)과 대응된다. 인간은 살기 위해서 일(놀이)하는 존재이다.

누가(who)는 주체를 말하기도 하지만 그보다는 생명(몸), 즉 '알'(생명, 태양)을 의미한다. '얼'(마음, 정신)은 몸의 총체성을 표현하는 말이다. 언제(when)는 '올'(미래, 다가올), 어디서(where)는 '울'(우리, 울타리)과 대응된다. 무엇(what)은 '을'(사물, 대상, 목적, 수단)에 대응되는데 특히 수단은 어떻게(how)와 일치한다. 왜(why)는 '일'(일하는 인간)과 일치한다. 인간은 살기 위해서 일하지 않으면 안 되는 존재임을 알 수 있다. 인간현존재와 삶의 특성을 '일(놀이)'이 말해준다.

우리는 육하원칙을 말할 때 항상 '누가, 언제, 어디서'라고 순서대로 말한다. 곰곰이 생각해보면 '누가'는 좀 절대적인 의미가 있는 것 같다. '언제, 어디서'라는 시공간을 말하기 전에 '누가'를 먼저 말하는 것이다. '누가'는 시공간이 생기기 이전의 아프리오리(a priori)한 존재라는 의미가 숨어 있는 것은 아닐까. 이는 역으로 인간을 시공간의 틀에 넣어서 존재규정을 해서는 안 된다는 함의가 있는 것은 아닐까.

아무튼 한글의 육원음과 서양의 육하원칙이 이렇게 대응되는 것은 인간사유의 일반적이고 보편적인 패턴, 즉 어떤 일반성(보편성)이 있음을 의미한다. 동서양의 문화가 크게 다른 것 같지만 의식의 심층에는 동일한 구조를 가지고 있음을 알 수 있다.

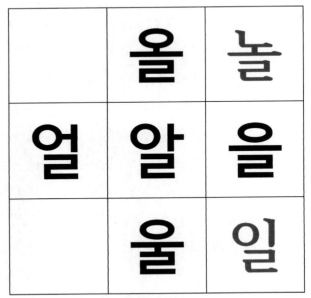

<'알'의 육하원칙+놀>

六原音: 알, 얼, 올, 울, 을, 일

(ㅇ+홀소리+ㄹ=후음+홀소리+설음)

육하원칙(六何原則): 누가, 언제, 어디서, 무엇을, 어떻게, 왜

who, when, where, what, how(way), why

who (주체)	when (시간)	where (공간)	what (대상목적)	how (방법)	why (이유)
누가(나)	언제	어디서	무엇을(남)	어떻게	왜
알(생명, 몸)-얼(마음)	올(다가올, 미래)	울(우리, 울타리)	을(대상, 목적)	을(수단, 방법)	일(놀일)/인간 은 일하는 존재
'알'(卵: 어류, 조류, 파충류)과 '엘'(神)의 발음의 유사성은 '생명(우주)의 탄생(창조)'과 '신(神)'의 중첩된 의미를 느낄 수 있다/'ㄹ(弓乙)'은 움직임(운동, 변화)을 드러낸다.					

<육원음과 육하원칙>

자연의 삶(생명)에는 왜(why), 이유가 없다. 즉 존재에는 이유가 없다. 그런데 인간은 삶에서 '왜'라는 질문을 던지고, 궁극적으로 존재물음을 하는 생물종이다. 바로 그 이유가 진리이고, 진리는 대뇌에서 언어로 구성되는 것이다. 진리는 언어로 구성된 문장이고, 언어는 바로 본질을 의미한다. 언어는 고정불변의 존재를 지칭하는 말이다.

한글의 음운구조를 살펴보면 다음과 같다.

牙	ㄱ → ㅋ	닿소리 17	ㅏ/ㅑ/ㅓ/ㅕ/ㅗ/ㅛ/ ㅜ/ㅠ/ㅡ/ㅣ/(ㆍ) 아야어여오요 우유으이 (아래아 ㆍ)
舌	ㄴ → ㄷ → ㅌ (반설음 ㄹ)	'ㅇ'은 소리가 있는 자음인데도 홀소리에서는 이것이 없이도 같은 소리를 낸다. 그런 점에서 유무(有無)의 소리이다	
脣	ㅁ → ㅂ → ㅍ		
齒	ㅅ → ㅈ → ㅊ (반치음 ㅿ)		
喉	ㅇ → ㆆ → ㅎ (옛 이응 ㆁ)		
훈민정음 28자	세종대왕 훈민정음 창제	닿소리17+ 홀소리11 =28자	홀소리 11
한글 24자	'ㆍ(아래 아)/ㅿ(반치음)/ㆁ(옛 이응)/ㆆ(여린 히읗)'을 사용하지 않음으로써 24자가 되었다.		

한글 6원음(原音)(ㅇ+홀소리+ㄹ=운동을 의미)		
아	알(생명)	생명, 태양, 알맹이
	알다(알의 동사형)	생명(알)을 알다
	앎(알다의 명사형)	알+ㅁ(명사화)=앎
어	얼(알의 안=얼)	정신(혼)
오	올(다가올, 미래)	시간(관계)
우	울(우리, 울타리)	공간(장소)
으	을(으+ㄹ:으로)	대상(사물, 목적, 방향)
이	일(일어나다/일하다)	사건, 노동, 놀이(노래)

```
알→알다(생성→존재=존재→존재자)
을+울(사물+공간)=장소언어:시각(이미지)=행동〉관계
일+올(사건+시간)=문장언어(story): 청각(운동)=관계〉행동
```

<한글의 알파벳과 육원음의 숨은 의미>

한글은 소리 자체가 이미 의미이다. 인류학적으로 보면 인간이 오늘과 같은 소리(음성, 음운구조)를 내는 것은 호모사피엔스사피엔스가 되는 데에 결정적인 역할을 한 것 같다.

1. 네안데르탈인은 목구멍소리가 분화되지 못했다. 호모사피엔스 사피엔스에 이르러 분화되었다.

2. 음성언어에서 문자언어로 발달했다.

3. 소리와 빛이 이성이라고 생각하는 것은 서양문명과 서양철학자들의 착각이다. 소리(청각: 파동)와 빛(시각: 입자 및 파동)이 인간으로 하여금 이성(대뇌적 이성)을 투사케 하였다(촉발시켰다).

4. '어(ə): mother['mʌðə(r)])'(어머니)/'으: strike[straɪk]'(스트라이크) 발음을 정확하게 하는 문자는 한글뿐이다. 그 이유는 무엇일까.

5. 다섯 감각의 성격은 입자이거나 파동이다.

파동: 청각, 촉각/입자: 시각, 미각, 후각

인간이 지각과정에서 대뇌와 감각의 환타지(가상)에서 벗어나서 본래존재에 이르기 위해서는 우주의 원초적인 소리, 자연의 소리에 귀를 기울이는 것이 상책이다. 자연의 소리를 들으면 인간은 편안해진다. 자

연의 소리는 침묵(침묵의 소리, sound of silence)일 수도 있다. 자연에는 보이지 않는, 들리지 않는, 만질 수 없는, 감각할 수 없는 존재가 있다.

　생명소리: 바람(허파: 숨, breath, 呼吸, 吹)
　후음(喉音, vocal cords)
　*야훼(야호, 공명resonance, 공기air, 숨)
　*브라만(바람), 아브라함(아+브라함=아+바람)
　*아버지(father), 어머니(mother)〔아(어)+脣音(마마, 파파)〕
　*할아버지=하늘(하나님)아버지/할머니=하늘(하나님)어머니〔牙音+아버지(어머니)〕

　인간은 자연(존재)에 '신(神)'과 '진리(眞理)'(이들은 존재자이다)라는 옷을 입히는 문화적 존재이다. 그런 점에서 인간은 빙의(憑依)의 존재이다. 인간이 시간에 매이는 것은 바로 인간이 현상학적 존재임을 말하는 것이다. 신은 시작하는 존재로서 시간과 동시에 있는 존재이다. 이를 서양철학자 중에서 하이데거가 처음 깨달음으로써 인간을 '현존재-현사실적 존재(세계-내 존재)'라고 규정하기에 이른다.

한국어의 기원, 홍산(紅山)문화

한국어의 기원이 투르크어, 몽골어, 일본어와 함께 9000년 전 신석기시대에 중국 동북부에 살던 농경민에서 비롯된 것으로 독일 막스플랑크 연구소에 의해 밝혀졌다.[8] 지금까지는 그보다 훨씬 뒤에 중앙아시아 유목민들이 전 세계로 이주하면서 비슷한 체계를 가진 언어들이 퍼졌다고 알려졌지만 막스플랑크 인류사연구소의 마티너 로비츠 박사 연구진은 "언어학과 고고학, 유전학 연구 결과를 종합 분석한 결과 유럽에서 동아시아에 이르는 트랜스유라시아 어족(語族)이 신석기 시대에 중국 랴오강(遼河,요하) 일대에서 기장 농사를 짓던 농민들의 이주 결과임을 확인했다."고 국제학술지 '네이처'에 밝혔다.

이 연구에 따르면 1. 모음조화, 2. 문장구조(주어+목적어+서술어)가

---

8) https://blog.naver.com/02blue35/222564834768

유사한 트랜스유라시아어, 즉 알타이어문법의 특징 등이 공통점으로 드러났다.

이번 연구에는 독일과 한국·미국·중국·일본·러시아 등 10국 언어학자, 고고학자, 유전생물학자 41명이 참여했으며, 한국외국어대의 이성하 교수와 안규동 박사, 동아대의 김재현 교수, 서울대의 매튜 콘테 연구원 등 국내 연구진도 논문에 공저자로 등재되는 성과를 올렸다.

트랜스유라시아 어족은 알타이어족이라고도 한다. 서쪽의 투르크어에서 중앙아시아의 몽골어와 시베리아의 퉁구스어, 동아시아의 한국어, 일본어로 구성된다. '보글보글, 부글부글'처럼 앞 음절의 모음과 뒷 음절의 모음이 같은 종류끼리 만나는 모음조화가 나타나고, '나는 밥을 먹는다'처럼 주어, 목적어, 서술어 순으로 말을 한다. '예쁜 꽃'처럼 수식어가 앞에 오는 것도 특징이다.

트랜스유라사이아 어족은 유라시아대륙을 가로지르는 방대한 언어 집단임에도 불구하고 기원과 확산 과정이 불명확해 학계에서 논쟁의 대상이 됐다. 로비츠 교수 연구진은 고대의 농업과 축산 관련 어휘들을 분석하는 한편, 이 지역의 신석기, 청동기 시대 유적지 255곳의 고고학 연구 결과와 한국과 일본에 살았던 초기 농경민들의 유전자 분석 결과까지 비교했다.

연구진은 모든 정보를 종합 분석한 결과, 약 9000년 전 중국 요하 지역에서 기장을 재배하던 트랜스유라시아 조상 언어 사용자들이 신석기 초기부터 동북아 지역을 가로질러 이동한 것을 확인했다고 밝혔다.

지금까지 홍산문화가 한국문화의 원류, 특히 고조선문화의 원류라는 가설은 고고인류학계에서 꾸준하게 논의되어 왔다. 이 홍산문화가 언어학과 유전학에 의해 밝혀지고, 국제적인 과학학술지인 네이처지에 공개된 것은 학문적인 큰 진전이다. 유라시아대륙을 가로지르는 고대 문화가 밝혀졌다는 것은 앞으로 이 일대가 고대인류문화, 모계사회의 문화, 마고(麻姑)문화의 원류지역으로 밝혀질 가능성이 높을 것으로 전망된다. 홍산문화의 발견은 한국문화의 세계화에 크게 기여할 것으로 전망된다.

<홍산문화, 트랜스유라시아어 기원>

자연과 문명, 의식과 무의식, 그리고 천지인순환

인류의 어떤 문명이라도 문명의 바탕에는 자연이 있다. 자연은 의식으로 말하면 무의식과 같다. 의식의 초월적 정점을 이성이라고 한다면 무의식의 기저를 욕망이라고 할 수 있다. 이성이 형이상학적 사유의 절정이라면 욕망은 신체적 존재(세포, 생명)의 생존적 욕구라 할 수 있을 것이다.

자크 라캉은 자연과 문명의 관계를 상상계, 상징계, 실재계로 나누었다. 이것을 지각(sense-perception)의 단계로 말한다면, 실재계는 자연이라고 말할 수 있고, 상상계는 자연을 이미지로 받아들이는 감각의 거울단계, 그리고 상징계는 이미지를 언어로 다시 구성되는 지성의 단계라고 말할 수 있다.

이것을 모계사회를 기준으로 보면 어머니(실재계), 외삼촌(상상계), 아버지(상징계)로 말할 수 있다. 부계사회로 들어가면 외삼촌이 없어지고, 그 대신 자아의 형성과 함께 초월적 자아인 아버지가 등장하게 된다. 이를 국가의 발전단계로 말하면 모계사회, 부족공동체사회, 가부장 국가사회로 대응할 수 있을 것이다. 여기서 상상계의 자아형성 단계로 외삼촌을 대응한 것은 아직 초자아의 아버지가 형성되지 않았음을 의미한다.

라캉은 "프로이트로 돌아가자."는 슬로건과 함께 정신분석학을 구조언어학과 융합하면서 철학으로 변형시켰다. 그래서 치료를 전문으로 하는 임상의들은 정신분석학을 철학으로 변형시킨 라캉을 정신분석학에서 추방하게 된다. 라캉은 심층심리의 정신분석학을 언어의 철학으로 재해석하였다고 할 수 있다. 말하자면 욕망의 무의식(자연)을 의식의 언어(문화)로 해석하는 순환의 길을 열었다.

자연적 인간으로서의 욕망은 언제나 어머니와 하나였던 '자궁의 시기'를 잊을 수 없다. 그것이 근친상간에 대한 욕망과 더불어 문명의 근친상간금기(incest taboo)의 근거가 되기도 한다. 어머니와의 일체감을 스스로 제어하는 것이 자아형성의 거울단계이다. 성장과 함께 초자아의 아버지를 깨닫게 되고, 아버지를 모방하고 지향하게 되는 것이 인간과 문명의 심리이다. 이것을 라캉은 종합적으로 팔루스(phallus)라고 부른다.

아마도 그 아버지가 집단적 상징으로 전환한 것이 하나님아버지(God the Father)일 것이다. 하나님아버지에 대응하는, 자연을 대표하는 상징이 대지의 어머니(mother earth), 태초의 여신 마고(麻姑, Magod), 그리스신화의 가이아(Gaia)일 것이다.

라캉의 실재계, 상상계, 상징계는 서로 구분되어있지만 실은 순환적인 세계이다. 이는 상징계, 즉 언어로 구성된 세계의 분열과 틈새를 통해 바라볼 수 있는 것이 실재계이기 때문이다. 실재계는 인간이 파악할 수 없는 세계이고, 인식이 불가능한(impossible) 세계, 존재의 세계, 무(無)의 세계, 물 자체의 세계이다. 인간은 상상계와 상징계를 통해서 나름대로 사물을 인식하고 언어화하지만 이것은 모두 해석한 세계일 뿐이다. 인간의 이성과 욕망은 서로 대립하는 것 같지만 실은 교차하고 있을 뿐이다. 욕망은 신체적 이성이고, 이성은 대뇌적 욕망이다.

서양철학의 거의 종착역에서 등장한 라캉의 실재계=자연=지(地), 상상계=거울=인(人), 상징계=언어(天)는 동양의 천지인(天地人)사상과 대응할 수도 있다. 이것은 철학이 자연으로 돌아가는 징후라고 말할 수 있다. 지금까지 서양철학과 문명은 아버지를 기준으로 문명을 구성함으로써 신체를 가진 인간을 너무 형이상학화하는 도착을 범했다고 할 수 있다. 인간은 동물 가운데서도 그저 '생각하는 동물' 쯤으로 보는 것이 평정을 되찾는 길인지도 모른다. 그렇게 보면 실존적 인간이 호들갑을 떠는 죽음도 그저 자연의 생멸과정에 불과한 것을 과대망상(誇大妄想), 전도몽상(轉倒夢想)으로 대응한 것이라고 말할 수 있다.

인류의 신화도 순환적으로 볼 수 있다. 마고신화(모계사회)-나무꾼과 선녀신화-신데렐라신화-오이디푸스신화(부계사회)가 그것인데 유라시아 대륙 동쪽에서 점차 서쪽으로 나아가는, 모계사회에서 점차 부계사회로 변해가는, 부계사회의 강도를 높여가는 분포를 보인다.

인류의 문명도 순환적으로 볼 수 있다. 이를 인류의 경전으로 보면 유라시아 대륙 동쪽에서 점차 서쪽으로 나아가는 마고(麻姑)의 부도지(符都誌)-(샤머니즘)천부경(天符經)-(힌두교)불경(佛經)-(유대교)성경

(聖經)-쿠란(古蘭經)의 순이다. 우리가 흔히 접하고 알고 있는 문명은 남성(Man)중심, 아버지(Father)중심이다. 그러나 자연은 여성(Woman)-자궁(womb, um-an)중심, 어머니(Mother)중심이다.

근대문명에 이르러 서양문명에서 자연과학, 정확하게는 수학적 자연과학이라는 것이 탄생했다. 다시 말하면 과학이 신화와 종교를 대신하고 있는 시대가 근현대이고, 4차 산업의 미래일 것이다. 그렇지만 과학이 아무리 발전하고 문명의 이기(利器)를 인간에게 많이 베풀어 준다고 해도 자연의 선물을 대체할 수는 없을 것이다. 인간은 자연 안에 있고, 과학도 자연 안에 있다. 인간은 역시 자연적 존재로서의 인간일 따름이다. 문명은 지금도 순환하고 있다.

04

생명(삶, 존재)과
이용(앎, 지식)의 고고학

나랏말ᄊᆞ미 中듕國귁에
수믈아니ᄒᆞᆯᄊᆡ이런젼ᄎᆞ로
고젼횽ᄇᆡᄋᆡ셔도ᄆᆞ참내제ᄠᅳᆮᄉᆞ미라
ᄒᆞᄂᆞ라ᄂᆡ이롤 왕ᄒᆞᄋᆞ야어엿ᄡᅵ녀겨시ᄆᆞᆺ게
여ᄃᆞᆲ字ᄍᆞᆼ 둘밍ᄀᆞ노니사름마다ᄒᆞ야ᄋᆞᆼ사ᄫᅵ꿈뀌
나ᄅᆞᆯ로ᄡᅮ메 뿐한 크ᄒᆞ고쳐횽ᄉᆞᆯᄆᆞ니라

앎과 삶의 변증과 순환

니체는 '도덕의 계보학'을, 하이데거는 '존재의 계보학'을, 미셸 푸코는 '권력의 계보학'을 썼다. 철학이 계보학을 쓴 것은 문화적 원형에서 역사적 변형을 찾아내는 고고학적 방법, 즉 문화적 지층을 발견하고자 함이다. 이것을 인류학자, 고고학자에게는 낯선 것이 아니다. 이러한 철학적 유행은 철학이 인류학적 발상과 방법을 원용한 것에 불과하다. 호들갑을 떨 일은 아니다. 그러한 점에서 철학인류학은 미래철학의 방법일 수밖에 없다.

그렇지만 고고학적-인류학적 방법이 밝혀낸 것은 가부장-국가사회, 즉 부계사회를 중심으로 인류문명을 해석하는 데에 그치고 있다. 여기에는 원시고대의 모계사회의 특성인 생명과 공동체사회에 대한 배려가 빠져 있다. 필자는 이에 '삶-생명(자연-여성-비권력)과 앎-이용(문명-과학-권력)의 고고학'을 간략하게 정리한다. 이것은 인류의 삶과 앎의 발전단계와 교차를 계보학적으로 보여주고 있다.

1. 알(생명): 아(原소리)+ㄹ(舌音, 기운생동)=알(알맹이, 태양)

2. 씨(생명): 각시에서 씨(氏)가 생성됨〔씨(氏: 각시 씨, 갓, 가시=여자)는 모계사회의 '씨' 개념에서 유래했다(氏: gsjig에서 후에 어미 -g 가 탈락함. 지(枝: 가지 지: ksjig)도 '가지'를 의미하면서 혈통과 분가를 의미한다. 즉 가지치기는 원래 여자에 속한다. 즉 姓과 氏는 모두 여자-모계사회에서 유래했다. 성(姓=女+生)은 글자그대로 여자(女)에게서 난(生)것을 의미한다.〕

*씨와 알, 씨알(생명)은 모두 생명=여성을 나타낸다.

3. '씨'에서 '씀'의 발생:

①씨(알=생명), 말씨/글씨/솜씨(재주)

②쓰기(writing, 文子-文化)/씀(using, 사용하다, 이용하다, 도구-기술과학)/말씀(하나님의 말씀, Logos).

③써 이(以, 用): 가지고, 이로써(함으로써)

이로써 '씨알'(생명, 자연, 자연적 존재)에서 '쓰기'와 '씀'이라는 기록과 이용과 소유(문화, 문명, 소유적 존재)의 의미가 발생한다.

4. 종교(신앙)의 발생(발명): 대뇌의 용량이 크게 늘어난 영장류인 호모사피엔스는 가상의 존재(세계)인 신(神, 鬼神)을 설정하고, 그것과의

대화를 통해 자신의 세계에 대한 이해를 넓혀간다.

5. 문자(文子)의 발명: 음성언어(記意 겸 記標)에서 문자언어로 발전했다. 문자언어에서 특히 기표(記標)의 강화가 이루어지고, 나아가 기표연쇄(記標連鎖)가 이루어진다. 기표연쇄에는 환유의 연쇄와 은유의 연쇄가 이루어지고, 전자는 과학과 기술로, 후자는 시와 예술로 발전한다. 이로써 인류의 문화와 문명이 언어의 발명을 통해서 꽃을 피우게 된다. 이것은 가부장제를 가속화한다. 인류문명사에서 문자와 이성의 발전은 피드백과 시너지효과를 이룬다.

6. 성씨(姓氏)-가부장제(권력)의 발생(반란): 인구의 증가와 더불어 더 이상 모계제(모계사회)로 삶을 이끌어갈 수 없었던 인류는 가부장제를 실시하게 된다. 가부장제(남성의 반란)와 더불어 이전에 여성적인 것에 속했던 알-씨-성씨가 남성적인 것에 속하는 것으로 반전된다. 가부장제와 함께 전 지구적인 범위에서 태양숭배사상(solarization)이 만연하게 된다. 이 시기는 육체에 비해 정신적 자아(Mental Ego)가 보다 고상한 것으로 등장하는 시기이다. 태양의 시기가 바로 '토테미즘의 심리학'으로 보면 '높은 의식(밝)'의 단계이며, 이는 육당 최남선(崔南善)이 말하는 '밝 문화'의 단계이다. 본래 태양은 여성이었지만(태양=여성) 이 시기에 남성으로 변전한다. *마누라: 태양 같은 여인: 마(진실로), 누(여자), 라(태양)

가부장제 이후 여성은 남성혈통(자손)의 지속(번식)과 권력을 위한 이용의 대상으로 전락한다(박씨, 김씨, 이씨, 리쳐드, 사뮈엘 등).

7. 가부장제와 종교의 결탁(동맹): 가부장제-국가의 발생과 더불어 지구상에는 오늘날 고등종교라고 지칭하는 유불선기독교가 문화권별로 형성된다. 종교(사제권력)와 국가(정치권력)는 서로 결탁을 하여 자신의 권력을 유지하게 된다. 처음에는 제정일치(祭政一致)사회였으나 점차 제정분리(祭政分離)사회로 옮아간다. 종교적 인간의 원형화·보편화가 이루어진다.

8. 언어(상징)의 사용으로 상상력의 급격한 증대: 언어의 분화와 사용량이 급격하게 늘어나는 것과 함께 사회가 점차 복잡해지고, 문화와 문명이 크게 발전한다. 언어의 은유적(隱喩的) 사용(음성=음파=소리)과 환유적(換喩的) 사용(표상=표기=기술)이 일상생활에서 혼용됨으로써 인간은 보다 활발한 상상력과 상징하는 힘을 갖게 된다.

9. 시(詩)와 예술(art), 과학(science)의 발생: 시=은유(metaphor, phor=phone), 과학=환유(metonymy, nymy=name). 인류문화의 많은 부분을 은유와 환유라는 관점에서 서술할 수 있다. 요컨대 시는 은유의 기표연쇄(記標連鎖)이고, 과학은 환유의 기표연쇄에 속한다.

10. 존재(사물)의 대상화: 주체-객체(나-너, 즉자-타자, 창조주-피조물, 세계의 二分化, 二分法)의 프레임은 인류의 보편적인 사유체계(프레임)이며, 이것은 보편적인 문장구조(주어+동사+목적어+보어+부사구)에 잘 반영되어 있다. 인도유럽어문화권은 명사(개념: 실체: 주어와 목적어)를 중시한다. 한글문명권은 동사(氣: 기운생동, 비실체)를 중시

한다. 한자문명권은 양자의 사이에 있다.

11. 주체(subject)의 혁명: 주체는 '대상에의 종속(subject to object)'에서 '대상의 주인'(subject over object)으로 입장을 전환한다. 대상(object)이라는 말 속에 이미 주체(subject)의 선험, 초월, 지향적 입장과 목적의식이 있다. 이데아(idea, 본질, 존재)라는 말속에는 이미 '초월'과 '대상'과 '목적'의 의미가 내재해 있다. 그래서 서양철학은 모두 현상학이다.

현상학은 인간의 지평(地平)에서 현상학적 환원을 하거나 현상학적 회귀를 하는 사유체계를 의미한다(天地中人間). 이속에 '자연적 존재'(자연)에 대한 인간현존재(존재자)의 지배가 내재해 있다. 인간이 만든 모든 문화와 문명은 '자연적 존재(자연)'에 비해서는 '제도적 존재자(문명)'이다.

서양에 철학(현상학)이 있다면 동양에는 도학(존재론)이 있다. 철학은 앎은 위주로 하고, 도학은 삶을 위주로 한다. 앎은 대뇌활동에 비중을 크게 두고, 삶은 신체활동에 비중을 둔다.

앎은 '앎=힘', 지식과 과학에 그 초점을 두고, 삶은 '무위자연(無爲自然)', 수신(修身)에 초점을 둔다.

12. 인간 개인으로 볼 때, 시적(詩的)-예술적(藝術的) 인간과 기술적-과학적 인간으로 일반적으로 구분된다. 양자가 종합된 인간이 종교적 인간이다. 종교의 집회가 말씀(symbol, 經典)과 의례(ritual, 祭祀)로 구성된 것은 좋은 예이다.

13. 인간사회에 국가와 도덕(道德)과 법(法)과 예악(禮樂)의 등장: 주체(주인, 지배자)와 대상(노예, 피지배자)의 공동생활을 위한 재화와 용역의 분배 및 균형 잡기로서 도덕과 윤리가 등장하고 이에 따라 계급-계층의 분화가 이루어진다. 이를테면 왕-귀족-평민-노예의 사회적 역할분담과 위계체계가 완성된다.

14. 과학기술시대의 등장: 자연에 대한 인간의 지배로서의 기술과 과학이 더욱 고도화된 형태로 등장한다. 자연적 존재는 인간에 의해 사물화 되고, 사물화된 존재는 기계로 존재변화를 하게 된다. 자연은 자연과학적인 형태로 존재하게 된다.

15. 자연은 자연 그대로서 선(善)하다. 인간에 의해 친구(友, friend)와 적(敵, enemy)이 발생하고, 적대감이 심화되어 악(惡, evil)이 발생한다.

16. 자연에 대한 과대한 이용으로 자연이 황폐화됨. 홍익인간(弘益人間)에서 홍익자연(弘益自然)으로 되돌아가야 할 때가 되었다.

17. 인간은 신체적 존재이다. 이때의 신체는 정신(주체)의 대상으로서 육체(물질)가 아니라 자연의 타고난 존재(본래존재)로서의 신체이다. 인간의 신체 속에 신(神)과 존재(存在)가 있다. 이것이 생명의 회복이다. 자연의 생명력을 회복하기 위해서는 자연의 만물만신(萬物萬神) 사상과 천부경(天符經)의 인중천지일(人中天地一) 사상과 풍류도(風流

道)의 도의(道義)의 부활이 필요하다.

18. 생명의 삶은 '남을 위하여 사는 삶'이다. 반면에 이용의 삶은 자신의 이익을 위해 '남을 이용하는 삶'이다. 생명의 삶은 실존적 존재 그 자체를 중시한다. 반면에 이용의 삶은 앎과 지식, 존재자를 중시하는 삶이다. 앎과 삶은 역설적인 관계에 있는 것 같다. 앎과 삶은 역설이라기보다는 왕래하는 관계에 있다. 진정한 앎은 생명(알)을 아는 앎이다. 그런 앎은 바로 생명을 실천하는 삶에 이른다. 무생물을 포함해서 만물은 생명이다. 그래서 만물만신(萬物萬神)인 것이다.

생명(삶, 실존, 존재)과 이용(앎, 지식, 존재자)의 고고학	
앎(말씀, 이용, 지식, 과학, 이데아)	삶(알, 생명, 도덕, 수신, 道)
대뇌-이성(理性)-남성	신체-욕망(慾望)-여성
본질(essence, idea, 동일성)	존재(existence, life, 실존성)
지배-권력(가부장-국가)의 발생	피지배-백성(민중)의 발생
철학: 서양의 현상학(現象學)	도학: 동양의 도학(道學)
천지중인간(天地中人間)	인중천지일(人中天地一)
남자가 여자(존재)를 다스림	여자가 남자(존재자)를 낳고 키움
남을 이용하는 삶	남을 위하여 사는 삶
앎과 삶은 교차되는 것이다. 이는 음양상보(陰陽相補)와 같다.	

<생명과 이용의 고고학>

존재방식으로서의 신, 하나님

　지금까지 철학은 대상을 인식하는 인식론에 머물렀다. 대상이 없으면 주체가 없고, 주체가 없으면 대상도 없는 현상학적 반전(反轉)과 순환에 머물렀다. 그 결과가 유심론과 유물론, 유신론과 무신론의 극단적 대결이다. 인간은 분명이 다른 생물종, 다른 동물과 달리 무엇을 알고자 하는 존재이다. 여기서 그 무엇(what, that, It)이라고 하는 것은 애지(愛智)의 철학의 출발이다. 그 무엇을 찾는 존재라는 것은 한마디로 '지식의 존재'라는 뜻이다. 실지로 그 지식을 가지고 인간은 만물의 영장이 된 것도 사실이다.

　그렇다면 과연 신, 하나님이라는 존재도 지식의 대상으로서 존재하는 것일까. 신, 하나님은 우리가 알아야 하는 대상이기도 하지만, 동시에 우리가 믿어야 하는 대상이기도 하다. 인간은 알아야 믿는 것일까, 믿어야 아는 것일까. 현대인은 아마도 전자에 가까울 것이다. 그렇지만 인간의 조상들은 후자에 가깝게 오래 세월을 살아왔다. 믿어야 하는 대상으로서의 신은 삶과 관련이 있다. 그런 점에서 신, 하나님은 앎의 대상이 아니라 인간의 존재방식이다.

여기서 존재방식이라는 말은 삶의 방식임을 의미하고, 더욱이 존재의 유무(有無) 이전의 문제라는 것을 말한다. 무엇이 있고, 없음은 존재 이후의 문제이다. 존재는 존재방식이다. 인간은 끝없이 변화하는 자연(자연적 존재) 속에서 특별히 고정불변의 존재를 설정(상상, 가상)하면서 살아온 존재이다. 생성을 존재로 해석하는 자체가 인간의 존재방식이다. 이 때문에 고정불변의 존재인 신은 역설적으로 시대에 따라 양태를 달리하면서 인간 앞에 등장할 수밖에 없었다. 신은 믿음의 대상이지만 동시에 항상 새로워지지 않으면 안 되는 존재로서의 운명을 타고난 존재이다.

신은 태초에 한번 창조하고 그 다음에는 아무 일도 하지 않고 그냥 자신이 만든 피조물을 바라보는 데 그치는 것이 아니라 시시각각 인간의 곁에서 끝없이 창조하는 신이어야 한다. 쉼 없이 창조해야 변화무쌍한 자연에 대적할 수 있는 신이 되는 까닭으로 잠시도 쉴 수도 없는 불쌍한 존재가 신인지 모른다. 신이 창조할 수밖에 없는 이유는 스스로 생성을 포함하고 있기 때문이다. 신이 창조주라기보다는 창조하는 것이 신이 되어야 한다.

인간은 고정불변의 존재를 가지고 변화무쌍한 자연에 대적하면서 살아가는 존재이면서 동시에 그 고정불변의 존재를 설명해야 직성이 풀리는 해석학적 존재이다. 이것이 바로 인간의 존재방식, 삶의 방식이다. 그렇다면 존재방식 이전의 존재는 신과 동격이 된다. 신은 존재이면서 어떤 표상(representation)으로 드러날 때에는, 즉 현상학적으로는 존재방식이 된다. 신은 따라서 현상학과 존재론을 왕래하는 존재이다.

존재라는 말은 이미 있음을 뜻한다. 그런 점에서 있음은 선험적, 선천적인, 즉 아프리오리(a priori)한 문제이다. 그렇지만 존재방식은 경험적, 후천적인, 즉 아포스테리오리(a posteriori)한 문제이다. 그런데 존재의 유무(有無)는 그 경계에 있다. 다시 말하면 있음 중에 없음이고, 없음 중에 있음이다. 또 변화 중에 불변이고, 불변 중에 변화이다. 이것은 시간성(시간 그 자체, 지속적인 흐름)과 시간(계산할 수 있는 시간)의 문제이기도 하다.

철학적으로 생각하면 이상의 문제는 좀 복잡한 문제이다. 그러나 인간이 항상 이렇게 복잡하게 생각하면서 살아온 것은 아니다. 그런 점에서 철학은 자신의 설명의 만족을 위해서 하루하루 살아가는 일상의 삶을 놓치고 있다.

인간은 왜 고정불변의 존재를 상상하고, 가상하면서 살아가는 존재방식, 삶의 방식을 택하여 왔는가. 이것은 알 수가 없다. 알 수가 없다는 것은 알기를 포기하는 것이 아니라 그 문제 자체가 풀 수 없는 난제(aporia)임을 뜻한다.

인간은 살아가면서 황급한 일이 생기면 "오(아이구) 하나님(oh my God)" "아이구 부처님" "아이구 아버지" "아이구 어머니(에그 머니)"라고 외친다. 저마다 자신이 믿고 있는 존재를 부른다. 이 말은 그러한 존재가 삶에서는 필요하다는 뜻이고, 무의식적으로는 그러한 존재가 숨어있음을 뜻한다. 요컨대 신이나 부처님이나 아버지, 어머니를 믿지 않는다고 해도 그렇게 부른다. 무신론자들로 자신이 믿는 그 무엇이 있다. 그러한 점에서 유신론자이다.

인간이 사는 것은 시간을 살아가는 것이다. 시간을 살아간다는 것은 순간을 살아가는, 찰나를 살아가는 것이고, 그 순간은 바로 영원과 직결된다. 순간(瞬間)이 없으면 영원(永遠, eternity)이 없기 때문이다. 인간은 순간을 살면서 이미 영원을 사는 존재이다. 그러니 "한 오백년 살겠다." "영원히 살겠다."고 하는 인간의 염원을 지식적으로 판단하여 틀렸다고 말하는 것은 무의미하다. 의미는 인간이 자연과 삶에 부여하는 것이다. 그런 점에서 의미는 무의미이고, 무의미는 의미이다.

과학의 눈으로 보면 인간은 미신적(迷信的) 존재이다. 그런데 과학이 발견한 궁극은 바로 혼미(昏迷, 渾彌)이다. 현대물리학의 블랙홀이나 암흑물질이라는 것은 바로 이것을 말한다. 과학과 종교의 관계를 말하면 과학은 증명된 것만 믿는 종교이고, 종교는 증명되지 않는 것을 믿는 과학이다. 인간은 시간적 존재이다. 시간이 없으면 운동이나 변화를 설명할 수 없다. 그래서 인간은 태초의 천지창조를 설명하지 않으면 안되는 신화적 존재이면서 동시에 과학적 존재이기도 하다.

삶은 살 수 있을 것이란 믿음에서 출발한다. 물론 삶에서 미래에 대한 불안이나 죽음에 대한 공포가 없는 것은 아니지만 믿음은 그보다 이전의 아프리오리(a priori)한 것이다. 원시고대인들은 만물에 신(神)이 깃들어있고, 인간의 영혼도 죽으면 천상세계, 신의 세계로 들어간다고 믿었다. 신과 영혼은 동시에 존재하는 것이었다. 영혼불멸설의 이면에는 역설적으로 인간과 자연이 하나라는 믿음이 깔려있다. 이것을 신물숭배(神物崇拜)라고 한다.

원시고대인의 신물숭배를 현대인들은 물신숭배(物神崇拜)라고 매도했다. 물신숭배는 현대인의 정신을 원시고대인들에게 투사한 것이었다. 현대인이야말로 물신숭배자들이다. 유물론과 무신론과 자연과학은 물신숭배를 대변하고 있다. 이것은 모두 앎(지식)의 철학의 부산물이다. 삶의 방식, 존재방식으로서의 신을, 원시고대인들의 신을 받아들일 때 인간은 자신의 희망대로 시간을 넘어서 영원히 살 수 있을 것이다. 동시에 영원히 사는 것은 순간을 알차게 사는 것임을 깨닫게 될 것이다. 알차게 사는 것은 알(생명)을 사는 것이다. 앎의 궁극은 알(생명)을 아는 것(앎=알다)이다.

원시고대인들은 자신이 '먹어야 사는 존재'임을 미안하게 생각했다. 그래서 자신에게 먹거리(음식)를 제공하는 산천에 제사를 지냈다. 또한 자신을 태어나게 해준 조상에게 제사를 지냈다. 현대인은 제사를 지낼 줄 모른다. 축제를 지내면서도 축제의 의미를 모른다. 교회나 절에 가면서도 행위의 의미를 모른다. 과학기술에 의존하는 현대인은 대량살상을 하고도 아무런 반성과 죄의식도 없는, 자신의 정의에 충실한, 자신에 도그마에 충실한, 감사할 줄 모르는 인간, 후안무치한 인간이 되었다. 이것이 호모사피엔스의 멸종의 징조가 아니라면 무엇일까.

자연적 존재, 제도적 존재자,
그리고 심물존재

동서철학을 비교·관통하고 나면 철학자는 양자를 어떻게 소통·통합시킴으로써 인류의 지적 상승 혹은 승화를 도모할 것인가라는 문제에 직면하게 된다. 이러한 문제를 해결하는 입장은 철학의 태초와 종말을 동시에 잡고, 하나의 지평융합의 선에서 새로운 철학적 용어(개념)을 창조하지 않을 수 없는 신의 입장을 경험하게 된다.

철학인류학자의 입장에서 보면 인류의 문명이라는 것은 그 어떤 문명이라 할지라도 제도에 불과한 것임을 알게 된다. 말하자면 이것은 제도적 존재자이다. 제도적 존재자라는 인식을 하게 되면 바로 동시에 일어나는 철학적 현상학은 자연이라는 대상이 '자연적 존재'로 명명되어야 함을 깨닫게 된다. 철학은 이렇게 인간이 살아가면서 날마다 접하는 자연을 우회하면서 표현할 것을 요구한다.

자연적 존재, 제도적 존재자, 이는 새로운 이원대립이다.[1] 서양철학의 변증법은 언제나 새로운 차원을 만나면서 지양(止揚, Aufhaben)하게 되고 지양을 통해 새로운 합(合)을 이루면, 그 합은 정(正)이 됨으로써 다시 반(反)을 기다리는 운명을 되풀이한다. 동양철학에는 반자도지동(反者道之動)이라는 말이 있다. 변증법과 반자도지동은 그 철학적 기반은 다르지만 나름대로 비슷한 현상을 설명하고 있다. 전자는 고정불변의 실체가 있음을 전제하고 있고, 후자는 그 실체가 없는 변화생성을 전제하고 있지만 말이다.

　'존재'라는 말과 '존재자'라는 말은 그러한 점에서 철학적 혼란스러움을 자초하는 말이기도 하다. 그래서 하이데거는 종래에 서양철학의 존재라는 말은 실은 존재자였다고 고백하지 않았던가. 그럼으로써 자신의 존재론 철학을 전개하는 발돋움으로 삼지 않았던가.

　서양철학을 전반적으로 현상학으로 규정하는 필자로서는 서양철학의 이분법, 즉 주체-대상, 정신-물질(육체)을 동양철학의 심물(心物), 즉 심(心)=정신, 물(物)=물질로 번역하는 것을 탐탁케 생각하지 않는다. 이러한 생각의 바탕에는 이(理)=정신, 기(氣)=물질로 번역하는 것도 탐탁하게 생각하지 않는 입장이 있다.

　동양철학에서도 주자(朱子)의 성리학(性理學)에서는 성즉리(性卽理)라 하고, 왕양명(王陽明)의 심학(心學)에서는 심즉리(心卽理)라고 하는 논쟁이 있었다. 그런 반면에 성리학과 심학에서는 이(理)를 중시하고, 기(氣)를 부수적인 것으로 보는 경향이 있었다. 이러한 철학적 논쟁에

---

1) 박정진, 『니체야 놀자-초인이 도인을 만났을 때』(소나무, 2013), 555~569쪽.

한국에서는 퇴계(退溪), 율곡(栗谷), 화담(花潭)이라는 걸출한 철학자가 있었다. 화담은 세계를 일기(一氣)로 본 철학자라는 점에서 눈여겨 볼 필요가 있다.

아무튼 동양철학의 이기론(理氣論)과 심물론(心物論)도 그 철학적 정치함에 있어서는 서양철학에 못지않다. 여기에 노장(老莊)철학과 불교철학인 반야(般若)와 화엄(華嚴), 그리고 유식(有識)이 가세를 하면 그 백가쟁명이란 이루 헬 수가 없다.

일찍이 원효가 이를 뛰어넘어 화쟁(和諍)사상을 펼쳤고, 지눌이 선교(禪敎)일치를 주장한 뒤로 아직 한국에서는 이렇다 할 철학자가 나타나지 않았다. 동서철학을 뛰어넘을 철학자가 나타나는 것은 그만큼 어렵기 때문이다.

서양의 이데아(Idea), 이성(理性)철학은 대체로 동양의 이(理)철학에 비할 수가 있을 것 같다. 서양철학은 물리학(物理學), 즉 자연과학을 최종목적지로 설정한 것 같고, 동양철학은 윤리학(倫理學), 즉 성리학을 최종목적지로 설정한 것이 다르지만 이학(理學)이라는 점에서 같다. 어쩌면 철학은 이학(理學)일 수밖에 없다. 그러나 이학(理學)은 치명적 결함이 있다. 어디까지나 문명적 제도(制度)의 편에 선다는 점이다.

그렇다면 제도에서 벗어나는 길은 기학(氣學)일 수밖에 없다. 이학(理學)은 눈으로 보고 손으로 잡을 수 있어야 하고, 이용후생(利用厚生)이 가능하여야 한다. 기학(氣學)은 그렇지는 않다. 기(氣)철학자 가운데 기를 물질로 보고, 심지어 유물론으로 보는 학자가 없지는 않지만, 그것은 어디까지나 '이(理)=정신'에 대립되는 것으로 '기(氣)=물질'을 보기 때문이다.

근대서양문명, 정확하게는 서양의 기독교-과학문명이 동양(한국)에 물밀 듯이 들어올 때, 기철학자인 혜강(惠崗) 최한기(崔漢綺, 1803~1879)는 기(氣)라는 개념을 가지고 서양문명의 기계론(機械論), 즉 자연과학에 적응하려고 애를 썼다. 수운(水雲) 최제우(崔濟愚, 1824~1864)는 동양의 기(氣)라는 개념을 가지고 서양의 '유일신=하나님'에 적응하려고 동학(東學)을 만들었다. 동학의 시천주주(侍天主呪)의 '시천주(侍天主)'가 그것이고, 기학(氣學)의 '기측체의(氣測體義)'가 그것이다.

오늘날, 서양에 적응하기 위한 문화적 접변이 아니라 서양을 극복하기 위해서는 철학적·신학적 노력으로써 기(氣)철학이 새롭게 정립되어야 할 때이다. 그러한 노력의 일환으로 '기(氣)=파동=비실체론'의 입장에서 사물(존재)을 보면, 정신과 물질은 하나(하나의 조합)가 된다. 즉 유심론이 유물론이고, 유물론이 유심론이 되고 만다. 오늘날 서양이 주도하는 인류문명은 유물-기계론에 빠져있다. 언표(言表)된 말이 무슨 말이든 물신숭배(物神崇拜, fetishism)에 빠져있는 것이다. 이것은 동양의 기(氣=氣運)를 기(機=機械)로 바라본 것이다.

존재론은 유심론과 유물론의 밖에 있거나 아니면 그것의 바탕(근본 아닌 근본)에 있다. 이때의 존재는 무(無)가 된다. '존재=무(無)=기(氣)=일기(一氣)'이다. 무(無)는 현상학적인 차원의 없음이 아니고 존재론적인 차원의 있음이다. 말하자면 진공묘유(眞空妙有)가 되고, 부진공론(不眞空論)이 된다. 이것은 미적분학으로 말하면 '무한소(無限小)의 존재'가 된다. 이것을 신학적으로 말하면 '무한소의 하나님'이라고 명명할 수도 있을 것이다.

심물(心物)을 '주제-대상, 정신-물질(육체)'의 이원대립으로 보지 않고, 하나의 존재로 보면 심물존재(心物存在)가 된다. 이름만 심(心)이고, 이름만 물(物)이 되는 셈이다. 만약 심(心)과 물(物)이 두 개의 존재라면 세계는 본래부터 분열·대립된 것이 되고, 따라서 갈등과 전쟁은 당연한 것으로 귀결된다. 결국 심물존재는 자연(=心物自然)에 우회적으로 돌아가는 철학적으로 표현이다.

세계(존재)를 현상학적으로 보면 세계는 이미 이원대립적인 것으로 나뉘어있다. 그러나 세계를 존재론적으로 보면 세계는 하나로 존재하게 된다(하나로 있다). '나뉘어 있으면' 결국 현상학적인 '것(Thing=It)'이 되고, 하나로 있으면 '존재=Being=Thing itself)'가 된다. 현상학과 존재론은 보는 관점에 따라 다르게, 동시에 존재하는, 존재의 두 가지 양태가 된다. 이것은 관찰자에 따라 입자(현상학)와 파동(존재론)이 되는 양자론의 세계와 같다. 세계는 초월론적으로 볼 수도 있고, 존재론적으로 볼 수도 있다.

한글은 '이다'와 '있다'를 다르게 구분하는 것은 물론이고, 분명히 여기서 파생된 것 같은 '잇다'라는 단어를 사용한다. '잇다'는 세계를 관계론으로 보게 할 뿐만 아니라 상호의존관계인 것을 함의하고 있다. 눈으로 보고 손으로 잡을 때는 사물들이 서로 떨어져있는 것 같지만 눈으로 보이지 않는 세계에서는 사물들은 하나로 공명하고 있음을 우리조상들은 일찍이 깨달은 것 같다. 공명의 세계는 이론(理論)으로, 이치(理致)로, 이성(理性)으로 설명할 수 있는 세계가 아니다. 오성과 이성으로 분석과 종합을 통해 도달할 수 있는 세계는 아닌 것이다.

'이다'와 '있다'를 구분하지 않는 서양문명은 도리어 '있다'(동사, 생멸하는 세계)를 '이다'(명사, 문장)로 설명하지 않고는 못 배기는 특성을 가지고 있다. 그래서 오늘날 절대기독교의 세계, 자연과학의 세계를 구축하였는지도 모른다. 이것은 '동일성의 세계'이다. 더욱이 '차이'를 논하지만 '동일성의 차이'를 감추고 있다. 오늘날 서양철학과 과학의 존재론은 유물-기계론의 세계이다.

서양철학과 신학은 헤겔의 절대정신과 절대지에서 완성되었다고 할 수 있다. 헤겔은 신과 인간의 왕래, 주인과 종의 왕래, 유심과 유물의 왕래를 일으키는 단초를 제공한 인물이다. 그는 독일관념론의 완성자이면서 동시에 그것을 해체하는, 어떤 것의 완성은 동시에 새로운 시작의 의미를 동시에 가지고 있음을 보여준, 이중적 해석의 실마리를 제공한 인물이다. 헤겔의 본질(essence)에 대한 규명이 있었기에 존재(existence=ex-istence)의 문이 활짝 열렸다고 할 수도 있다. 고정불변의 존재라고 여겼던 본질은 실은 그 안에 생성변화하는 존재를 감추고 있음을 드러냈던 셈이다.

헤겔의 유심론(절대정신론)을 뒤집은 마르크스는 유물론(절대유물론)을 주장함으로써 현상학의 마침표를 찍었다고 할 수 있다. 여기에 반(反)운동을 시작한 것이 니체이고, 니체의 후예들이다. 변증법의 정반합운동을 끝까지 실현한 나머지 절대지의 경지에 도달한 헤겔은 오늘날 해체주의자들에 의해 본질주의자로 비판을 받고 있지만 어쩌면 해체주의의 선봉장이었는지 모른다. 절대지에 도달한 인간은, 동시에 이성의 간지를 이용하는 신과 같은 경지에 있음으로써 이미 신을 해체하고 있기도 하다.

더욱 거슬러 올라가면 "나는 생각한다. 고로 존재한다."를 선언한 데카르트는 '신이 창조함으로써 존재하게 된 세계'를 정면에서 반박하고 있는지도 모른다. 니체의 "신은 죽었다."라는 선언조차 데카르트, 스피노자, 라이프니츠, 칸트, 헤겔의 상속자의 의미마저 있다. 이들은 신을 전제하거나 증명하거나 인정하면서도 동시에 신을 부정하는 이중적 몸짓을 하고 있었다. 어쩌면 '존재'라는 말 자체가 신을 인정하면서도 신을 부정하게 하는 이중적인 몸짓, 철학적 묘미(妙味)를 내포하고 있는지도 모른다. 신은 존재이면서 비존재의 이율배반이니까.

존재는 유(有)가 될 수도 있고, 무(無)가 될 수도 있다. 유(有)를 사유화(私有化)하는 것이 소유(所有)라면 무(無)는 사유화할 수 없는 것을 의미한다. 그렇다고 무(無)가 공유(共有, 公有)를 의미하는 것은 아니다. 굳이 말한다면 공유(空有)에 가깝다. 공유(空有)에서 유(有)자를 빼면 공(空)이 된다. 공(空)은 없는 세계가 아니라 독립적으로 존재하는 실체(어떤 것에도 의존하지 않는)인 개체(個體) 혹은 자아(自我) 혹은 동일성(同一性)이 없는 '이어진 세계'이다.

인간은 자연의 생성생멸(生成生滅)을 존재유무(存在有無)로 해석한 특이한 생물종이다. 그렇기 때문에 자연, 즉 본래자연을 잃어버리기도 했지만 동시에 자연을 이용한 존재가 되어 오늘날 만물을 지배하고 있기도 하다. 인간만한 큰 체구의 동물(영장류)의 개체군(population)이 2백억이 된 것은 자연으로 볼 때는 큰 위기인지 모른다. 인간이라는 큰 동물을 자연이 부담(부양)하기에는 힘겨운지 모른다.

필자의 심물존재론[2]은 단순히 자연으로 돌아가자는 철학적 선언이

---

2) 박정진, 『일반성의 철학과 포노로지』(소나무, 2014), 555~569쪽.

나 도학적 도법자연(道法自然)이 아니라 자연과학을 넘어서 자연으로 다시 돌아가는, 자연을 에둘러 돌아가는(에움길을 가는) 철학적 노력의 산물이다. 생성생멸을 존재유무로 해석하는 도상에서는 신과 인간과 자연이 하나가 되는 천지인 순환의 관계를 인정하지 않으면 안 된다.

심물존재를 우리말로 풀면 "마음과 몸은 하나의 존재"라는 뜻이다.

05

한민족 미학의 원형

나랏말ᄊᆞ미 中듕國귁에

달아 文문字ᄍᆞ와로 서르 ᄉᆞᄆᆞᆺ디 아니ᄒᆞᆯᄊᆡ 이런젼ᄎᆞ로

어린百ᄇᆡᆨ姓셩이 니르고져 홇배이셔도ᄆᆞᄎᆞᆷ내제ᄠᅳ들

시러펴디 몯ᄒᆞᇙ노미하니라 내이ᄅᆞᆯ爲윙ᄒᆞ야어엿비너겨

새로스믈여듧字ᄍᆞᆯ ᄆᆡᇰᄀᆞ노니사ᄅᆞᆷ마다ᄒᆡᅇᅧ수ᄫᅵ니겨

날로ᄡᅮ메便뼌安ᄒᆞᆯᄏᆞ고져ᄒᆞᇙᄯᆞᄅᆞ미니라

여기에 실린 글은 필자가 『한국문화와 예술인류학』[1]에 발표할 것을 조금 수정하여 옮긴 것이다. 30여 년 전에 쓴 글을 다시 보면서 순우리말, 즉 한글에 대한 애정을 돌이켜보면서 잠시 감회에 젖기도 했다.

---

1) 박정진, 『한국문화와 예술인류학(한국문화 심정문화)』(미래문화사, 1990), 248~253쪽.

순우리말철학 4:
맛, 멋, 몸(몸/마음), 말, 마당, 마을

멋, 맛, 마당, 그리고 한마당

문화를 구체적으로 보면 의식주(衣食住)와 예술과 축제와 스포츠, 그리고 종합적으로는 언어구조물라고 볼 수 있다. 이때 언어라는 것은 물론 문화적·사회적 또는 이데올로기적인 것을 포함한 보다 광의의 것이다.

문화는 언어로 구성되는 것이고, 문법을 지니고 있다는 점에서 문장이고, 통사구조이다. 문화를 문화복합(culural complex) 혹은 문화체계(cultural system)라고 한다.

한 문화(one culture)에는 반드시 형태학(morphology)이 아닌, 여러 형태로 분화된, 역사적 맥락에 따라 변형(transformation)을 만들어 내는 원형(原型 prototype) 같은 것이 있다.

한국(한민족)문화의 원형은 무엇일까. 철학보다는 미학이 관념과 물질, 또는 실천을 포용한다는 점에서 문화를 대표한다고 볼 때 문화의 원형은 미학의 원형이 된다. 이것은 문화의 심층적 의미론(semantics)이 된다.

문화원형을 찾는 방법에는 여러 접근법이 있다. 이중에는 어원학적(etymological)인 방법과 고고학(archeaological)적인 방법이 대표적이다. 여기에 고고학이 단순히 '유물체계'(해부학과 마찬가지로)를 복원하는 것이 아니고 '살아 있는 생활'(생리학과 마찬가지로)을 복원한다면 금상첨화이다(필자는 이런 점에서 예술인류학을 주장했다).

인간이 목소리를 글(문자)로 정착시키는 방법은 크게 두 가지가 있다. 표음문자(表音文字)와 표의문자(表意文字)가 그것이다. 우리 한글은 표음문자이다.

그런데 표음문자권 언어의 특성 가운데 한 가지 공통점으로 아버지, 어머니를 나타내는 발음이 유사하다는 점이다. 예컨대 한글은 '엄마' '아빠', 영어는 '마마' '파파'이다.

아버지는 왜 아버지이고, 어머니는 왜 어머니인가? 'ㅇ'은 목구멍소리이다. 'ㅇ'과 'ㅁ' 'ㅂ' 'ㅍ ' 입술소리의 만남은 가장 원초적인 소리의 만남이다. 'ㅁ' 'ㅂ' 'ㅍ'의 순서는 좀 더 강하게 발음하는 센 소리이다. 'ㅏ'는 밖으로 나가는 소리이고, 'ㅓ'는 안으로 들어가는 소리이다.

어머니(엄마, 마마)는 입만 열면 가장 먼저 저절로 나오는 소리이다. 아버지(아빠, 파파)는 어머니보다 인위적으로 강하게 발음하면서 내는 소리이다.

아들(하늘, 알)과 딸(땅, 따)도 하늘-아버지, 땅-어머니와 관련이 있다.

하늘	아버지(아빠, 파파)	아들(하늘, 알)	할아버지(하늘아버지)	父
사람	인중천지일 (人中天地一)	천지중인간 (天地中人間)	하나님아버지 하나님어머니	子
땅	어머니(엄마, 마마)	딸(땅, 따)	할머니(하늘어머니)	母

<천지인과 부모와 자식>

인간이 입을 다물고 있다가 그냥 입만 열면 자연스럽게 튀어나오는 말이 위의 말이다. 이것은 자모(字母)가 달라도 어쩔 수 없이 같을 수밖에 없다. 왜냐하면 인간의 목과 발성구조가 크게 차이가 없기 때문이다.

인간이 태어나서 갓난아기 때 가장 필요한 말이 '엄마' '아빠'이고 보면 그러한 말의 형성은 매우 자연스런 것이라 할 수 있다. 심지어 갓난아기에게 음식과 엄마(맘마=맘)는 하나로 통한다. 이는 아이에게 젖을 주는 엄마가 자연스럽게 음식(맘마=맘)이 되는 이치이다.

먹어야 사는 것은 모든 동물의 본능이다. 본능과 통하는 원초적 말은 서로 비슷한 발음이거나 통하는 것일 가능성이 높다. 요컨대 한글의 '밥'이나 영어의 '푸드(food)'도 발음이 비슷하다. 이런 예는 얼마든지 찾을 수 있다.

'ㅁ', 'ㅂ', 'ㅍ'은 입술소리로 혀 놀림이 거의 없이 입술만 열면 생성되는 소리다. 사회적 동물로 살아가야만 되는 인간과 발성구조 사이의 절묘한 연결(connection)이다. 이것은 매우 원초적이며 결정적인 것이기도 하다. 자음의 입술소리(脣音)인 'ㅂ, ㅍ, ㅁ'은 모음의 혀의 후반부 소리 'ㅏ, ㅓ, ㅗ' 등이 합쳐서 내는 소리는 인간이 낼 수 있는 가장 편한 소리이고, 매우 자연적이다.

이점은 매우 시사를 하는 바가 크다. 한국문화의 대표적인 특징이 '자연주의'라고 할 때 위의 자모(字母)에 의한 순수 우리말을 토대로 우리 문화를 논해야 할 당위성이 내재하고 있다.

한국문화의 의식주를 비롯한 미학적 원형은 '멋', '맛', '마당(맏=마당)이라고 볼 수 있다. 그리고 문화를 총체적으로 말하는 것으로 '말(언어)'이 있다. 그런데 이 '멋', '맛', '마당'은 물질문화인 의식주(衣食住)를 대변하는 말이고, 정신문화를 대변하는 것으로 '말(언어)'을 들 수 있다. 그리고 많은 사람이 모여 사는 공동체를 의미하는 '마을(마울)'이라는 말도 예사로운 말이 아니다.

한국인에게 마음과 몸, 마을이라는 말은 집단무의식의 심층구조를 형성하고 있다. 물론 맛과 멋, 마당도 마찬가지이다. 요컨대 '마을'이라는 말은 사회 및 문화운동을 일으키는 키워드(key word)로서 큰 호응을 받을 수밖에 없다. 새마을운동도 실은 이러한 집단적 정서에 호소함으로써 성공한 좋은 예라고 할 수 있다. 입술소리로 이루어진 이러한 말들은 특히 모성(母性)을 자극하는 말이라고 할 수 있다. 한국인에겐 삶을 위한 원초적인, 본능적인 말이라고 할 수 있다.

맛, 멋, 몸(마음/몸), 말, 마당(맏), 마을(몰) 등의 공통어는 '마(머)'라고 할 수 있는데 '마(ᄆ)'는 한글의 고어(古語)의 의미로 볼 때 어떤 것의 진실, 요체, 핵심을 지칭하는 말이다. 오늘날 전해오는 마마, 마님,

마리, 마더, 마고 등은 여자를 존칭하는 말일 가능성이 높다.[2]

'마더' '파더' '밥' '빵' '마음(몸)=몸'이라는 말도 어원학적으로 같은 뿌리를 떠올리게 하는 말들이다.

한국인은 미(美)를 '아름다움'이라고 말한다. 아름다움은 '알(알다)' '알음'에서 비롯된 말이다. '아름(알음)'은 '알다'의 명사형이다. '다움'은 성질이나 특성을 뜻하는 접미사 '~답다'의 활용형이다. '아름다움'은 지(知)의 내용을 내포하고 있다. '아름다움'은 '알음'의 추상적 형식이 생활감정으로 승화한 것을 의미한다. 아름다움은 물질문화와 결부될 때 붙여지는 말인 것 같다.

아름다움의 의미를 열매를 뜻하는 고어(古語)의 '여름'에서 찾는 학자도 있다. 열매는 실(實)힘을 드러내기에 실한 것이 아름다움과 통한다는 취지이다. 종합적으로 아름다움은 참다운 지식, 착실(着實)한 지식과도 관련이 있는 것 같다. "진선미가 하나다"라는 말과 통한다. 흔히 선(善)과 미(美)를 진선진미(眞善眞美)라고 말하는 이유가 여기에 있다.

---

2) 박정진, 『玄妙經』(신세림, 2007), 133쪽.

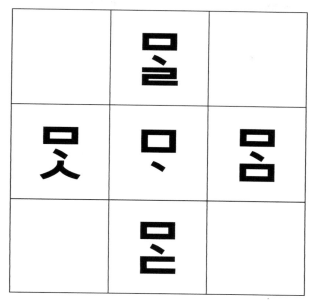

<'ㅁ(마)'의 변형: 몸(마음·몸)+뭇(맛·멋)+몯(마당)+몰(말·마을)>

한편 이들 물질문화(의식주)와 정신문화(언어)의 공통분모를 보면서 손(手)과 말(言)의 피드백을 확인할 수 있다. 손과 말, 즉 둘은 같은 의미, 혹은 연동적 의미로 사용하는 특징을 보여준다. 특히 무당 집안에서 쓰는 은어인, 신의 말씀, 신탁, 신내림의 뜻인 공수(空手)는 한자말로 번역된 것이지만 그 말의 근원을 어원학적으로 느끼게 하는 대표적인 말이다.

손(손씨=솜씨)에서 유추되는 '쓰다(손다)', 글(글씨)에서 유추되는 '그리다', 손짓에서 유추되는 '짓다'도 그러한 예이다. 동사가 명사로 전환된 것으로 짐작된다.

왜 한국인은 이같이 가장 발음하기 쉬운 것으로 문화의 핵심적 언표

(言表)를 입술소리에서 채택했을까. 이것은 그만큼 한국인이 순수하면서 자연적 심성과 원시성을 내포하고 있다는 것을 말한다. 한국문화의 종교를 대표하는 '불(佛)/무(巫)', 생활의 가장 필수적인 물질인 '물(水)/불(火)/물(物)'도 입술소리이다. 여기서 우리는 한국인이 소유적이라기보다는 존재적인 삶(자연스런 삶)을 살았음을 유추할 수 있다.

한국인(한국어)은 자동사를 좋아한다. 자동사를 존재를 그냥 드러내기 때문이다. 한국인은 타동사를 싫어한다. 타동사는 자연이나 남을 대상으로 바라보고, 그것을 이용의 관점에서 바라보기 때문이다. 한국인은 타동사를 싫어하기 때문에 수동태를 좋아하지 않는다. 한국인은 능동태를 좋아한다.

한국인은 극히 드문 수동태의 예를 보여준다. 요컨대 보이다. 먹히다, 들리다, 안기다 등 '이히리기'가 그것이다.

한국인은 생활문화를 축제와 의례를 통해서 전해왔다. 축제는 바로 '마당'으로 표현되고 공간(空間)개념으로 발전한다. 이러한 축제를 영위하는 공간개념인 '마당'은 서구의 '스페이스(space)'와 달리 하나의 컨텍스트(context)로서의 공간개념이 된다. 즉 상황적 공간(contextual space)이 된다.

한국인은 흔히 '마당'이라고 할 때 접두어로 '한'을 붙인다. 즉 '한마당'이 된다. '한'은 '一(one)' 또는 '多(many)', '中(middle)', '同(same)', '不定(about)'등의 의미가 있다. 이것은 다시 말하면 '셀 수 있는 (countable)' 것과 '셀 수 없는(uncountable)'것을 모두 포용하는 것을 의미한다.

모든 것을 포용하는 '도가니'로서의 '한'은 어디서 오는 것일까? 아마도 사계가 뚜렷한 기후와 산을 중심으로 한 마을형성이 '평지(平地)에서 대상(對象)을 추구하고 바다로 진출한 서양(서구)과 다른, '한문화=한마당'를 형성케 했을 것으로 짐작된다.

평지는 그것을 가르는(측정하는) 기준과 대상을 확실히 해야만 하는 시각의 빛을 중시하게 하고, 그리고 새로운 평지로서의 바다를 추구하게 한다. 이에 비해 산지(山地)는 그 속에 모든 것이 구비되어 있고 사계도 갖추어져 있어 시각보다는 청각의 화음, 그리고 산을 중심한 자족적인 삶을 구가하게 한다. 이것이 바로 한국의 풍토학이다.

28자 철학소(素)로 구성된
한글철학 큐빅

이상의 논의를 종합해보면 우리(한민족)는 다음과 같은 한글의 문자적-문화적 원형을 지니고 있음을 알 수 있다.

1. 철학은 '나(ego)'에서 출발한다. 〈나-너(對自)-남(他者)-님(존경)-놈(비하)-物(者)〉. 여기서 '物'은 존재를, '者'는 존재자를 의미한다. 철학의 출발은 뭐니뭐니 해도 '나'이다. '나'가 없으면 철학이 성립되지 않는다.

2. 나는 '알(egg)'에서 나왔다. 알은 생명과 모든 존재의 변형의 원점이다. 〈알(육체)-얼(정신)-올(시간)-울(공간)-을(목적)-일(놀일)〉이다. 이는 삶의 기본틀인 육하원칙(六何原則)을 뜻한다.

3. 알에서 나온 나는 살아야 한다. 〈알(생명)-나(나다, 앎)-스스로(살다, 삶)-하나(하나 되다)-님(숭배)-남(이용)〉은 '태어남'과 '앎'과 '삶'을 순차적으로 표현하고 있다. 여기서 원형글자는 '알'자이다. 앎의 궁극은 자연스럽게 생명을 아는 것이다.

4. 알은 어머니(지구 어머니)로부터 나왔다. 어머니는 '마'(ma)이다. 〈맛(食)-멋(衣)-몸(마음/몸)-말(언어)-마당(집)-마을(공동체)〉은 삶의 생명적·물질적 구조이다. 여기서 원형글자는 '마'자이다. 태양도 처음엔 여성이었다.

5. 어머니로부터 나온 모든 존재는 '있다', '이다', '잇다'의 그물망(인드라)에 잡힌다. 그리고 '나다' '하다' '되다' '살다'의 동사에 포섭된다.

6. 한글의 어머니는 홀수(아야어여오요우유으이)이고, 자식은 닿소리(가나다라마바사아자차카타파하)이다.

7. 인간은 성인(聖人)이 되기 위해 산다. 이것이 자신자신자신자신(自身自信自新自神)이고 위인성신(爲人成神)이다.

'마(ma)'의 원형을 통해 한국문화의 심층에 깔려있는 여성성을 읽을 수 있다. 한국문화는 '마'에서 의식주 물질문화를 비롯하여 말과 마을과 국가를 형성하고 있는 문화임을 느끼고, 읽을 수 있다. 한국문화는 여성적 진리를 마음의 심층, 집단무의식의 심층에 숨기고 있는 문화이다. 이것은 물론 한국문화의 심층에 도사리고 있는 신화인 곰(熊女)신화[3]와 모계사회를 상징하는 '나무꾼과 선녀'[4] 신화와도 연결된다.

이상을 〈여성성-존재론적 원형=마〉〈남성성-존재자적 원형=알〉〈문화적-개체적 원형=나〉로 정리하면 다음과 같다.

여성성-존재론적 원형=마(ma)	맛 (食)	멋 (衣)	마당 (住, 家)	말 (言語)	마을 (공동체) 한마당
남성성-존재자적 원형=알(egg)	알 (육체)	얼 (정신)	올-울 (시공간)	을 (목적)	일 (일-놀이)
문화적-개체적 원형=나(ego)	알 (생명)	나 (나다, 자아)	스스로 (살다, 삶)	하나 (하나 되다)	하나 (한)'님' 혹은 '남'

〈마(ma)+알(egg)+나(ego)〉

한국문화의 심층에는 여성성이 자리하고 있음을 확인할 수 있다. 이상의 내용을 토대로 앞장에서 언급한 '나'를 중심한 호칭인 〈나-너-남-님-놈-물(物)-자(者)〉을 보태서 종합적으로 정리하면 명사가 21개가 된다. 물론 중복되는 '알' '나' '님' '남'을 한 번씩 계산하고, '일'(work, 노동)과 반대되는 말로 '놀(놀일)'(play, game)을 보태면 21개가 된다. 여기에 잡음씨와 동사인 '있다' '이다' '잇다' '하다' '되

---

3) 박정진, 『단군신화에 대한 신연구』(한국학술정보, 2010) 참조.
4) 박정진, 「신데렐라 콤플렉스에 대한 신해석」『문학/사학/철학』(2007년 봄 창간호), 14~40쪽. 대발해동양학한국학연구원·한국불교사연구소.

다' '나다' '살다' 7개를 포함하면 모두 28개 철학소(素)가 됨을 볼 수 있다. 28자는 훈민정음 창제 때의 글자 수와 같다.

이 책, 한글철학의 대표성은 〈알(알다)-나(나다)-스스로(살다)-하나(하나 되다)〉가 갖는다. '알-나-스스로-하나'는 부처님의 고집멸도(苦集滅道), 노자의 도법자연(道法自然), 그리고 예수님의 "나는 길이요, 진리요, 생명이다."라는 말과 같은 의미를 갖는다.

	1	2	3	4	5	6
철학의 '나'	나(I, ego)	너(對自)	남(他者)	님(존경)	놈(비하)	物(者)
육하(六何)원칙	알(육체)/누가(who)	얼(정신)/어떻게(how)	올(시간)/언제(when)	울(공간)/어디서(where)	을(목적)/무엇을(what)	일(놀일)/왜(why)
삶(生命)의 구조	알(알다)/생명(egg)	나(나다)/자아(ego)	스스로(살다)/삶(I, S)/해석하는 주체	하나(되다)/하나님(self)/자연적 존재	님(존경)/주체(S, I)	남(이용)/대상(O)
마(眞實, 참)의 변형	맛(음식)	멋(예술)	말(언어)	몸(마음과 몸)	마당(住,집)	마을(공동체)
동사와 잡음씨	있다	이다	잇다	하다(되다)	나다	살다
종합하면 명사 21개, 잡음씨와 동사 7개를 포함하면 28개의 철학소를 가진 것으로 볼 수 있다.						

〈28개 철학소로 본 한글철학 큐빅(cubic)〉

  육하원칙에서도 '알'에서 시작하고, 삶의 구조에서도 '알'에서 시작
함을 볼 수 있다. 물론 삶의 구조에서 알은 동사가 될 때는 '알다'가 됨
으로써 생명과 동시에 지식(앎)을 함의하고 있음을 알 수 있다. 결국 앎
의 궁극은 삶(생명)을 아는 것임을 은연중에 표출하고 있다. 그 다음
'마'의 변형에서는 물론 '마'자가 중요하다. 한글철학은 '알'과 '마'자를
두 기둥으로 하고 있음을 알 수 있다.

  '알'자와 '마'자 사이에 철학의 핵심개념이라고 할 수 있는 '나'자가
자리하고 있다. 철학의 모든 문장은 '나'로부터 시작해서 '나'로 끝난
다. 심지어 '신'과 '남'도 '나'와의 관계의 산물이다. '신'과 '나'도 서로
상호작용하는 관계에 있다.

알(egg)은 생명을 비롯해서 태양, 원, 둥근 모양 등을 가리킨다. 아리랑도 '알'에서 유래된 것이다. 아/리/랑=천/지/인이다. 알에서 태어난 나는 에고(ego)이다. 에고는 자의식 혹은 정신을 갖는 것을 말한다.

에고(ego)를 가지면 내(I)가 성립되었다고 말할 수 있다. 나(I)는 흘러가는 시간을 잡는 존재의 의미가 들어있다. 나는 생성을 존재로 파악하는 현존재(인간현존재)이다.

나는 세계를 대상(object=존재자)으로 파악함으로써 주체(subject=존재자)가 된다. 나는 주체적 삶을 살면서 삶의 이유를 발견하게 된다. 그렇지만 현상학적인 대상은 대상(표상)이 아닌 존재론적 자신(self)이다. 존재론적 공간은 자신(self=존재로서의 주체, 해석하는 주체)이며 하나님(하나 되는 님=자연으로서 하나님)이다.

마(Ma, 맘마, 엄마, 마마, 마고麻姑)는 여성적 진리(진실)를 의미한다. 니체가 "만약 진리가 여성이라면"이라고 한 까닭은 자연의 진리, 생성의 진리, 여성의 진리가 같은 것임을 안 때문이다. 이성의 진리가 존재자의 진리라면 감성의 진리, 여성의 진리는 존재의 진리이다. 존재는 허상이고, 생성변화는 실재이다.

인류학적으로 볼 대 지혜(진실, 자연)는 여성이고. 진리(문명)는 남성이다. 진리를 추구하는 철학자는 남성-전사이고, 생명을 낳고 기르는 여성-어머니는 지혜롭다. 생명(인구)을 낳고 기르는 여성이 없으면 문명(진리)은 그 바탕을 잃고 만다. 자연-근본은 원인 아닌 원인이다.

'마(Ma)'는 생성변화하는 존재로서의 자연을 그대로 드러내는(인정하는) 말이다. 그것은 어머니(여성)를 연상시키는 말로서 매우 상징적인 말이다. 오늘의 존재론 철학으로 보면 그야말로 본래존재의 의미이며, 존재진리를 이르는 말이다. 좀 더 쉽게 말하면 '마'는 자연을 의미한다. 그런 점에서 여성과 어머니는 자연의 상속자이다. 남성적 진리는 결코 '마'가 될 수 없다.

남성적 진리, 권력적 진리, 말에 의한 진리는 존재 그 자체가 아니다. 남성적 진리인 말(존재자)은 존재 자체에 명칭을 부여하는 권력자로서의 모습을 지니고 있는 반면 여성적 진리인 존재는 말할 수 없는 존재그 자체이다. 남성적 진리는 여성적 진리에 비하면 일단 어딘가 인위적이고 유위적인 가정이고, 환상이고, 가짜이다. 일종의 실재의 모방이고, 시뮬라크르(simulacre)이다.

알은 'ㅇ' 목구성소리인 보컬코드(vocal cord)를 기초로 구성되고 변형된 개념들이고, 맛은 'ㅁ' 입술소리로 구성되고 변형된 개념들이다. 목구멍소리와 입술소리는 소리의 원천과 입술의 자연스러운 움직임을 기초로 하고 있다는 점에서 유의할 필요가 있다. 목구멍에서 나오는 소리와 입술과 만나 나오는 소리는 인간이 가장 자연스럽게 낼 수 있는 소리임에 틀림없다. 자연스러움을 기초로 발성되는 소리의 원천적인 단어들이다. 이 원형적인 단어들이 인간의 삶에서는 중요할 수밖에 없다.

한글로 아버지, 어머니, 아들, 딸이라는 말도 실은 천지인-하늘땅사람 사상으로 분석해 볼 수 있다. 그리고 이에 더하여 할아버지, 할머니, 하늘아버지, 하늘어머니, 하나님의 관계도 재미있게 풀어볼 수 있다. 'ㅎ'이라는 목구멍소리는 가장 높은 존재를 표현할 때 사용된다.

天/하늘 (牙音, 喉音)	아버지 아빠, 파파	아들 (하늘, 알) Heaven (영어)	할아버지 (하늘아버지)	천지인부모자 (天地人父母子) *설음(舌音)은 주로 운동을 나타낸다.
人/사람 (齒音)	인중천지일 (人中天地一)	천지중인간 (天地中人間)	하나님아버지 하나님어머니	
地/땅(脣音)	어머니 엄마, 마마	딸 (땅, 따) Terre(불어)	할머니 (하늘어머니)	

<천지인과 천지인부모자>

한국문화와 예술인류학

예술인류학적으로 본 한국예술

필자의 예술인류학은 인류학의 하위분과에서도 새롭게 주장된 인류학이었다. 물론 예술을 대상으로 하는 인류학, 즉 각 나라의 예술을 대상으로 그 나라 문화의 정체성을 들여다보는 인류학은 있었지만, 필자와 같이 예술적 접근의 인류학(Artistic Anthropology)은 처음이었다.

예술적 접근의 인류학은 철학적으로 보면 인류학을 존재론의 수준에 올리는 것으로 예술이야말로 각 문화의 정수이지만 동시에 구원이 되는 것이며, 존재의 궁극임을 천명한 것이었다. 니체가 예술생리학으로 예술을 철학의 경지에 올렸다면 필자의 예술인류학은 각 문화를 비교함으로써 예술을 본래존재에 도달할 수 있는 방법임을 주장한 것이었다.

여기서 인류학의 삶의 방식(way of life)은 철학의 존재방식(way of existence)과 일치함을 드러내게 된다. 이 지점에서 철학인류학이라는 것이 태동한 셈이다. 철학은 앎의 철학에서 삶의 철학으로 넘어가야 진정한 그 나라의 철학임을 드러내게 된다. 이를 역으로 말하면 앎의 철학은 그 나라, 각 문화권마다 나름대로 삶의 철학이었음을 입증하게 되었다.

하이데거 존재론의 존재방식은 인류학의 삶의 방식과 동일하기 때문에 어쩌면 하이데거 철학의 종착역은 인류학의 출발점이라고 볼 수도 있다. 그래서 필자의 철학인류학과 예술인류학이 중요한 것이다. 예술인류학이야말로 문화인류학에서 존재론을 실천하는 인류학인 것이다. 예술인류학은 또한 니체의 예술가-형이상학과도 밀접하게 통한다. 니체는 예술생리학을 주장했지만 필자는 예술인류학을 주장했다.[5]

필자가 『한국문화와 예술인류학』[6]에서 제안한 예술인류학 모델은 '언어⇌사물⇌상징⇌기(氣)'이다. 이것을 한국의 예술인 음악, 연극, 미술, 무용에 대입하면 음악(기호=상징), 연극(말=언어), 미술(대상=사물), 무용(몸=氣)이 된다.[7]

예술인류학 이론에 따르면 각 예술 장르는 서로 가역적으로 통하는 것이다. 예컨대 음악도 연극이나 미술, 무용과 긴밀한 상호관계에 있고 실질적으로 음악적 표현이나 그 내용에 있어서도 내밀한 관계에 있다. 다른 장르도 마찬가지다.

---

5) 박정진, 『니체, 동양에서 완성되다』(소나무, 2015), 499~551쪽.
6) 박정진, 『한국문화와 예술인류학』(미래문화사, 1990), 119~123쪽.
7) 박정진, 같은 책, 251~253쪽.

특히 시서화(詩書畫)의 전통으로 볼 때 이것은 음악—미술의 연속체 (continuum) 상에 있다. 즉 시는 매우 음악에 가깝다. 또 서는 그 중간이다. 음악은 연극과 무용 사이에 있다. 즉 연극의 '말=언어'(이것은 일상적이고 보다 묘사적이다.)와 무용의 '몸=기(氣)'(이것은 보다 생명감과 리듬감이 있다.)보다 '기호=상징'(이것은 보다 추상적이며 상징적이다.)으로 변한 것이다.

연극은 음악과 미술의 사이에 있다. 음악의 '기호=상징'과 미술의 '대상=사물'(이것은 보다 물질적이며 형태적이다.)이 '말=언어'로 즉 이것은 상징과 사물에 적당히 일상화된 것이다. 미술은 연극과 무용 사이에 있다. 즉 미술의 형상(상형)도 연극과 무용 사이에 있다. 즉 형상도 언어라는 점에서 연극적이고 그러한 형상에 기운(氣運)이 들어 있다는 점에서 무용적이다.

이와 똑같은 논리로 무용은 음악과 미술 사이에 있다. 몸짓이 하나의 형상이고 그것은 음악적 리듬감이 있다는 점을 들 수 있다. 음악과 연극과 미술이 이루는 삼각영역은 '언어적 영역'인데 반해 음악과 무용과 미술의 삼각영역은 매우 '비언어적'(몸=氣)이다. 이것은 두 말할 것 없이 전자는 연극에 후자는 무용에 환원되기 때문이다.

연극과 미술과 무용의 삼각영역은 매우 사물적이고 음악과 연극과 무용의 삼각영역은 매우 상징적이다. 그런데 재미있는 것은 연극과 무용의 상호관계이다. 연극이 말을 줄이게 되고, 무용이 말을 도입하면서 가까워지기도 한다는 점이다. 즉 말과 몸(언어와 비언어)의 상호보완성과 마찬가지로 주목할 만한 가치가 있다.

역사-문화	시간=한(韓) 풍토학(風土學)				
한마당(장소)	공간=한마당(場)=굿(굿판)=축제(祝祭, ritual)				
멋, 맛, 마당, 말, 마을	멋	맛	마당(맏)	말(음성언어)	마을(마울)
의식주·언어·마을	옷(衣)	밥(食)	집(住)	글(문자언어)	마을공동체
머리-손의 합작·삶	손(솜)씨: 쓰다(손다), 짓다(손짓), 그리다(글씨, 그림)				삶(살을 삶)
예술장르 (예술인류학 모델)	연극(말=언어) 비형상 형상 언어적 詩 書 畵 음악 (기호-상징) 미술 (사물-대상) 무용(몸=氣) 비언어적 ※ 연극=굿, 놀이, 미술=그림 음악=소리, 노래,무용=춤				

<한민족 미학의 원형>

연극은 우리말로 놀이=굿, 미술=그림, 음악=소리 혹은 노래, 무용=춤으로 불린다. 놀이=굿, 그림, 소리, 노래, 춤은 순우리말로서 인간의 가장 원초적인 동작을 표현하는 단어들이다.

굿은 평면이 아닌 공간의 그림 그리기=굿기=굿이며 소리는 음악의 가장 평범한, 자연스러운 표현이다. 춤은 '추다'라는 수직적인 동작(율동적으로 뛰는 동작)의 명사형이다.

즉 평면, 입체, 율동의 그림과 놀이, 그리고 가장 원초적인 목소리의 율동인 소리 등 각 예술장르에 붙여진 이름도 너무나 기본적인 동작에서 나온 것이다. 여기서도 한국문화의 원초성을 느낄 수 있다. 평면, 입체, 율동이 한 곳에 있으며 이것은 가장 입체적인 굿에서 한꺼번에 모아진다. 한곳에 통합된 '한마당의 굿', 이것이 한민족 미학의 종합이며 원형이다.

06

'마음(몸) 씀'으로 본
인류의 문명구조

자리이타(自利利他)의 인간

한국(韓國)은 조선조 세종대왕이 1446년에 반포한 한글(훈민정음)이라는 소리글자를 가지고 있지만 문명적으로는 한자문화권에 속해 있음으로 인해 철학적 개념들은 대체로 한자로 구성된 개념어로 이루어져 있다.

일본학자에 의해 번역된 근대의 철학적 용어들도 모두 한자개념어로 정착되어 있다. 말하자면 철학은 한자개념어가 아니면 효과적으로 체계를 구성할 수 없다. 한자도 우리민족이 오래 사용해온 글자이기 때문에 우리의 정서와 문화를 표현하고 있긴 하지만 순우리말, 한글만큼 섬세하고 정확하지는 의미를 전달하지 못한다.

그런 까닭에 한자로 체계화된 우리의 철학체계는 일반사람들에게 쉽게 다가오지 않는다. 공부를 직업으로 하는 지식인들에게는 통용되지만 민중들의 생활 속에서 우러나온 개념들이 아니기 때문에 철학은 언제나 낯설기만 하다.

지금도 철학은 한자를 잘 하거나 아니면 라틴어와 그리스어, 그리고 영어를 비롯한 로마자 문명에 익숙한 자들의 특권에 속한다. 다시 말하면 동양철학을 하려면 한자에 능통해야 하고, 서양철학을 하려면 로마자에 능통하여야 한다. 철학은 어쩌면 문헌학을 통과하여야 할 수 있는 어려운 과목이다.

요컨대 철학의 키워드라고 할 수 있는 주체-대상, 정신-물질(육체)를 비롯한 철학용어들은 모두 한자로 구성되어 있다. 그러나 순우리말로 철학을 할 수 없는 것은 아니다. 아직 그것을 하려고 하지 않았기 때문이다. 독일에서 하이데거의 존재론철학을 전공하고 귀국한 이기상 교수에 의해 한때 '우리말로 철학하기'운동이 펼쳐졌지만 그것이 후학들에 의해 발전되고 있지는 않다. 철학의 주체성 찾기는 쉽지 않은 것 같다.

우리말 철학의 불모지에서 우리말철학을 구성하는 것은 결코 쉽지 않다. 왜냐하면 우리말로 구성된 그 철학이 지금 통용되고 있는 세계철학의 보편성에 견주어서 어깨를 같이 해야 하고 우리말 개념에서 요즘 동양철학자나 서양철학자들에게도 호소력이 있어야하기 때문이다. 말하자면 우리말 한글철학이 세계적 차원에 도달하여야 하기 때문이다.

마음과 몸은 한글의 구성원리로 볼 때, 아래 아(ㆍ)자를 쓰면 같은 '뭄'에서 출발한 말이다. '뭄'은 마음도 되고 몸도 되는 것이다. 우리조상들은 마음과 몸을 분리하지 않았음을 유추할 수 있다. 말하자면 마음과 몸은 본래 하나였다. 요컨대 마음을 쓰면 이미 몸을 쓰는 것이고, 몸을 쓰면 이미 마음을 쓰는 것이다. 마음과 몸은 정신과 물질(육체) 혹은 주체와 대상처럼 현상학적으로 이분화되기 전의 존재(본래존재)를 말하고 있음을 전제할 필요가 있다.

마음과 몸이라는 말을 가지고도 순우리말(한글)철학의 대강을 구성할 수 있다. 우선 주체-대상이 아닌, 마음(몸)과 씀(쓰다)이라는 말을 통해서도 삶의 철학의 큰 틀을 짤 수 있다. 삶은 '나(주체)'를 둘러싼 자연 혹은 주변 환경에 마음을 쓰는 것에서 출발하고 있기 때문이다.

마음 씀은 우선 생명의 관점과 이용의 관점으로 나눌 수 있다. 〈알-생명〉의 관점은 〈이타(利他)-선(善)〉의 관점이라고 할 수 있다. 〈것-이용〉의 관점은 이기(利己)-악(惡)의 관점으로 외연을 넓힐 수 있을 것이다. 무엇을 이용하는 마음 씀에는 선용(善用)이 있겠지만 항상 악용(惡用)의 가능성이 내포되어 있다. 이러한 악의 가능성은 항상 도덕적으로 선의지(善意志)를 요구하게 된다.

하이데거는 '마음 씀(Sorge, 念慮)'을 기본으로 '얻음 혹은 이용(Besorge, 配慮)'와 '걱정 혹은 위함(Fürsorge, 心慮)'을 구분하면서 '누구(사람, 님)를 위해서 마음을 쓰는 것'과 '무엇(사물, 것, 남)을 획득하는 데 마음 씀'을 해석하였다. 하이데거는 자연과 함께 살아가는 동양의 도학(道學)사상, 무위자연(無爲自然)사상, 선(禪)불교사상을 서양철학의 의미맥락에서 재해석하여 '세계 곁에 있음'이라고 말했다. 이것을 존재론철학이라고 우리는 부른다.

하이데거는 인간이 세계를 인식하기 전에 이미 존재한다고 보고 인식은 하나의 존재방식으로 본 인물이다. 존재방식은 인류학적으로 볼 때 삶의 방식이다. 인간이 '세계를 둘러봄'(Umsehen)으로 미리 하게 되고 특정사물을 '고정해서 봄'(Hinsehen)으로 진행할 때 인식론이 된다고 했다. 말하자면 존재론이 우선하게 된다는 것이다. 하이데거는 서양철학의 인식론적 전통, 현상학적 전통을 존재론적 철학, 존재론으로 전환한 인물이다.

그렇지만 하이데거의 존재론은 인식론으로 출발한 서양철학의 전통, 즉 주체-대상의 철학적(현상학적) 전통에서 출발하여, 그것에서 벗어나려고 했기 때문에 현상학의 흔적 같은 것들이 있고, 동양의 자연 그 자체의 존재론적 관점에서 볼 때, 한계가 있는 것도 사실이다. 하이데거가 인간을 "세계에 던져졌다."고 표현하는 것은 비유적으로 말하면 '어머니 없는 인간'에서 출발하고 있는 것과 같다. 인간은 어머니 배속에서, 그리고 세상에 나온 후 영장류로선 가장 오랫동안(적어도 10년 동안) 어머니의 양육과 훈련(언어학습)을 받은 뒤 세상에 내보내졌다는 사실을 잊은 것 같다.

인간은 어머니로부터 염려와 배려와 심려 속에서 성장하였으며, 내가 아닌 남에게 관심을 준다는 것이 어떤 것이라는 점을 갓난아이 적부터 배운 존재이다. 인간을 가장 무의식적으로 지배하는 것은 어머니와의 관계(이것은 상상계이다)이며, 그 다음에 아버지와의 관계(이것은 상징계이다)이다. 그런데 어머니와의 관계를 무시하거나 생략해버리는 인간학은 결핍에 시달릴 수밖에 없는, 욕망의 화신으로서의 인간만을 설명하거나 해석하는 태도이다. 오이디푸스콤플렉스조차도 실은 어머니와의 관계가 아버지와의 관계보다 먼저 있었기 때문에 발생하는 후차적인 일일 뿐이다. 어쩌면 인간이 평화를 달성하지 못하는 것은 '어머니(motherhood, maternity)'를 잃어버렸기 때문일지 모른다.

하이데거는 서양철학의 전통에서 처음으로 칸트가 버려두었던 '물

자체(Thing itself)'를 존재론적으로 사유한 철학자이다. 그는 종래 서양철학을 '앎(지식)의 철학'으로 규정하는 한편 '삶의 철학'으로서 존재론을 주장했다. 그는 서양철학이 그동안 간과했던 '존재의 의미'와 존재방식으로서 삶을 조명하였다. 그는 기초존재론을 주장하면서 모든 철학적 사유는 존재물음에서 시작하는 기초존재론을 바탕으로 새롭게 정립되어야 한다고 주장하기에 이른다.

그는 그동안 서양철학은 존재자를 존재라고 불렀으며, 진정한 존재는 자신으로부터 비롯됨을 역설한다. 그는 존재론을 주장하면서 니체에 대해서는 '형이상학의 완성자'라고 규정한다. 그는 서양철학을 '힘(권력)의 의지'로 규정한 니체를 칭송하면서도 자신은 그것을 넘어선 '존재 혹은 무(無)의 철학자'로 자리매김을 했다.

하이데거에게도 서양철학자로서의 흔적이 없지 않다. 그는 우선 사물(사물존재)과 인간(현존재)의 관계맺음에서 'Besorge(배려)'를 중시하는 태도를 보인다. '배려'는 결국 사물을 이용하는 것을 의미하기 때문이다. 그는 인간현존재의 존재에 대한 접근의 두 가지 형태로 '손안에 있음(zuhandensein: to be at hand: zuhandenes)'과 '눈앞에 있음(vorhandensein: presence: to be available: vorhandenes)'을 주요개념으로 내놓고 있다.

여기서 하이데거가 '눈앞에 있음'을 이미 '이용의 관점'에서 보고 있다는 점을 알 수 있다. 이것은 도구적 인간의 관점이라고 할 수 있다. 체질인류학적으로 볼 때 눈앞에 있음은 바로 이용과 연결될 수 없는 것이다. 이용은 눈으로 봄과 동시에 대뇌의 사고과정의 개입을 통해 손으로 잡을 수 있는 데에 이른다. 손으로 잡을 수 있음에 이른 것이 바로 자연과학이다. 눈앞에 있는 사물을 손으로 잡고 도구로서 이용하는 과정은 일종의 손과 대뇌의 피드백과정이라고 할 수 있다.

눈앞에 있는 사물(사물존재)는 인간에게 이용당하기 위해서 존재하는 것이 아니라 그냥(저절로) 존재하고 있는 자연적 존재(본래존재)이다. 자연적 존재를 그냥(아무런 목적 없이) '둘러보는 것'은 그것을 대상화·목적화하는 것이 아닌 존재자체를 보는 것이라고 할 수 있다. 이는 어두운 숲길에서 한 줄기 빛처럼 존재를 밝히는 것이면서 동시에 존재를 공속하는 전체로서 바라보는 것이라고 할 수 있다.

자연을 이용이나 목적과 상관없이 대하는, 자연 그 자체로 아무런 욕심 없이 무목적으로 바라보는 것은 자연을 시인이나 예술가의 눈으로 바라보는 것에 근접함을 알 수 있다. 우리는 여기서 난해하기만 한 존재론이 시인과 예술가에 이르는 길에 흡사함을 알 수 있다. 요컨대 이런 경지에서 시인은 눈에 보이는 모든 사물로부터 은유를 발견하게 된다. 시인의 은유 속에는 공속하는 모든 사물을 하나로 끌어안는 심물일체의 존재이해가 펼쳐진다.

인간(주체)이 눈으로 사물을 대상화하고 그것을 이용의 대상(목적)으로 전환하지 않는다면 사물은 어디까지나 스스로 존재하는 본래존재이다. 눈앞에 펼쳐진 자연은 현상이 아니라 그것이 존재이며, 인간이 그것을 현상으로 보니까 '표상(representation: vorstellung)으로서의 현상'이 되는 것이다.

하이데거는 위에서 '둘러보는 것'을 처음에 도구체계의 연관성 속에서 전개하고 있음을 알 수 있다. 하이데거가 생활세계에서 일상적으로 익숙한 도구(도구체계)가 없으면 불안해한다는 것은 바로 그것을 말하는 것이다. '도구(zuhandensein)'에서 출발하는 하이데거의 존재이해는 자연을 무위(無爲)로 바라보는 동양적 관점과는 다른 존재방식이다. 하이데거는 자신이 몸담고 있는 서양 문명적 맥락에 충실한 나머지 현상학적 방법으로 존재에 접근하고 있음을 여기서 알 수 있다.

인간은 도구 이전에 자연을 자연 그대로 바라볼 수밖에 없다. 그 다음에 자연에서 도구를 발견하게 된다. 동양 사람들은 우선 자신이 자연임을 전제한다. 자연은 문명의 대전제로 원인 아닌 근본인 것이다. 하이데거는 '자연'을 자신의 철학체계 내에 소속시키면서 '본래존재'라고 명명했다. 마치 인간을 '현존재'라고 명명하듯이 말이다.

인류학적으로 보면 인간은 우선 도구적 존재이다. 도구적 존재는 구석기 전기에 해당한다. 그러한 점에서 인간학을 연구하는 철학자로서 '도구'에서 출발하는 것은 인간의 본질에 접근하는 지름길임에 틀림없다. 인간은 도구적 존재에서 언어를 사용하는 존재로 진화한다. 언어적 존재는 구석기 중기에 해당한다. 그리고 언어는 물론이고, 예술을 하는 존재로 전화한다. 예술적 존재는 후기구석기에 해당한다.

전기 구석기(도구적 존재, 직립원인)
중기 구석기(언어적 존재, 네안데르탈인)
후기 구석기(예술적 존재, 크로마뇽인)

우리는 여기서 도구가 언어로 발전하고, 언어가 예술로 발전한다는 사실에 주목할 필요가 있다. 이는 도구에 이미 언어적 요소가 함께 있고, 언어에 이미 예술적 요소가 함께 있음을 의미한다. 이들 사이의 관계는 연속적이면서 동시에 불연속적이다. 아무튼 인간에게 있어 도구는 본질적 요소이지만, 이것이 인간의 본질이라고 말하면 인간존재를 결정론적으로 규정하는 것이 된다.

하이데거는 존재론은 도구(기술)에서 벗어나려고 노력하지만 도구의 본질에서 출발한다는 점에서 존재론과 현상학의 경계선상에서 중첩되어 있다. 하이데거가 자연스럽게 도구연계체계인 기술을 자연스럽게 대하는 것은 기술이 신화·제도와 더불어 문화의 한 장르이기 때문이다. 문화는 제 2의 자연이다. 하이데거는 삶의 철학이 존재방식을 발견하는 철학임을 깨닫게 됨으로써 철학자에서 문화인류학자로 철학의 폭을 넓혔다. 앎의 철학이 삶의 철학(Ex-istenz)이 되게 한 인물이다.

하이데거의 존재론은 서양의 전통적인 본질론(essentialism)을 벗어나고 있기는 하지만 여전히 이용(利用, besorge)에 관심을 두고 있다. 이용은 자연을 우선 대상(object)으로 보는, 즉 전재자(前在者, vorhandenes)로 보는 다음에 인간이 취할 수 있는, 용재자(用在者, zuhandenes)의 모습을 중요하게 다루고 있다.

이러한 하이데거의 관점은 눈앞에 전개되어 있는 자연을 이미 대상으로 본 뒤에 일어난 결과이다. 과연 자연은 인간의 대상인 것인가. 하이데거는 인간이 자연을 도구로 사용하면서 전재자와 다르게 생활 깊숙이 들어오고, 실존적 의미를 가지게 되고, 의미가 달라짐을 주장하고 있다. 그렇다. 의미가 달라지긴 했다. 그러나 자연을 도구로 보지 않는, 자연을 인간과 함께 살아가고 있는 존재로 보는 동양적 사유로 보면 자연은 도구로 사용하는 생활 이전에 그야말로 존재론적 의미를 가지고 있다.

자연은 흔히 인간의 이용의 대상으로 존재하는 것 같지만 그렇지 않다. 자연의 어떤 존재도, 무생물도 애초에 인간에게 이용되기 위해 존재하는 것은 아니다. 자연의 모든 것은 인간을 포함해서 존재론적으로 동등한 존재이다. 처음부터 존재론적 의미가 달랐으면 인간이 구태여 오늘날 철학으로서 존재론을 쓸 필요가 없다. 요컨대 처음부터 달랐기 때문에(하나님이 다르게 만들었기 때문에) 누구는 이용을 하고, 누구는 이용을 당하는 것이 아무런 문제가 없다.

　　하이데거는 생활적 맥락의 의미를 강조함으로써 실존적 의미를 도구를 통해서 전개하고 있지만, 그것은 물리학적 의미와는 다른, 또 다른 종류의 현상학적인 의미이다. 생활 이전에 존재하는 본래 존재적 의미, 생멸하는 존재로서의 의미를 놓치고 있다. 자연은 인간이 이용하지 않더라도 그것 자체의 의미를 지니고 있다. 모든 생물은 죽으면 무생물로 돌아간다. 존재론에서 죽음이 마지막에 문제가 되는 것은 인간이 단지 도구적 존재가 아니라는 사실을 거꾸로 증명하게 된다. 도구와 이용에는 이미 악마적인 요소가 스며들어있다. 자연을 아무런 욕심이나 사심이 없이 둘러보는 것이야말로 존재의 즉자(卽自)이다.

　　눈앞에 있음(전재자)이 반드시 손안에 있음(용재자)으로 발전하는 것은 아니다. 눈앞에 있음은 그냥 아무런 욕심 없이 눈앞에 전개되는 풍경(존재자)을 바라보면서 존재 자체를 즐기는 경우가 있고, 그것을 이용의 단계로 가져가는 경우가 있다. 후자의 경우는 존재자를 대상으로 보는 대자적(對自的) 성향이 강해짐에 따라 세계를 주체-대상의 이분법으로 볼 확률이 높아진다. 전자의 경우는 무심하게, 소유하려는 의도가 없이 멍하게 사물을 바라볼 수도 있다. 그렇다고 반드시 아무런 의미가 없는 것은 아니다.

　더욱이 전재자라는 명칭에는 사물(존재자)들이 지금도 시시각각 변화하고 생성되고 있다는 사실을 간과하는 단점이 있다. 말하자면 생성되는 세계를 생략함으로써 은연중에 마치 사물들이 고정불변의 존재인 것처럼 기정사실화하는 전제가 깔려있다. 하이데거가 존재와 존재자를 구분하는 철학적 태도를 가지고 있지만, 이미 존재라는 말에는 이미 서양 철학적 전통의 이데아적 사고가 깃들어 있는 셈이다. 사물(존재)을 인식하려고 하면 이미 이데아(idea)가 작용하고 있음을 피할 수 없다.

　인간은 사유적 존재로서 자신의 주관적 관념을 피할 수 없다. 설사 우리가 객관적으로 하는 것도 실은 그것에 참여하는 사람들의 주관적 관념들의 통일이나 합의의 산물이다. 관념을 갖는다는 것은 이미 의미와 의식의 세계로 들어감을 의미한다. 이것이 바로 현상학적 차원의 의미작용(noesis)과 의미대상(noema)의 세계이다. 초월적 현상학의 세계 말이다. 그렇다면 진정한 존재론, 실존적 존재론(existential ontology)의 세계는 어떤 것인가. 실존적 세계에서는 의미가 하나로, 혹은 개념적·추상적·명사적으로 규정되지 않는 세계이다.

　요컨대 빗소리는 듣는 사람이나 상황에 따라 여러 가지 의미로 작용할 것이다. 소리에 대해 자연과학적 분석을 할 수도 있지만, 삶에서 벌어지는 소리는 그렇게 단순하게, 판단명석하게 말할 수 없다. 소리에 대한 물리적 현상학은 당연히 심리적 현상학을 넘어서 실존적 해석학으로 차원을 달리하지 않으면 안 된다. 실존적 해석학에서 가장 두드러지는 것은 시인들의 사물에 대한 태도이다. 단도직입적으로 말하면 사물에 대한 은유적 태도이다. 시인들은 한 사물을 다른 사물의 관점에서 보는 것을 즐긴다.

의미는 대체로 의식적으로 사물을 바라볼 때 발생하는 것이지만, 그렇지 않고 거의 무의식적으로 발생할 수도 있다. 이것을 두고 무의식의 의미, 혹은 무욕의 의미, 심지어 무의미의 의미라고 말할 수도 있다. 인간은 대상(의미대상)을 바라볼 때 과학자처럼 개념적으로 바라볼 수도 있고, 시인과 같이 은유적으로 바라볼 수도 있다. 시인들은 존재(사물) 그 자체를 즐기는 사람들이다.

하이데거의 존재론은 과학자의 눈에서 시인(예술가)의 눈으로 점차 중심이동을 하고 있음을 알 수 있다. 하이데거의 존재론은 생성하는 총체적인 자연을 '존재와 시간'으로 나누고, 생성을 시간으로 대체하면서 시간을 셀 수 없는 '무(無)의 시간성'으로 설명함으로써 '존재와 무'를 달성하고 있지만 동양의 무위자연(無爲自然)의 '있음'에는 도달하지 못하고 있다. 무위(無爲)는 무(無)가 아니다.

자연의 의미, 즉 생성론적(생멸론적) 의미는 역동하는 거대한 총체적 존재로서의 자연에 참가하는 것을 의미한다. 여기서는 죽음조차도 죽음이 아니고, 무(無)도 무가 아니다. 유무의 세계와는 다른, 현상학적인 차원의 존재가 아닌, 근원적 존재로서의 무이기 때문이다. 자연과 하나가 되는 경지야말로 존재론적 존재의 영역이다.

필자가 하이데거를 '존재현상학'으로 부르는 이유가 여기에 있다. 하이데거의 존재는 무(無)를 지향하고 있다. 그래서 존재현상학이다. 하이데거는 존재를 거론하고 있지만 그것에 도달하는 방법은 매우 현상학적이다. 즉 현상학의 언덕에서 혹은 현상학의 배를 타고 가면서 존재를 바라보고 있는 형국이다.

생성론(생멸론)을 존재론으로 설명하는 것은 그만큼 어려운 것이다. 서양철학과 기독교문명은 기본적으로 '생성을 존재'로 설명하고자 하는 문명이라고 할 수 있다. 생성은 결코 존재로 설명할 수 없다. 생성은 설명할 수 있는 것이 아니라 존재론적으로 이해할 수 있을 뿐이다.

하이데거는 존재를 얼핏 보기는 하였지만 존재(자연적 존재)에 도달하는 것에 미진했다고 할 수 있다. 물론 하이데거의 전기와 후기는 다르며, 후기로 갈수록 '존재사유'(Seinsdenken) 등을 주장하는 등 존재론적으로 사유가 발전했음을 볼 수 있다. 그의 사유에는 존재적 사유의 흔적을 완전히 지울 수는 없다. 그래서 그는 존재를 현존의 부재라는 차원에서 무라고 말할 수밖에 없다.

삶을 철학적으로 설명하는 것은 그만큼 어렵다. 삶을 존재로 설명하는 것은 애초에 불가능한 것인지 모른다. 존재를 대상으로 보는 인식론은 여러 개념과 범주를 동원하면 가능하지만, 존재를 언어로 설명하는 것은 모순에 빠지기 쉽다. 말로 설명할 수 없는 것을 말로 설명하려고 하는 것에 비할 수 있다.

존재는 인간의 대상이 되기 위해 존재하는 것도 아니고, 존재 자체는 진리도 아니다. 진리는 인간이 존재로부터 어디까지나 추출해내는 것이다. 그래서 존재론자들은 궁여지책으로 시(詩)를 들고 나올 수밖에 없다. 시(詩)의 은유(隱喩)는 존재론의 은적(隱迹)을 드러내는 유일한 언어적 수단(표현)이기 때문이다.

모든 존재는 자신의 존재방식으로 존재하고(생멸하고) 있는 것이다. 이것을 인간 현존재가 존재이해를 했다고 하지만 누가 인간의 존재이해를 두고 '존재 자체의 이해'라고 말할 수 있겠는가. 생멸하는 존재에 대한 이해는 개념으로 고정시키는 언어로는 설명할 수 없기 때문이다. 존재(본래존재)의 세계는 언어도단(言語道斷), 불립문자(不立文字)의 세계이다. 유무(有無)의 세계가 아닌 것이다.

하이데거가 '심려(心慮, Fürsorge)'의 마음 씀을 설정한 것은 '배려(配慮, Besorge)'와는 다른 마음 씀을 볼 수 있는 기회가 된다. 존재를 도구로 바라보는 것과 달리 존재를 그 자체로 위하는 마음인 것이다. 이것은 종래 인간의 도덕 가운데 선(善) 혹은 선의지(善意志)와 통하는 마음인 것이다. 남(사물)을 걱정하는 마음은 선이고, 남을 이용하는 데에 혈안이 되면 그것이 바로 악이 되는 것이다. 존재가 '남'이 되고, '님'이 되는 것은 사람의 '마음 씀'에 달린 것이다.

세계를 창조한 신을 자연에 비유하면 악마는 신이 창조한 자연을 소유하고 자신의 마음대로 이용하고 싶은 마음이라고 할 수 있다. 그런 점에서 악마가 따로 있는 것이 아니라 인간의 마음속에 악마가 있을 수 있고, 심지어는 인간이 악마라고 말할 수도 있다.

세계를 하나의 '몸(마음몸)'으로 보는 것과 달리, 주체-대상으로 보면 이미 세계는 이원적으로 분리된 세계이고, 분리된 세계는 극단적으로 선악의 대결일 수밖에 없다. 이러한 선악대결은 기독교성경이나 불경 혹은 여러 종교경전에 신화적으로 반영되어 있다.

물론 이러한 관점, 즉 선과 악, 이용과 악용의 관점은 실은 인간에게 이중적(二重的)으로 겹쳐져 있다. 인간은 경우에 따라 전자의 입장에 설 수도 있고, 후자의 입장에 설 수도 있다. 말하자면 마음을 어떻게 쓰느냐에 따라 갈리게 된다.

이것을 생명과 이용의 계보학으로 보면 다음과 같다. 자연을 생명현상으로 보면 '서로 위할 수밖에' 없다. 반대로 자연을 이용의 대상으로 보면 결국 '서로 싸우는 수밖에' 없다. 만약 인간의 과학이라는 것이 자연을 이용하는 것으로만 발전하게 된다면 이것은 발전이라기보다는 퇴락(존재의 퇴락, 존재의 감쇄)이라고 할 수 있을 것이다. 자연과학이야말로 돌이킬 수 없는 유물론이 되어 인간문명을 물질만능의 문명, 기계신의 문명으로 만들어버린다면 호모사피엔스는 결국 자신이 만든 기계인간에 의해 정복되는 길밖에 다른 길이 없다.

필자가 종래 한국인의 대중적 철학인 홍익인간(弘益人間)에서 홍익자연(弘益自然)으로 중심이동을 하여야 한다고 주장하는 이유가 여기에 있다. 그렇다고 근대적 인간이 발명한 자연과학을 버리자는 것이 아니라 동시에 자연(본래존재)과 생태환경을 보존할 필요가 있다는 말이다. 인류의 문명을 생태적 관점에서 재해석하는 것을 통해 자연을 이용하기에 급급한 인간상이 아니라 자연과 더불어 사는 이상적 인간상을 도출하는 것이 현대인에게 필요하다.

서양철학의 해체는 존재에 대해 생성을 대립시키거나 대안으로 내세우는 이다. 그러나 동양의 생성은 해체가 아니다. 해체는 존재가 있어야 해체가 되는 것이기 때문이다. 처음부터 존재가 없다면 해체할 것도 없다. 서양철학자들은 해체가 마치 문명, 즉 인간에 의해 구성된 문명, '신화와 제도와 기술로서의 문명'에서 자연으로 돌아가는 것이라고 생각할 수도 있다. 인간은 어떠한 경우에도 문명을 버리고 자연으로 돌아갈 수는 없다. 더욱이 해체주의는 문명의 파괴이지 자연으로 돌아가는 것이 아니다.

인간에게는 항상 두 길이 주어져 있다. 남을 님으로 볼 것이냐, 남으로 볼 것이냐? 인간은 시시각각 남을 이용의 대상으로 볼 것이냐, 남을 위하는 대상으로 볼 것이냐? 기로에 있다. 이용의 대상으로 보면 영원한 남이고, 위하는 대상으로 보면 영원한 님이다. 남과 님은 순환관계에 있다. 이를 변증법적 순환관계에 있다고 말할 수도 있을 것이다. 이것을 사람들은 흔히 선악(善惡)으로 본다. 이용에도 선용(善用)이 있고, 악용(惡用)이 있다. 남과 님이 순환관계에 있듯이 선악도, 선용과 악용도 순환관계에 있다.

마음(몸)	관심 입장	이기-이타적 존재	나-남-님	종교-과학
마음 씀, 念慮 (Sorge) /자리이타 (自利利他)	알-생명 (生命)	이타(利他)-선(善) Fürsorge(心慮)	님(존재: 자연, 하나님)/ 홍익인간(弘益人間)- 홍익자연(弘益自然)	하나 되는 하나님 (종교)
	것-이용 (利用)	이기(利己)-악(惡) Besorge(配慮)	남(사물: 주체-대상) 자연 황폐화 (환경문제)	이용하는 물리학 (과학)

<마음 씀과 자리이타(自利利他)>

미래인류는 인간과 신과 자연이 하나라는 사실을 이해하는 것을 통해 삶의 환경을 자연친화적으로 회복할 필요가 있다. 이를 위해서는 태초의 원인적 하나님, '존재적(Being) 하나님'도 중요하지만 그보다는 결과적으로 하나 되는 하나님, '생성적(becoming) 하나님'이 더 중요하다고 하지 않을 수 없다.

철학이라는 말은 물리학(physics)의 다음이라는 뜻에서 메타-피직스(metaphysics), 형이상학(形而上學)로 명명되었다. 오늘날 형이상학이 도리어 물리학으로 순환해버린 형국이다. 니체의 '힘(권력)의 의지'는 시(詩)철학, 예술철학을 주장했음에도(예술을 철학으로 승격시켰음에도) 불구하고 역설적으로 '힘'을 숭배하는 물리학의 아류로 전락하는 의미를 동시에 내포하고 있다.

철학과 비유법, 그리고 수사학

형이상학(metaphysics)인 철학을 언어학의 비유법 혹은 수사학과 비교해보면 철학이 잠재하고 있는 의미를 새롭게 발견할 수 있다. 철학과 비유법은 'meta(meto)'라는 접두어를 공통적으로 쓰고 있다.

인간의 특징 중에 가장 대표적인 시그니처(signiture)는 '말(언어)'이다. 인간은 '말을 사용하는 존재'이다. 철학도 말로 구성된다는 점에서 언어학·수사학을 벗어날 수 없다. 언어를 사용하는 인간은 의미를 먹고 사는 동물이라고 할 수 있다.

인간은 자연이면서 동시에 자연을 대상으로 보는 현존재(현재+존재)이다. 인간은 시간을 계산하든, 계산하지 않든 시간성을 벗어날 수 없다. 인간은 시간적(시공간적) 존재이다. 인간은 현상학적 의미작용과 의미대상을 통해 항상 의미를 찾는다. 무의미를 깨닫는 것조차도 의미를 찾는 존재로서의 결과이다. 그렇지만 자연은, 의미로 가득 찬 세계 이전에 자연이다.

자연의 한 종으로 태어난 인간은 자연을 대전제로 놓을 수밖에 없다.

자연은 존재 그 자체이기 때문이다. 인간은 말(언어)를 가지고 자연을 해석하는 존재이다. 인간에서 말(음성언어, 문자언어)을 제하면 인간의 정체성을 말할 수가 없다.

말에는 논리-수학적인 말과 수사-해석적인 말로 구분할 수 있다. 그렇지만 오늘날 말은 자연을 기준으로 볼 때는 해석적인 수사학에 속한다고 말할 수 있다. 논리-수학적인 말도 결국에는 자연 그 자체를 말하는 것이 아니라 자연에 대해 2차적으로, 다시 말하면 기호나 언어를 병행시키면서 자연을 설명하는 은유에 불과하기 때문이다.

모든 의미는 자연을 기준으로 볼 때 은유에서 출발하고, 은유(metaphor) 속에서 환유(metonymy)가 파생한다고 볼 수 있기 때문이다. 환유는 은유의 한 극단적인 형태, 일종의 기표연쇄와 같은 것이기 때문이다. 기표연쇄는 의미가 하나의 의미로 환원(결정화)되어 다른 의미를 포함하지 않게 됨으로써 지시적·기계적 언어로 고착하게 된다.

이에 비해 은유는 언어의 의미를 계속해서 생산하는 성질을 보존하고 새로운 의미를 계속해서 생산하게 함으로써 새로운 언어생활을 가능하게 한다. 아울러 개념화된 언어는 궁극적으로는 새로운 철학(metaphysics)을 가능하게 한다. 이것이 언어의 외연적 의미와 내포적 의미의 순환관계이다.

오늘날 철학은 언어의 은유를 지향할 것이냐, 환유를 지향할 것이냐에 따라 철학의 특성이 갈리게 된다. 은유를 지향하는 철학은 존재론철학-예술(詩)철학이 되고, 환유를 지향하는 철학은 과학철학-실증(실용)주의철학이 된다. 전자는 필연적으로 일상(생활)언어를 중시하게 되고, 후자는 수학(기계)언어를 중시하게 된다.

자연에 대해서 이차적으로 해석하는 공통적으로 'meta(meto)'라는 말이 들어간다. '메타(meta)'라는 말은 '(어떤 것을) 넘어 간다'는 뜻이 있다.

인간의 문화에는 시-예술과 과학-철학, 그리고 종교-생활적인 장르가 함께 들어있다. 종교는 시-예술, 과학-철학의 요소를 함께 가지고 있다. 종교는 인간의 생활의례적인 성격과 과학기술적인 성격을 동시에 담고 있다.

자연	말(언어)-수사학	은유-환유	예술-과학	소리-이름
자연 **(nature,** **physis)**	metaphor (의미)	metaphor (隱喩-詩-풍자)	시(詩)-예술	phor (phone)
	metaphysics (철학) physics(물리학)	metonymy (換喩-개념-이성)	과학-철학 (과학철학)	nymy (name)
*종교에는 은유적 요소와 환유적 요소가 함께 들어있다. '말씀'(소리+이성)이라는 말은 그 대표적인 것이다				

<은유-환유, 예술-과학, 소리-이름>

종교의 교리는 항상 시대정신과 철학의 흐름을 수용하고 소화하면서 새롭게 경전작업을 수행해야 한다. 물론 과학의 발전을 소화하면서 과학이 설명하지 못하는 영역, 요컨대 죽음의 문제, 사후세계의 문제 등에 대해서 나름대로 대답을 할 수 있어야 한다. 그런 점에서 경전들로 항상 새롭게 써져야 한다. 요컨대 종교가 과학의 발전을 담지 못한다면 과학시대에 살고 있는 인간세계를 설득하고 다스릴 수 없게 된다.

말하자면 과학기술시대인 현대의 종교가 반드시 과학종교가 될 필요는 없지만 과학적 성과를 오늘의 삶의 요구에 맞게 종교적인·교리적인 차원에서 재해석하지 않으면 안 된다. 창조주로서의 신(하나님)을 주장하는 것도 중요하지만 인간이 요청하는 존재로서의 신, 즉 '요청하는 신'을 회복할 필요가 있다. 요청하는 신은 자연과 인간과 신이 하나 되는 신일 것이다.

종(種)의 관점에서 본 가부장제-국가사회

　인간이 동물과 다른 점은 무엇일까. 종의 관점에서 보면 생존경쟁에서 권력경쟁으로 삶의 방식을 전환한 것이라고 말할 수 있다. 권력경쟁이라는 것은 종과 종간의 생존경쟁에서 호모사피엔스가 만물의 영장이 된 뒤, 종 내부의 경쟁으로 삶의 특징을 전환했다는 뜻이다.

　종 내부의 경쟁이란 바로 집단경쟁을 뜻한다. 이것은 인간이 사회적 동물이면서 동시에 고도의 정치적 동물이라는 의미를 내포하고 있다. 이 정치적 동물이라는 것은 계층구조(hierarchy)를 통해 국가를 등장시켰다는 뜻이다. 인간은 국가형성을 통해 그 구성원이 되면서 자신의 삶과 안전과 행복을 보장받았다는 뜻이다.

　그렇다면 국가는 무엇일까. 여기서 국가론을 논하려는 것은 아니다. 인류학적으로 볼 때 국가는 가부장제의 산물이다. 가부장제는 실은 원시공동체-모계사회에서 가장 자연스럽게 발달해온 제도이다. 인류는 성공적인 적응과 함께 인구(population)를 증가시키면서 인구를 부양하기 위해 국가라는 제도를 발달시켜 오늘에 이르렀다.

가부장-국가사회는 배타적 이익을 추구하는 집단으로서 폭력과 전쟁을 행사하는 등 많은 문제를 포함하고 있지만 그럼에도 불구하고 현재 국가보다 훌륭한 '법적 집단(corporate)'은 없는 것 같다. 모든 권력은 법과 함께 강제력을 배경으로 가지고 있다. 때로는 국가는 정당한 폭력을 행사할 때도 있다. 군대가 국가의 구성요건 중 첫째인 것은 이 때문이다.

오늘날 국가권력의 남용이나 폭력성의 문제가 제기되면서 삼권분립을 비롯하여 권력을 분산하고 방어하는 제도가 마련되었다. 오늘날 인권사상이나 민주주의가 확립되어 있지만 여전히 권력의 부산물로서의 권력횡포나 부정부패, 관료주의, 그리고 정당과 국회의원, 법조인, 기업인 등의 권력카르텔들을 막기 어려운 실정에 있다. 이런 현상들은 민주주의의 새로운 귀족들의 탄생이라고 말할 수 있다.

부익부 빈익빈을 비롯 자유-자본주의의 문제점 때문에 생겨난 공산사회주의 운동은 평등을 정치적 슬로건으로 출발하였지만 결국 공산당 귀족을 만들면서 국민들은 가난에 쪼들리게 하는 전체주의로 본색을 드러냈다. 마르크시즘은 거짓 인권, 거짓 민주, 거짓 평등, 거짓 지상천국으로 판명이 났다. 자본주의에 비해 상대적으로 생산성부족에 직면한 사회주의는 빈곤의 하향평준화에 몰리고 있다. 인간의 욕망을 부정한 사회주의는 계급투쟁과 함께 평등을 정의로 내세웠지만 자기모순에 빠져 더욱 심한 계급-계층구조를 드러냈다.

인류는 근대에 1, 2차 세계대전을 치르고 자유-자본주의와 공산-사회주의로 갈라져서 냉전구조를 이루면서 살아왔다. 한동안 지구촌을 들먹이면서 세계주의를 주장하던 인류는 다시 미소(美蘇) 대신에 미중(美中) 패권경쟁으로 신(新)냉전구조로 들어갔다. 이는 인간의 역사가 쉽게 패권경쟁을 벗어날 수 없음을 의미한다. 또한 세계사는 제국주의의 역사였음을 증명하고 있다.

자유-자본주의는 많은 문제점을 안고 있음에도 불구하고 공산-사회주의보다는 상대적으로 좋은 제도로 받아들여지고 있다. 무엇보다도 자유-자본의의 장점은 마르크시즘의 비판을 포용하고 있다는 점이다. 그러나 공산-사회주의는 비판세력을 용인할 수 없다는 치명적 약점을 지니고 있다. 자유-자본주의 진영의 철학자들은 대개 마르크시스트이지만 그들의 활동은 크게 제약을 받지 않고 있으면서 자본주의의 자정(自淨)작용을 하고 있다. 그렇지만 사회주의 진영에서는 자체비판을 불허할 뿐만 아니라 검열을 함으로써 하나같이 전체주의화하고 있다.

사회주의는 하나같이 공산당 일당독재정치를 하고 있으면서 공산당 귀족화를 통해 역사적 후퇴를 하고 있다. 말로만 민주와 평등과 지상천국을 외치면서 자기기만에 빠져있다. 이것은 인간의 자기기만 중에서도 가장 위험하고 비극적인 것이다. 사회주의로 인해 지금까지 수많은 인명이 전쟁과 정치적 탄압으로 살상되었다. 구소련이 공산종주국으로서 연방 내 반체제인사들과 동유럽위성국에 벌인 반인륜적 만행은 이루 말할 수도 없다. 물론 한국전쟁도 소련이 저지른 만행에 속한다.

자유는 인간에게 무한한 가능성을 부여하는 반면 평등은 계산적 평등에 골몰한 나머지 분노와 질투에 빠지게 하는 경향이 있다. 자유주의는 '축복의 굿판'을 펼치고 있지만 사회주의는 '저주의 굿판'을 벌이고 있다. 어느 쪽이 미래에 희망을 주는지는 물어볼 것도 없다. 자유는 열린 국가, 열린 종교, 열린사회를 지향하는 반면에 평등은 닫힌 국가, 닫힌 종교, 닫힌 사회를 지향하는 경향이 있음을 간과할 수 없다.

열린사회는 자기반성, 자기개혁을 통해 스스로 자정할 수 있는 능력이 있는 반면 닫힌 사회는 자신만이 정의이고, 공정하다는 아집과 이념무장 때문에 사회를 분열과 저주로 몰아넣은 경우가 많다. 한마디로 사회를 '저주하는 집단'으로 몰아가기 쉽다. 흔히 진보-좌파들은 자신의 텍스트 속에서 현실을 진단하고, 혁명하려고 함으로써 사회를 분열과 갈등으로 몰아넣는다.

공산사회주의운동의 역사를 일별해 보면, 기존의 권력에 대한 여러 가지 형태의 반(反)운동, 예컨대 개혁과 혁명운동은 비판의 목소리는 높지만 정작 자신이 권력을 잡으면 또다시 기존권력의 부조리와 모순을 되풀이하는 것으로 판명이 났다. 그래서 극단적 이상주의, 예컨대 공산사회주의운동과 문화해체주의운동 등은 도리어 인류의 정치-문화구조를 파괴하는 것으로 드러나고 있다. 계급투쟁과 문화해체주의는 스스로의 모순과 역(逆)차별에 빠지는 것으로 드러났다.

가부장-국가사회는 많은 문제점을 가지고 있음에도 불구하고, 그것에 대항하는 다른 제도를 주장하면 더 많은 문제점을 노출하고 있는 게 인류문명이 당면한 현실이다. 문제는 권력이 폭력의 양상으로 바뀌는 것을 경계하고, 그것을 사전에 차단하는 제도적 장치마련을 비롯하여 사회균형의 달성을 위한 사회적 노력을 게을리 해서는 안 된다는 점이다.

어디까지나 자유-자본주의를 기조로 하면서 사회적 이상을 점진적으로, 우선순위를 정해서 실현해나가는 것이 중요하다. 요컨대 부익부 빈익빈의 해소, 경제적 평등의 강화, 인권의 신장, 복지증진, 환경보호 등이 그것이다. 평등을 위해 자유를 희생한다거나 빈부격차의 해소를 위해 기업의 생산성을 무시한다거나 인권을 빌미로 반인권을, 민주를 빌미로 반민주를 행하는 것 등은 문제이다. 평등과 정의를 위해 역차별이 자행되는 것 등은 경계하여야 한다.

인간의 삶에는 항상 규칙(원리, 법칙, 기준)과 규범(윤리)이 있어야 한다. 종래의 규칙이나 규범이 삶에 맞지 않을 때는 바꿀지라도 규칙, 규범 자체를 부정하거나 한꺼번에 무너뜨리면 삶은 더욱 피폐해지기 마련이다. 국가나 정부의 정책이 잘못될 수는 있다. 그렇다고 해서 무정부주의가 되면 인간이 발붙이고 살 땅을 잃어버리는 지경에 처하게 된다.

공산사회주의나 해체주의는 자칫 잘못하면 인간으로 하여금 규칙이나 규범 자체를 부정하는 감정이나 논리에 빠지게 할 위험이 있다. 계급투쟁이나 문화의 규범해체는 가부장제 혹은 문명의 결정론에 대항하는 것이기도 하지만 도리어 더 급진적인 결정론으로 사회를 몰아갈 위험이 있다. 해체는 구성의 이면이다. 구성을 부정하는 해체주의는 비판을 위한 비판, 철학의 문학화, 철학의 수사학에 그칠 가능성이 높다.

인간은 남을 축복하는 '축복의 인간'이 될 수도 있고, 남을 저주하는 '저주의 인간'이 될 수도 있다. 이것은 자신에게도 마찬가지다. 인간은 자신을 축복할 수도 있고, 저주할 수도 있다. 왜 그러느냐고 묻지 말고, 인간은 그런 존재이다. 인간은 경계선상의 존재이고, 왕래하는 존재이고, 반항(反抗)하는 존재이고, 반전(反轉)하는 존재이다. 인간은 세계-

내-존재이고, 세계-밖-존재이다.

삶은 항상 무엇의 밖(Ex-istence)에 있다. 앎은 항상 무엇의 안(essence)에 있다. 앎과 삶은 변증과 순환의 관계에 있다. 이것은 삶이 의미와 무의미의 연속임을 말한다. 부조리의 철학자 알베르 카뮈는 삶이 부조리로 가득 차 있다하더라도 그것을 받아들이는 선택만이 가능하고 말한다. "삶이 부조리하고 아무 의미가 없다는 것을 그냥 받아들여야한다." 그러나 인간은 의미를 먹고사는 존재이고, 비록 불완전하다하더라도 하나의 의미가 없어지면 새로운 의미를 찾아나서는 존재이다. 부조리를 받아들이는 선택 대신에 새로운 의미를 찾아 나서는 것도 강력한 대안이 될 수 있다.

서양철학은 근대까지 자연의 생성을 존재로 해석해왔다. 즉 자연의 생성을 존재의 유무(有無)로 해석했다. 서양철학의 후기근대는 존재의 유무(有無)를 무유(無有)로 해석하는 반전(反轉)을 했다. 현상학적 존재론은 하이데거의 존재현상학을 거쳐 박정진의 존재론적 존재론이 되어야 한다. 이제 신이 창조한 것이 아니라 창조하는 것이 신이 되었다.

옛날에는 인간의 자리에 신이 들어섰으나 이제 다시 신의 자리에 인간이 들어섰다. 이에 따라 원인적 동일성은 결과적 동일성이 되었다. 현상학적 환원과 현상학적 회귀는 하나의 타원궤도를 형성한다. 세계를 시종(始終)을 말하든, 종시(終始)를 말하든 결국 하나의 궤도에 있는 것은 마찬가지이다. 하나의 현상학의 궤도 말이다.

해체론은 특별한 것이 아니다. 구성의 해체이기 때문이다. 신을 앞세웠다가 나를 앞세우면 그것이 신의 해체가 된다. 해체철학은 실은 데카르트로부터 시작되었다. 그것이 노골적으로 폭로된 것이 바로 니체였을 따름이다. 이것이 근대의 '나'가 중세의 '신'을 대체한 이유이다. 신과 내가 실은 하나라면 둘러치나 매치나 마찬가지이다. 세계를 유시유종(有始有終)으로 말하든, 무시무종(無始無終)으로 말하든 하나의 궤도에 있다. 구성은 해체를, 해체는 구성을 서로 내재하고 있다. 남성과 여성, 주체와 대상, 의식과 무의식 등 모든 대립적인 것은 이중성(이중연쇄)의 관계에 있다.

  역사는 남성의 전유물이다. 인간의 창조는 역사에서 여성적 히스테리를 닮았다. 기존의 팔루스(Phallus)에 도전하기 때문이다. 남성은 줄곧 종이(평면)에 책을 써왔고, 여성은 거울을 보고 얼굴에 화장을 해왔다. 신은 태초에 천지를 만든 창조자였지만 인간은 최후에 인생을 예술로 만드는 예술가이다. 시인과 음악가, 예술가야말로 살아있는 신이 되는 것이 존재론인 셈이다. 존재론은 시간과 현상학을 무(無)로 만드는 철학이다. 해체론은 변증법(현상학)의 부정적 차연(差延)이고, 존재론(하이데거)의 카피(copy)이다.

니체, 데리다, 들뢰즈에 대한 소회(所懷)

1. 서양철학의 기표(記標)중심주의에 대한 반론

앞장에서 말했지만 한글의 소리는 이미 의미이다. 인류의 여러 문자 가운데 인간의 발성기관의 소리 자체가 의미를 내재하고 있는 말글(음성언어)이 바로 한글이다. 그렇기 때문에 한글은 인류언어의 모성언어, 즉 모국어(母國語)이다. 소리는 몸(구강)에서 저절로 나온다. 이에 비해 문자는 인간이 인위적으로, 혹은 손으로 문자를 써야 한다는 점에서 이차적이다. 문자는 이미 의식적 행동의 소산이다.

소리가 의미라는 관점에서 인류문명, 특히 서양문명을 해석해볼 필요가 있다. 소리는 문자와 달리 눈으로 보지 않아도 있음을 알 수 있는, 귀로 들으면서 기표(기호)를 떠올릴 수 있다는 점에서 문자 이전의 문자라고 할 수 있다. 우리를 귀를 쫑긋함으로써 발자국 소리를 듣고 누가 오는지, 위험한 동물이 가까이 있는지, 징후(徵候)를 통해 안다. 그러한 점에서 소리(phone)가 이성주의의 원인이라고 보는 것은 착각이거나 편견이다. 소리는 파동이고, 실체가 아니다.

문자와 소리를 구조언어학적으로 말한다면 기표(記標)와 기의(記意)로 표현할 수 있다. 소리는 의미이면서 동시에 의미를 표상하는 기표의 역할을 동시에 하고 있다. 소리의 기표(기표의 기능)가 체계화되고 발달하면서 문자가 되었다. 소리가 파동(울림)의 기표라면 문자는 정지된 기표이다.

문자가 없이는, 좀 더 정확하게 말하면 문자와 같이 정지된 기표, 나아가서 기표의 약속이 없이는 복잡다단한, 문화적인(문화복합적인) 언어생활을 할 수가 없다. 그래서 문자가 없는 문명은 없는 것이다. 문자가 없이는 결코 이성이 발달할 수 없다. 빛과 소리가 이성이라고 하는 것은 실은 빛과 소리를 이성의 은유로 사용한 것에 지나지 않는다.

인간이 무엇을 인식했다. 의식했다, 알았다고 하는 것은 이미 나와 세계를 분리하는 이원론이며, 주체와 대상으로 나누는 실체라는 환상이다. 여기서는 기독교의 신(神)도 예외가 될 수 없다. 오직 앎을 포기하는 것만이 이분법을 벗어나는 길이다. 그러한 점에서 생각 없이 사는 삶만이, 신체적 삶만이 세계를 하나의 존재로 받아들이는 길이 된다. 존재는 하나의 총체적인 삶이며, 거대한 흐름이다. 존재는 소리처럼 흘러가는 총체이다. 그렇지만 인간 현존재의 특성이 결코 이를 받아들일 수 없다. 인간의 생각과 기억은 이를 받아들일 수가 없다.

오늘날 서양철학은 크게 보면 헤겔, 니체를 중심을 헤겔이전, 헤겔이후로 보든가, 니체이전, 니체이후로 보던가 하는 경향이 있다. 그렇지만 니체 이후의 후기근대철학도 실은 무늬만 해체주의이기 때문에 결국 서양철학 안에 있을 수밖에 없다. 이는 물론 전통의 연속과 불연속을 동시에 포함하는 경계이기도 하다. 예부터 온고지신(溫故知新)은 그러한 것이다. 새로운 것을 추구한다고 하지만 실은 전통의 안에 있는 것이다. 그래서 지신온고(知新溫故)라고 해도 결국 일어나는 사건의 동시성 혹은 가역성은 마찬가지이다.

해체철학의 막내는 자크 데리다이다. 데리다의 문자학(grammatology)의 대전제인 서양문명의 '이성음성주의(logophonocetrism)'는 잘못된 전제이다.[1] 즉 빛과 소리를 이성으로 받아들인, 은유를 환유로 사용한 것에 지나지 않는다. 설사 그렇다고 인정하더라도 서양문명 자체가 그러한 대전제 위에 구축된 문명이라는 사실을 고백(고발, 폭로)한 것에 지나지 않는다. 이를 거꾸로 해석하면 빛과 소리를 이성이라고 전제함으로써 이성주의를 구축한 것에 지나지 않는다고 말할 수 있다.

빛과 소리는 아무런 의미가 없는 파동이다. 빛과 소리에 인간의 이성을, 이성적 작용을 심은, 투사한 것이 이성주의라는 것이다. 신(神)이라는 것도 이성과 같은 의미로, 혹은 이성에 국한되는 의미로 사용한다면, 인간의 이성이 투사된 것이라는 환원주의를 벗어날 수 없다. 서양문명을 해체한다고 해체주의를 선언한 자크 데리다의 문자학(해체주의적 문자학)은 해체주의를 선언하였다고 하지만 이는 서양문명의 기표

---

1) 박정진, 『철학의 선물, 선물의 철학』(소나무, 2012), 『소리의 철학, 포노로지』(소나무, 2012) 참조. 'logophonocentrism'은 흔히 국내에서 '말소리중심주의'로 번역한다. 이 번역은 'logos'를 '말'로 번역했기 때문에 혼란을 불러일으킨다.

중심주의를 반증(反證)하는 것에 불과하다.[2]

데리다의 "기표가 미끄러진다."는 말은 그것 때문에 의미가 고정되지 않는다는 뜻도 되지만 그것보다는 기표연쇄로서의 과학을 숨기고 있다. 데리다의 기표연쇄, 흔적(trace)은 하이데거의 존재론과 니체의 해체주의를 자신의 텍스트이론의 입장에서 합성하고 재해석한 것일 뿐이다. 그는 자신의 철학이 없이 마치 문학평론가처럼 철학평론가로서 이 사람의 것을 가지고 저 사람의 것을 비평하고, 이것으로 저것을 무화시키고, 자신의 재치 있는 신조어(新造語)로 남의 오리지널(original)을 표절하거나 기생하는 철학자에 불과하다. 해체주의는 문학적 철학이며, 철학의 문학화일 뿐이다. 좀 더 정확하게는 철학을 문학으로 대하는 문학평론, 평론철학에 불과하다. 이것은 프랑스적 특성이다.

해체주의는 권력(힘)중심의 서양철학을 비판하면서도 다시 그것으로 돌아가는 이중의 몸짓에 지니지 않는다. 그것은 바로 힘(니체), 문자(데리다), 기계(들뢰즈)로 대변된다. 해체주의는 중심이 없음을 자신의 발견처럼 떠들고 있지만 실은 '중심이 없기 때문에 중심을 잡고, 전통을 확립해온 인류의 역사'를 무시하고 있다. 시대에 따라 언제나 중심이동을 해온 것이 역사였다. 비록 주변이 중심이 된다고 하더라도 그것 자체가 중심이동이다. 그래서 해체는 구성의 이면에 지나지 않는다고 말할 수 있다. 해체 자체가 중심이 될 수는 없다.

중심의 문제는 신의 문제로 통한다. 신은 없기 때문에 계속해서 찾아야만 하는 존재이다. 신이 있다면 인간은 신을 찾을 필요가 없었을 것

---

2) 박정진, 『일반성의 철학과 포노로지』(소나무, 2014), 223~228쪽.

이다. 그래서 신이 없다거나 신이 죽었다고 하는 것은 괜한 과시나 선전에 불과하다. 인간은 진리를 추구하기보다는 계속해서 신을 찾을 것이기 때문이다. 신의 유무는 중요한 것이 아니다. 유무는 표상 혹은 기호로 인해 생긴 것이다. 기표(기호, 언어)는 결코 자연이 될 수 없다. 기표는 존재론적 존재가 될 수 없다.

하이데거는 "과학은 사유하지 않는다."고 말했다. 과학은 의미를 찾지 않고, 개념을 가지고 오로지 수학적 공식인 $y=f(x)$에 세상을 집어넣으려고 한다. 그래서 자연이 마치 자연과학적으로 있는 것처럼, 기계적으로 운동하고 있는 것처럼 착각한다. 과학은 수학적 공식에 맞는 것만 찾아가는 어쩌면 '합리성의 자폐증(自閉症)'의 혐의가 있다.

과학에 의해 세상에는 의미가 없어지고 개념만 있게 된 것이다. 소리의 의미에서 출발한 언어가 의미를 없애버린 것이 과학이다. 이에 저항하는 것이 바로 시인이다. 서양철학에서 유일하게 시(詩)철학자인, 시로 철학을 하는 스타트를 끊은 인물이 니체이다. 니체는 "신은 죽었다."라고 선언하면서 서양문명의 신과 기원에 대해 맹렬하게 망치를 휘둘렀지만 '힘(권력)에의 의지'로 세계를 환원시켰다. 이것은 현상학을 깨면서 도리어 현상학으로 돌아가는 것에 지나지 않는다. 그런 점에서 해체주의는 서양철학의 구성주의의 이면에 지나지 않는다. 서양철학에는 구성철학과 존재론철학이 있을 뿐이다.

프랑스 근대철학의 특징은 '철학의 문학화'라고 말할 수 있다. 이는 크게 보면 독일철학의 관념론적 특징을 프랑스철학의 합리론으로 번역하는 과정이라고 말할 수 있다. 이를 보다 정밀하게 말하면 철학적 주제를 문장의 텍스트론으로 변형시킨 것이라고 말할 수 있다. 이는 철학의 시공간을 언어(기억)와 문장(텍스트)의 시공간으로 옮겨놓거나 재해석한 것이라고 말할 수 있다. 프랑스와 독일은 근대철학의 전개과정에서 서로 독창과 번역의 상호영향이라고 말할 수 있다.

프랑스가 독일에서 크게 영향 받은 것은 프로이트와 라캉의 사례에서, 혹은 하이데거와 데리다의 사례에서 두드러진다. 물론 라캉은 '프로이트로 돌아가자'라고 말함으로써 자신이 프로이트의 전통을 잇는 것임을 선언한 경우이다. 라캉은 『에크리 (Écrits)』(1966년)에서 그의 철학적 핵심을 드러냈다. 에크리는 구조적인, 구조언어학인 관점에서의 프로이트를 재해석했다.

이와 반대로 데리다는 하이데거에게 영향을 입었으면서도 하이데거를 부정하거나 오해함으로써 철학에 있어서 평론가적 사기성을 드러낸다. 이때의 사기성은 비유컨대 평론가가 시나 소설을 평론하면서 갑자기 자신이 창작자로 돌변하여 평론이 아니라 해체를 위한 평론을 감행함으로써 자신이 시인이나 소설가인양 행세하는 것과 마찬가지로 철학자인양 행세하는 것을 말한다. 데리다는 해체를 위해서 억지로 반대의 경우, 혹은 극단적인 경우를 끌어오거나 가정을 함으로써 결국 기존의 문학이나 철학을 부정하는(해체하는) 막다른 골목에 도달하면서 자신이 거대한 철학자인양 행세한다. 그의 철학은 해체를 위한 해체이거나 표절의 의혹을 물씬 풍긴다.

데리다에게 있어 순수 독창적인 경우는 드물다. 대개 다른 철학자에 빌붙어서 혹은 편승하면서 혹은 오해하면서 행세하는 것이다. 『그라마톨로지(De la grammatologie)』(1967), 『글쓰기와 차이(L'Écriture et la différence)』(1967)에서 그의 특징을 볼 수 있다. 그는 하이데거에게 영향을 입었으면서도, 니체를 가지고 하이데거를 성토하는 경향을 보인다. 그의 철학평론가적 태도는 실은 자신의 철학적 주제를 달성할 때조차, A라는 철학자는 B라는 철학자로, B라는 철학자는 C라는 철학자의 주장을 가지고 성토하는 이이제이(以夷制夷)의 전투를 벌이는 것과 같다. 좀 심하게 말하면 '말소리중심주의(logophonocentrism)'라는 증명되지도 않는, 억지가정을 내놓고 사람들을 현혹하면서 여기저기서 싸움을 벌이는 철학자 싸움꾼이며, 표절꾼이다.

그런데 여기서 우리가 더욱 주목해야하는 것은 프랑스철학에 대한 니체의 영향이다. 니체의 문학적 취향, 요컨대 역설의 묘미 혹은 반전의 묘미를 흉내 내면서 니체의 계승자를 자처한다. 그렇다고 해서 니체의 철학적 정신을 계승한 것도 아니다. 단지 니체의 겉모양이나 태도, 글쓰기를 흉내 내는 것에 불과하다는 인상을 지울 수 없다.

데리다의 스승이 바로 니체이다. 니체는 서양문명을 해체하였지만, 해체의 먼 길, 우회로를 돌아 도리어 마지막에는 '힘(권력)에의 의지'에서 해결점을 찾았다.[3] 이는 서양문명의 힘을 바탕으로 하는 이성중심주의-기독교주의-과학주의의 연장이며, 현상학적 궤도의 순환인 것이다. 종래의 현상학이 기원(최초의 원인)을 중심으로 하는 철학이었다면, 니체의 해체철학은 단지 종말(최후의 결과)을 중심으로 하는 철학이었을 뿐이다.

'초인(übermensch)'이라는 말은 종래의 신(神)의 대리보충에 지나지 않는다. 이는 서양문명의 이성중심주의를 고발하면서 동시에 그것

---

3) 박정진, 『니체, 동양에서 완성되다』(소나무, 2015) 참조.

을 옹호하는 이중적 몸짓에 지나지 않는다.

우리는 흔히 신의 앞에 수식어로 '전지전능(全知全能)한'이라는 말을 붙인다. 결국 전지전능한 존재가 신이라고 하는 말의 이면에는 이성주의와 과학주의가 이미 숨어있다. 전지전능이라는 말에는 이미 인간의 염원과 기도가 숨어있다. 기독교 유일신은, 인격신은 그러한 점에서 실은 인간성이 이미 침투해있다고 해도 과언이 아니다. 말하자면 기독교 유일신은 처음부터 신(神)이면서 동시에 인간신(人間神)의 성격을 동시에 가진 신이다.

그러한 점에서 기독교 신은 인간과 신의 이중성이다. 기독교 신화인 성경(聖經)의 선과 악은 이중성이다. 해체주의 철학자들이 바로 이중성을 폭로했다고 해서 마치 서양문명에 엄청난 혁명을 일으킨 것처럼 호들갑을 떨면서 과장을 하는 것은 실은 서양문명의 고백성사, 자기위로, 자화자찬에 지나지 않는다.

해체주의의 선구자인 니체의 영원회귀라는 것도 "현상학의 또 다른 궤도에 지나지 않는다."라고 말할 수 있다. 종래의 현상학적 환원이 아닌, 현상학적 회귀인 것이다. 주체의 초월과 대상의 영원은 하나의 궤도이다. 주체의 초월은 끝없는 대자(對自)활동의 결과이고, 영원회귀는 타자(他者)의 타자성(他者性)을 표현하는 것에 지나지 않는다. 현상학적 환원이나 현상학적 회귀는 같은 타원궤도에 있는 두 중심이다.

질 들뢰즈의 유물-기계적 존재론은 추상기계를 말하고 있는데 추상이야말로 기계인 것이다. 유물과 기계는 관념과 추상의 산물이다.[4] 유

---

4) 박정진, 『서양철학의 종언과 한글철학의 탄생』(yeondoo, 2020), 183~256쪽 참조.

물은 흔히 물질이라고 하니까 눈에 보이고 손으로 잡을 수 있는 것이라는 선입견을 갖기 쉬운데 실은 유물은 유심의 반전(反轉)-수평적 반전이고, 기계는 추상의 전도(轉倒)-수직적 전도이다. 이는 수학이 추상의 산물인 것과 같다. 도리어 유물은 이념에 지나지 않고, 기계는 추상에 불과하다.

들뢰즈의 차이와 반복은 실은 동일성을 감춘 차이에 불과하며, 반복이라는 말이 도리어 감추어진 동일성을 은은히 드러내고 있다. 유물과 기계에는 우리가 일상생활에서 매일 접하고 있는 자연이라는 구체가 없다. 사물 그 자체(Thing itself)가 없이 관념(idea)의 사물(Thing=It-that)만 있는 것이다. 이들 세 철학자에게 발견할 수 있는 공통점은 바로 기표중심주의이다.

서양철학의 진정한 혁명은 존재론이다. 시와 철학의 관점에서 보면 시는 하이데거의 존재론철학의 은폐(隱閉)를 은유(隱喩)로 표현하는 것이며, 들뢰즈 철학의 '되기(becoming)'는 시적 은유에 해당한다고 볼 수 있다. 이는 은유가 한 사물을 다른 사물의 관점에서 보는 것이라는 점에서 그렇다. 플라톤에 의해 철학이 시와 결별하게 되었지만, 존재론철학에 이르러 다시 시와 재회하는 양상을 보이고 있다. 서양철학이 시와 다시 재회하는 경향은 서양철학을 동양철학에 더 가깝게 하는 소질이 있는 것으로 보인다.

그럼에도 불구하고 서양문명은 기표중심주의의 문명이며, 그것의 해체주의는 구성주의의 이면에 불과한 것이다. 우리는 해체주의에서 도리어 철저한 성벽을 치고 있는 구성주의의 단단함을 확인하게 된다. 해체주의는 구성주의와 대립하는 자연철학, 존재론철학처럼 이해하기 쉽지만 구성주의 철학을 드러내는, 반증(反證)에 불과한 철학에 지나지 않는다. 그래서 서양철학은 자연과학과 함께 종언을 구할 수밖에 없다. 만약 그렇지 않으면 인류의 종말을 철학이 과학과 함께 연합하는 셈이 된다. 인류문명은 과학을 이용하면서도 자연의 생명에 대해, 그것의 존재 자체에 대해 물어보아야 한다.

언어를 사용하는 인간은 자연(세계)의 실재, 즉 생성변화하는 존재를 고정불변의 존재로 해석하고자 한다. 언어를 확장하면 기호의 세계가 되는데 기호는 바로 생성을 존재로 해석하고, 기호를 통해 그것을 소유하고자 하는 욕망의 표현이기도 하다. 그럼에도 불구하고 기호는 끝없는 욕망을 다 표현하지 못한다. 그 욕망은 때로는 신이고, 때로는 이성이지만 끝이 없다는 점(끝없이 달아난다는 점)에서 영원이고, 무한대이고, 무한자이다. 세계를 기호(언어)라고 생각하는 것이야말로 바로 서양철학의 현상학적·모순적 태도이다. 우리는 존재의 침묵을 배울 때, 존재 그 자체에 닿을 수 있다.

미래철학은 과학이 아닌, 과학이 달성할 수 없는 새로운 철학의 길을 열어야 한다. 그 길은 놀랍게도 인격이 침투하지 않는 신으로서의 자연, 자연으로서의 인간, 신인간(神人間)의 철학이다. 이제 인간은 인간신(人間神)에서 신인간으로, 신(神)자연으로, 돌아가는 철학적 회귀를 모색하지 않으면 안 된다.[5] 신(神)을 접두어로 사용하는 신(神)인간주의, 신(神)자연주의야말로 물신숭배(物神崇拜)가 아닌, 원시적인 신(神)중심주의, 신물숭배(神物崇拜)이다. 신물숭배는 철학의 보편성이 아닌,

---

5) 박정진, 『네오샤머니즘』(살림, 2018), 414~415쪽.

철학의 일반성, 철학의 존재성을 추구하는 존재론철학이다.

개인의 개체성에서 출발하는 근대철학은 더 이상 보편성을 찾아서는 안 된다. 개체는 집단을 토대로 하는 보편성을 추구할 수가 없다. 개체는 일반성으로 향할 수밖에 없다. 그래서 미래의 인류철학은 '보편적이고 일반적인'이 아닌, '일반적이고 보편적인' 철학으로서, 가부장철학 대신 모성-여성철학, 국가철학 대신 가정철학, 전쟁철학 대신 평화철학, 개념철학 대신 소리철학을 대안으로 삼아야 한다.

철학의 보편성은 실은 집단생활을 하는 인간의 추상능력에 기인한다. 다시 말하면 보편성은 집단성의 결과이다. 이에 반해 개체성은 보편성을 찾을 수 없다. 개체성에서 보편성을 찾으려는 것은 집단성에서 보편성을 찾아온 인류의 사유과정의 관성 때문이다. 개체는 보편성을 찾을 필요도 없다. 개체성에서 찾아야할 것은 일반성이다. 그 일반성은 추상-보편성이 아니라 구체-자연성이다. 그 일반성을 대표하는 것이 바로 소리이다. 소리는 때로는 침묵이 될 때, 혹은 침묵의 소리가 될 때 그 진면목을 드러낸다.[6]

2. 서양철학의 타원궤도(楕圓軌道) 운동에 대하여

칸트철학을 우리는 흔히 초월철학이라고 말한다. 물론 주체인 인간이 사물을 어떻게 인식하고 살아야 하는가를 밝힌 철학이며, 이를 통칭

---

6) 박정진, 『일반성의 철학과 포노로지』(소나무, 2014) 참조.

현상학이라고 말한다. 칸트는 인식의 선험적 주관성을 토대로 대륙의 합리론과 영국의 경험론을 통합한 철학자로 불린다. 칸트는 선험적 분석과 경험적 종합을 달성함으로써 근대철학의 정초자(定礎者)가 되었다.

그런데 한참 뒤에 후설의 현상학이 왜 필요했을까. 물론 인식의 과정을 의식의 과정으로, 즉 노에마(의미대상)와 노에시스(의미대상)를 설명하기 위한 필요에 의해서였을 것이다. 후설에 의해 인식의 선험성과 초월성은 지향성을 포함하고 있음을 알 수 있었다. 이것은 실은 철학의 연역적 방법과 경험적 방법을 새로운 각도에서 전개하는 것이나 다름없었다. 인간은 주관적으로 어느 순간 어떤 결정을 내렸다고 하더라도 계속해서 다른 경험을 할 수밖에 없고, 시간적 존재로서 새로운 시대적 요구에 부응할 수밖에 없다. 초월철학은 초월론적 현상학이 될 수밖에 없다.

칸트의 인식론과 선의지, 헤겔의 변증법은 실은 이미 의식의 운동성과 지향성을 내포하고 있었다. 그러한 지향성을 본격적으로 새롭게 철학적 주제로 떠올린 인물이 후설이다. 어떻게 보면 인간은 이미 지향적 존재이기 때문에 사물을 인식·의식하고 목표를 정할 수 있었다고 볼 수 있다. 그런 점에서 선험과 초월과 지향은 하나이다.

현상학의 주체와 대상을 설정하는 것 자체가 이미 인간이 바라보는 세계에 중심이 두 개 있음을 인정하는 것이다. 이것이 철학적 연역론과 경험론으로 발전했을 것이고, 주체와 대상 이전에 세계는 하나였을 것이다. 바로 그 하나가 타원형의 궤도이다. 모든 위성은 타원형의 궤도로 이루어져 있다. 타원형의 궤도는 실은 두 개의 중심이 있음을 말하고 있다.

후설의 초월론적 현상학은 항상 판단정지(époche)에 의해 기원(epoch)을 떠올리게 한다. 이는 칸트의 초월철학이 신(神)을 전제하는 것과 일맥상통한다. 신과 기원을 떠올리는 것은 항상 고정불변의 존재가 있음을 가정하는 것이고, 이것은 물론 플라톤의 이데아(Idea)에까지 소환하게 한다.

후설의 현상학은 왜 하이데거의 존재론을 이끌었을까. 물론 존재론이 탄생하기까지 철학적 점프(jump)가 있었지만 분명히 후설의 마지막 생활철학에 존재론이 숨어있었음을 부정할 수 없다. 하이데거에 이르러 서양철학은 철학적 구성, 즉 구성철학에서 인간의 구성이 아닌, 마치 사물 그 자체를 받아들이는 듯한, 자연에 그냥 안기는 존재론철학으로 넘어올 수 있었다.

구성주의철학과 존재론철학은 종래 서양철학에서 연역과 경험, 주관과 객관의 두 개의 중심축을 이루었던 것에서 다시 새로운 철학적 타원궤도를 설정하게 만들었다. 구성은 항상 그 구성을 해체하는 운명을 맞을 수밖에 없다. 서양철학사의 과정 자체가 그것을 증명하고 있다. 새로운 철학을 하기 위해서는 동시에 기존철학을 해체하는 작업을 진행할 수밖에 없다. 해체하지 않고는 구성할 수도 없다. 다시 말하면 해체하는 것이 구성하는 것이고, 구성하는 것이 해체하는 것이다. 그러한 점에서 해체주의철학은 구성주의철학의 이면이다.

해체주의자들의 망치소리가 요란하지만 그것은 요란함에 그쳐서는 안 된다. 만약 해체주의자들이 새로운 구성을 하지 못하면 큰소리만 치는 속빈 강정과 같은 철학자가 되거나 아니면 사회와 문화를 파괴하는 것에 불과한 철학자가 될 우려가 있다. 해체주의철학자들의 대표적인 인물들인 니체가 '힘에의 의지'로, 데리다가 '텍스트론'으로, 들뢰즈가 '차이와 반복'으로 자신의 철학(철학적 결정론)을 제시하는 것에서 우리는 철학적 구성주의의 면모를 재확인할 수 있다. 해체주의는 철학의 해체적 방법을 과장한 것에 불과하다.

구성철학이 세계의 시종(始終)을 말한다면 해체철학은 세계의 종시(終始)를 말하고 있다. 구성철학이 신(神)을 중심으로 말한다면 해체철학은 나(我)를 중심으로 말하고 있다. 구성철학이 환원(還元)을 말한다면 해체철학은 회귀(回歸)를 말하고 있다. 이것은 결국 현상학이라는 하나의 궤도에 있다.

구성철학과 함께 철학의 또 다른 타원형 궤도에 중심을 이루는 것은 존재론철학이다. 존재론 철학은 무(無)에 이르는 철학이다. 무(無)에 이르는 철학은 처음부터 허무주의가 아니며, 허무주의를 벗어나기 위해 온갖 인위적·유위적 노력을 하는, 허무주의의 극복을 선언하는 철학도 아니다. 존재론 철학은 종래 서양철학이 존재의 유무(有無) 중에서 유(有)에 치중한 철학이라는 점을 반성하는 철학이며, 사물 그 자체를 관조하는 철학이다. 자연을 정복하는 것이 아니라 자연의 소리를 듣는, 자연에 안기는 철학이다. 인간이 만든 모든 의미는 의미를 지운다. 모든 존재는 존재를 지운다. 무엇이 힘인가. 무엇이 텍스트인가. 무엇이 유물이고, 기계인가. 자연밖에 없다.

존재론철학은 자연을 '힘(권력)에의 의지'로 보지도 않고, 자연에서 '텍스트'만을 찾지도 않으며, 자연을 '유물-기계'로 바라보지도 않는다. 이것을 두고 무(無)의 철학이라고 부른다. 존재론철학은 굳이 "신이 죽었다"거나 "텍스트밖에 없다."거나 세계를 '기계의 접속-이접'으로 보지도 않는다. 존재론 철학은 신과 인간과 자연이 서로를 비추면서 함께 하나로 사는 것을 추구한다.

존재론철학은 동양의 불교철학과 도학(道學), 그리고 시(詩)철학으로 통하는 경계에 있다. 이는 인간의 머릿속의 이데아(idea)가 아닌, 자연의 모방에서 출발한 예술이야말로 서양철학을 구원하는 길임을 시사하고 있다. 한국인은 예부터 풍류도(風流道) 철학을 신봉해왔다. 풍류도 철학은 바로 철학과 예술이 하나가 되어 통하는 철학이다. 상마이도의(相磨以道義), 상열이가락(相悅以歌樂), 유오산수(遊娛山水)가 그것이다. 풍류도철학이야말로 신과 인간과 자연이 한데 어우러지는 철학이다. 한국의 철학적 전통으로 볼 때는 풍류도 철학은 홍익인간(弘益人間)에서 외연을 넓힌 홍익자연(弘益自然)이라는 개념으로 새롭게 해석되어야 할 것이다. 왜냐하면 인간의 자연과학이 너무 자연을 황폐화시켰기 때문이다.

07

철학의 십계명

나랏말ᄊᆞ미 中듕國귁에 달아
文문字ᄍᆞ와로 서르 ᄉᆞᄆᆞᆺ디 아니ᄒᆞᆯᄊᆡ
이런 젼ᄎᆞ로 어린 百ᄇᆡᆨ姓셩이
니르고져 호ᇙ 배 이셔도
ᄆᆞᄎᆞᆷ내 제 ᄠᅳ들 시러 펴디
몯ᄒᆞᆯ 노미 하니라
내 이ᄅᆞᆯ 爲윙ᄒᆞ야 어엿비 너겨
새로 스믈여듧 字ᄍᆞᄅᆞᆯ ᄆᆡᇰᄀᆞ노니
사ᄅᆞᆷ마다 ᄒᆡ여 수ᄫᅵ 니겨
날로 ᄡᅮ메 便뼌安ᅙᅡᆫ킈 ᄒᆞ고져 ᄒᆞᇙ ᄯᆞᄅᆞ미니라

철학을 지망하는 사람들이 기본적으로 익혀두어야 할 수칙, 혹은 십계명과 같은 것을 생각해볼 수 있다. 이는 마치 과거에 출가하여 승려나 사제가 되려는 사람들이 지켜야 하는 계율(戒律)과 같은 것이다.

1. 자연은 진리가 아니다. 자연은 존재이다. 존재는 진리가 아니다(자연=존재). 모든 진리는 존재자(인간이 고안해낸 현존재의 존재자)이다. 진리를 추구하는 인간의 대뇌는 인간을 위하는 동시에 인간을 기만하는 세포이다(爲人欺人). 세포는 처음부터 내부적으로 자기를 지켜야하는 동시에 외부적으로 자기를 열어야(위험에 노출시켜야 하는) 하는 모순의 운명을 타고났다(인간은 세균에 약하다). 인간의 모든 체계(문화체계)는 세포의 모순에서 벗어나지 못한다. 그래서 진리를 찾는 데서도 신진대사(新進代謝)가 중요하다.

2. 진리에는 존재진리와 소유진리가 있다. 존재진리는 "존재는 진리가 아니다."를 설명하기 위한 '진리 아닌 진리'를 말한다. 하이데거가 몰두한 진리이다.

3. 소유진리에는 추상진리, 초월진리, 지향진리가 있다. 추상진리는 수학과 같은 진리이다. 비트겐슈타인이 몰두한 진리(그림언어=논리원자=기계언어)이다. 초월진리는 철학과 종교가 함께 있는 진리이다. 칸트와 헤겔이 몰두한 진리(순수이성, 절대국가)이다. 지향진리는 욕망과 같은 진리이다. 쇼펜하우어와 니체가 몰두한 진리(의지, 욕망)이다.

4. 추상진리의 목적은 기계(도구, 무기, 기계인간)이다. 초월진리의 목적은 신(인간신)이다. 지향진리의 목적은 욕망의 충족 혹은 욕망의 금욕이다. 추상-초월-지향진리는 결국 같은 현상학적 진리이다.

5. 추상진리의 절정인 자연과학은 자연을 추상(기계)으로 환원시키는 진리이다. 초월진리의 절정인 신은 인간신(人間神)이 되던가, 거꾸로 신인간(神人間, 萬物萬神)이 되던가 해야 한다. 인간은 스스로 신이 되던가, 혹은 신을 해체하고 부처가 되어야 한다. 지향진리의 욕망은 섹스프리(sex-free)에서 출발하였기 때문에 욕망을 계속해서 충족시키던가(free-sex: 무한대의 욕망), 욕망을 억제하든가(禁慾: 무한소의 욕망) 둘 중에서 하나를 택할 수밖에 없다. 도덕은 욕망과 금욕 사이에 있다.

인간의 섹스프리(sex-free)한 성적 욕망을 에로티즘으로 해석한 프랑스철학자 바타유(Georges Bataille)는 자연의 과잉(excess)을 중심으로 종래의 제한경제학 대신에 일반경제학을 주장했는데 마르셀모스의 증여론(贈與論)에 크게 영향을 받은 뒤 인류학적 철학을 전개하였다.[1]

그는 전반적으로 노동(work)보다는 놀이(play)에, 지식(savoir)보다는 비지식(non-savoir), 그리고 의미(sense)보다는 무의미(non-sense)에 비중을 두었다. 그는 특히 『에로티즘(Erotism)』에서 죽음이야말로 인간이 자연과의 불연속을 연속으로 바꾸는 계기로 보았다. 생

---

1) 박정진, 『소리의 철학, 포노로지』(소나무, 2012), 141~144쪽.

명체에서 무생명체로 가는 것이야말로 연속성을 회복하는 것으로 보았으며, 의식적 존재로서의 인간이 도리어 자연으로부터 단절을 초래했다고 보았다. 에로티즘은 바로 그러한 불연속을 연속으로 돌아가게 하는 경계의 사건이다. 여기에 사회적 금기(禁忌)와 위반(違反)이 동시에 존재한다는 것이다. 그러한 점에서 섹스는 작은 죽음이여, 죽음이야말로 자연으로 돌아가는 자연적 존재로서의 사건이다.

바타유의 '과잉'과 '소비'를 중심으로 하는 철학에 대해 맞는 부분도 있지만 자연에는 부족(lack, absence, poverty)도 있다는 것을 명심할 필요가 있다. 이는 무엇보다도 인구의 증가와 함께 일어나는 현상이다. 산업의 발달은 실은 인구의 증가와 긴밀한 상관관계에 있다. 농업사회에서 산업사회로, 산업사회에서 정보와사회로 나아가는 것도 실은 인구부양의 압력에 대해 인간의 두뇌가 적응한 것이라고 볼 수도 있다.

이러한 점에서 자본주의의 발전에 크게 기여한 것으로 평가되는 기독교의 청빈과 부지런함, 그리고 자본축적은 근대사회의 미덕이 되었던 것이다. 그래서 자본주의는 기독교자본주의라고 말하기도 한다. 기독교문명권이 아닌 동아시아 유교문명권에서도 검소와 겸손은 보편적인 미덕으로 자리 잡았다. 원시고대문명과 중세문명, 근대문명은 산업이 다르기 때문에 삶의 방식에 있어서 서로 다를 수밖에 없다.

자연의 생태균형은 자연선택(natural selectivity)에 의해 적자생존으로 달성된다고 하지만, 급증하는 인구(개체군)는 그렇지 못한 측면이 많다. 세계 각국은 정책적으로 인구조절을 해온 것도 사실이지만, 요컨대 세계의 인구는 2050년이면 200억이 된다는 전망도 있다. 환경공해와 더불어 환경보호운동이 펼쳐지는 것은 호모사피엔스가 당연한 가장 큰 문제이다.

아울러 단세포생물에서 양성생물로의 진화야말로 자연을 대상(암컷과 수컷)으로 의식하게 하고 나아가서 이러한 대상의식은 다른 사물(존재)을 주체-대상의 이분법으로 인식하는 출발점이 된다. 양성생물은 유전학적으로 자신의 온전한 재생산(유전자복제)을 실현할 수 없다는 점에서 실존적인 삶의 과정에서 죽음의식을 피할 수 없다. 초월적 자아(칸트는 초월적 자아의 초월적 자유를 통해 정언명령에 따른 도덕적 인간을 주장했지만)의 죽음의식은 바로 존재를 재현(representation)할 수밖에 없는 현상학적 존재로서의 인간운명과 동전의 양면관계에 있다.

이러한 점에서 죽음의식과 지각(sense-perception)의 재현은 불가분의 관계에 있게 된다. 이는 지각이 있기 때문에 죽음의식이 있을 수 있고, 죽음의식을 가진다는 것은 지각활동을 하고 있다는 의미이다. 둘은 상호작용적이다. 필자는 에로티즘이 동물의 발정기에서 자유로워진 인간의 섹스-프리(sex-free)에 그 뿌리를 두고 있다고 생각한다.[2]

6. 추상진리와 초월진리와 지향진리의 관계는 수학적으로 ∞(무한대, 무한소)와 1(존재, 존재자)과 0(존재, 존재자)으로, 신(God)과 정신(Geist)과 유령(Ghost)으로, 존재와 존재자와 욕망으로 설명할 수 있다. 이들은 서로 바꾸어질 수 있는 관계에 있다.

---

2) 박정진, 『니체, 동양에서 완성되다』(소나무, 2015), 597~607쪽

① ∞=1/0, 혹은 0=1/∞

② ghost=god/geist, geist=god/ghost,

③ 욕망=존재(존재자)/존재자(존재)

7. 호모사피엔스는 자연을 자신(自身)의 생존(삶)의 관점에서 해석하는 존재이다. 해석에는 대뇌의 상상력과 상징하는 힘이 크게 작용했다. 인간은 생멸(생성)을 존재로, 존재를 유무로 해석하기 시작했다. 유무는 이분법의 시작이다. 유무는 상징(은유)이면서 개념이었다. 유무는 모든 존재에 해당된다. 있음은 이미 절대이고, 그 절대는 상대를 포함하고 있다. 유무도 이미 절대-상대이기 때문이다. 유무 중에서도 신의 유무야말로 인간의 삶을 이끌어가는 힘이었다.

여기서 신(神)과 동일선상에 놓을 수 있는 상징개념은 존재, 절대, 하늘, 하나, 이데아, 이성, 자유, 무한자, 무(無), 일자(一者) 등이다. 여기서 기독교 신은 생성을 포함하기 위해 스스로 천지와 인간을 창조하지 않을 수 없는 존재가 된다. 신은 태초에 천지를 창조했지만 지금도 창조하고 있는 존재이다.

인간의 욕망(sex-free)은 발정기의 한계(제약)로부터 벗어나 자연 대신에 자유(自由, freedom)와 무한대(∞) 혹은 무한자(無限者)를 낳았다. 하나(1)와 무한대(∞)는 제로(0)를 낳았다. 근대에 이르러 인간의 이성은 욕망으로 드러났고, 이성은 수학적 이성을 낳았다. 수학적 이성은 바로 기계적 이성에 다름 아니다.

기계적 이성은 계산적 이성이다. 이것은 이성기계이고, 추상기계이고, 욕망기계이다. 인간의 미래는 욕망기계를 다스리는 주인이 될지,

아니면 욕망기계의 하수인이 되거나 종이 될지 알 수가 없다. 종래에는 신과 인간의 관계가 이중적이었지만 현대는 인간과 기계의 관계가 이중적이다.

언어의 특성으로 볼 때 기계적 이성은 언어의 '상징은유'가 '언어개념'의 언어가 됨을 의미한다. 구체적인 세계는 수학적-추상적인 세계가 되었다. 추상적인 세계는 기계적인 세계가 되었다. 인간의 언어는 상징은유의 내포성(connotation)을 잃어버림으로써 본래존재, 본래신을 잃어버렸다. 인간이 구성한 세계는 처음부터 이데아(idea)부터 가상의 세계였음이 드러났다. 말하자면 세계는 가상1, 가상2, 가상3의 세계로 실재(본래존재)을 잃어버린 것이었다.

돌이켜 보면 자연(自然, self so, suchness)이라는 말 대신에 세계라는 말을 쓰는 자체가 이미 세계를 인식론적으로 이해함을 의미한다. 존재론적 의미는 전혀 다른 것이다. 존재와 신과 과학은 자연을 이용하는 동시에 자연의 생멸로 자연스럽게 돌아가는 것을 받아들이지 않으면 안 된다.

8. 자연과 본능이야말로 존재이다. 자연생태계는 중용을 실천하는 본래존재(本來存在)이며 심물존재(心物存在)이다. 중용(중도, 중화, 균형잡기)이야말로 최고의 진리이다. 기독교의 타력신앙과 불교의 자력신앙의 균형잡기야말로 중용의 실천의 대장관이다. 문명(존재자)과 자연(존재)은 화해하고 가역왕래하지 않으면 안 된다. 그래서 고도로 발달한 문명은 원시반본을 하면서 스스로를 절제(겸소, 겸손, 자유, 창의)하여야 한다. 그래서 자연의 성(性, 姓, 聖, 誠)과 문명의 명(明, 命, 名,

銘)은 서로 왕래하여야 한다. 인간은 동물의 본능을 감추는(멸시하는) 동시에 진리와 도덕을 만드는 현존재가 되지 않을 수 없었다. 현존재란 시간과 공간이라는 제도를 만든 인간의 다른 명칭이다.

9. 진리에도 남자의 진리와 여자의 진리가 있다. 남자의 진리는 대뇌의 진리이고, 여자의 진리는 신체의 진리이다. 남자의 진리는 양(陽, 凸)의 진리이고, 여자의 진리는 음(陰, 凹)의 진리이다. 남자의 진리는 전쟁과 패권(지배)의 진리이고, 여자의 진리는 평화와 생존(번식)의 진리이다. 남자의 진리는 가상(관념, 추상)의 진리이고, 여자의 진리는 존재(실재, 구체)의 진리이다. 남자의 진리는 이(理)와 이성(理性)과 유(有)의 진리이고, 여자의 진리는 기(氣)와 감정(感情)과 무(無)의 진리이다.

따라서 철학에도 남자의 철학과 여자의 철학이 있다. 남자의 철학은 현상학이고, 여자의 철학은 존재론이다. 남자의 철학은 과학의 철학이고, 여자의 철학은 시(詩)의 철학이다. 남자의 철학은 눈의 철학이고, 여자의 철학은 귀의 철학이다. 남자의 철학은 메시지(message)의 철학이고, 여자의 철학은 마사지(massage)의 철학이다.

남자의 철학은 현상학-현상학적 존재론인 반면 여자의 철학은 존재론-신체적 존재론이다. 존재에 있어서도 남자의 철학은 개념-존재(存在)인 반면 여자의 철학은 느낌-존재감(존재감)이다.

메시지의 철학은 '명령(命令)-지배-소통의 철학'이고, 마사지의 철학은 '위무(慰撫)-공명-공감의 철학'이다. 메시지의 철학은 '현재(present)'와 통하고, 마사지의 철학은 '선물(present)'과 통한다.

서양철학은 남자의 철학이고, 현상학이다. 남자의 철학은 여자(자연)

를 대상(object)으로 하면서 무시하고, 부정하고, 거부(abject)한다. 니체, 데리다, 들뢰즈, 심지어 하이데거까지도 현상학일 뿐이다. 니체, 하이데거, 데리다, 들뢰즈는 서양철학의 밖에서 서양철학을 해체한 것처럼 알려져 있지만 실은 그들은 여전히 서양철학 안에 있다.

남자의 철학은 여성의 자궁(womb, web), 코라(cora), 혼돈(chaos)을 거부한다. 남자는 여자(자연)를 사물(Thing)처럼 생각한다. 나아가서 기계(machine)처럼 생각한다. 남자의 철학은 기호학(記號學)에서 정점을 이루고, 여자의 철학은 기호학(氣號學)에서 정점을 이룬다. 남자의 철학, 권력의 철학으로는 결코 평화를 달성할 수 없다. 비권력의 철학, 생성의 철학만이 평화에 도달할 수 있다.

남자의 철학	여자의 철학	현상학→존재론
명령(命令)-지배-소통의 철학 힘-권력의 철학	위무(慰撫)-공명-공감 철학 비권력-평화의 철학	권력의 철학→비권력의 철학
메시지(message)-형상(形相)-디자인(design)의 철학	마사지(massage)-질료(質料)-재료(material)의 철학	e → a/design→material
현재(present)	선물(present)	철자는 같다(時間/贈與)
눈(目)-표상(represent)의 철학 사물(Thing)-기계(machine)	귀(耳)-파동(wave)의 철학 자연(nature)-생성변화(氣)	再現(사물)/共鳴(파동)
과학-환유(換喩)의 철학	시(詩)-은유(隱喩)의 철학	과학/詩

현상학 (공장/기계적 세계관)	존재론(출산/유기적 세계관)	현상학/존재론
현상학적 존재론 (언어-기계)	신체적 존재론 (생명-유기체)	현상(언어)/신체(생명)
개념(의미)-존재(存在)	느낌(몸짓)-존재감 (存在感)	개념/느낌
서양의 철학(현상학)	동양의 도학(道學)	철학/도학
코스모스(cosmos)/ 코라스(choras)/토라 (Torha)	카오스(chaos)/ 코라(cora)	코라스(choras)→ 코라(cora)
기호학(記號學)	기호학(氣號學)	記號→氣號 (글자가 다르다)

<남자의 철학, 여자의 철학>

10. 존재(자연)는 진리가 아니다. 존재는 신체이고, 신체적 존재(살=삶=사랑의 존재)이다. 여기서 신체는 정신(주체)의 대상으로서의 육체(물질)가 아니다. 물 자체로서의 신체이다. 세계는 본래 생성변화 하는 존재로서, 신체로서의 만물만신(萬物萬神)이며, 심물일체(心物一體)로서의 신체이다. 여기에 이르면 죽음조차도 생명(본래존재, 본래자연)으로 돌아가는 것이라고 생각하지 않을 수 있게 된다.

최종진리는 길도 아니고 진리도 아니고 생명이다. 생명(알)을 아는 것이 앎(알다)이다. 삶(살다)은 스스로 살을 사는, 살을 사르는 것이며, 그것의 목적은 사랑(참사랑)을 아는 것이다. 이것은 또한 알(생명)을 알기 위한 여정이다. 인간문명의 최종적 목적은 '스스로 성인이 되는' 혹은 '사람으로 하여금 성인이 되게 하는' 위인성신(爲人成神)으로 요약된다. 이것은 한글철학으로는 〈알(알다)-나(나다)-스스로(살다)-하나(하나 되다)〉로 요약되었지만 한문으로는 위인(爲人)은 자신(自身), 자신(自信), 자신(自新)이고, 성신(成神)은 자신(自神)을 말한다. 내가 바로 신 혹은 부처임을 깨닫는 것이야말로 철학의 종착역이다.

08

부록

한글의 아름다움을 노래하는 시모음
심중(心中) 박정진(朴正鎭) 연보
심중(心中) 박정진(朴正鎭)선생 저서·시집목록

01 아름다운 한글 시 모음

나와 남, 그리고 님

알-얼-올-울-을-일

알-나-스스로-하나

나-하나-나라-우리나라

나-너-님-당신-우리

맛-멋-마당-말

일은 일어난다고 일이다

*하늘은 왜 하늘인가

천자문의 천지우주론

알-나, 알라신

'하다'는 하나님의 동사인가

나다, 하다, 살다, 되다, 있다, 이다

한글, 아리랑, 비빔밥

우리 어머니, 우리 아버지

우리는 저마다 님 하나를 품고 산다

ㅅㅇㅈㅊㅋㅌㅍㅎ의 점증법

아설순치후(牙舌脣齒喉)의 순환법

02 세상의 밖에서

03 철학의 신(神)

아름다운 한글 시 모음

🖋 나와 남, 그리고 님

내(나)가 아닌 사람을 남이라고 합니다.
내가 아닌 사물도 간혹 남이 됩니다.
남 가운데 존경하는 남은 님이라고 합니다.
남 가운데 사모하는 남은 님이리고 합니다.

하나님, 선생님, 부모님, 임금님, 서방님, 마님
주인님, 주인마님, 도련님, 안방마님, 대감마님
남과 님은 같은 뿌리에서 출발하였지만 정반대입니다.
님은 남이지만 주인이 되는 남을 말합니다.

남은 이용의 대상이 될 가능성이 있는 사람입니다.

남은 종이나 머슴이 될 가능성이 있는 사람입니다.

남은 사물 혹은 사물이 될 가능성이 있는 사람입니다.

남과 님은 천지차이입니다. 님이 되는 것이 보람입니다.

인간은 존재, 사물, 세계를

섬길 수도 있고, 이용할 수도 있습니다.

인간은 항상 이중적이고 선택적입니다.

인간은 천사도, 악마도 될 수 있습니다.

인간은 존재, 사물, 세계를

신물(神物)로, 물신(物神)으로 볼 수도 있습니다.

인간은 존재, 사물, 세계를

님으로 볼 수도 있고, 남으로 볼 수도 있습니다.

세계를 남으로 보는 자는 괴롭습니다.

세계를 님으로 보는 자는 행복합니다.

세계를 남으로 보는 자는 지옥입니다.

세계를 님으로 보는 자는 천국과 극락입니다.

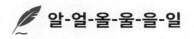 **알-얼-올-울-을-일**

알은 존재의 드러남

얼은 존재의 숨어듦

올은 존재의 흘러감

울은 존재의 울타리

을은 존재의 대상화

일은 존재의 일거리

알은 신체, 백(魄)

얼은 정신, 혼(魂)

올은 시간(時間)

울은 공간(空間)

을은 대상(對象)목적(目的)

일은 노동(勞動)

한글의 원(原)소리, 여섯 글자를 보면

인간은 사유하고 행동하고

목적을 향하여 나아가지만

일하지 않으면 안 되는 존재이다.

직립 보행하는 인간은 근본적으로

일을 하면서 살아가야 한다.

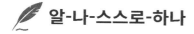 **알-나-스스로-하나**

'알'은 자연과 생명을 말하네.

'알'의 동사인 '알다'는 앎을 말하네.

'알'과 '알다'의 사이에

천지의 '사이(間)'와 '그것'이 있네.

생멸과 생사의 차이가 있네.

생명을 아는 것이 '알다'의 최종점이네.

'나'는 '태어난 나'를 말하네.

누구로부터 태어났는지

태어난 것의 의미가 무엇인지

'나다'의 뜻을 아는 것이 '나'의 삶의 목표

'나다'의 알맹이는 나를 낳아준

아버지어머니를 하나님처럼 모시는 일이네.

'스스로'는 살을 타고 났으니

스스로 살아야 함을 뜻하네.

'스스로 하는 것'이 '살다'이고, 삶이네.

스스로 삶을 산다고 '사람'이네.

태어난 생명은 살든 죽든, 되든 안 되든

타고난 살을 스스로 사를(살) 수밖에 없네.

'하나'는 하나에서 태어난 '나'이지만
'하나'로, 더 큰 '한 나'로 돌아가야 하네.
만물은 제 각각이지만
하나(한 나)로 돌아갈 수밖에 없네.
예부터 하늘을 섬겨온 천손민족
하늘은 '하나(한)'의 '늘' 그런 '하늘'

알-나-스스로-하나를 한자로 차례로 풀이하면
자신(自身)-자신(自信)-자신(自新)-자신(自神)
몸을 타고난 인간은 믿음을 통해 살아가지만
날마다 늘(항상) 스스로를 새롭게 하여야 하고
그렇게 할 때 저절로, 스스로 신이 될 수 있다네.
검소-겸손-자유-창의가 그 실천적 덕목이네.

(2022년 5월 19일 아침에)

 나-하나-나라-우리나라

나-하나-나라-우리나라
나는 '하나'가 되어야 하지만
하나는 살아갈 땅 '나라'를 가져야
사람답게 살아갈 수 있네.

'나'가 살아가는 곳은 '나라'

'나라'는 내가 사는 '땅'을 의미하네.

내가 하늘로 가는 길은 '하-나'

내가 땅에서 사는 길은 '나-라'

한민족은 무리모임을 '나라'라고 하네.

내가 사는 땅, 나라

우리가 사는 나라, '우리나라'

우리나라는 대한민국, 우리나라는 코리아

나, 나라, 우리나라는

우리 삶의 모든 것을 의미하네.

알-나-스스로-하나는

나-하나-나라-우리나라로 완성되네.

알(알다)-나(나다)-스스로(살다)-하나(하나 되다)

-나라(내가 사는 땅)-우리나라(우리가 사는 땅)!

우리나라에서 우리는 평화롭게 살아왔네.

고대부터 바람의 도, 풍류도(風流道)는 삶의 목표였네.

상마이도의(相磨以道義), 서로 도의를 갈고닦아주면서

상열이가락(相悅以歌樂), 함께 노래하고 춤추면서 기뻐하네.

유오산수(遊娛山水), 자연 속을 노닐면서 즐겨야 하네.
미래인류는 풍류도인으로 예술가처럼 살아야하네.

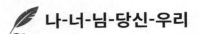 나-너-님-당신-우리

나는 나아가기 때문에 나이다.
너는 나가 도로 들어오기 때문에 너이다.
님(任)은 나에게 들어온 너가 사라지지 않고
임금님처럼 그립기 때문에 님이다.

당신(當身)은 몸을 느끼는
바로 당신이기 때문에
당연히 있는 몸이기 때문에
몸에 붙어있는 존재이기에 당신이다.

우리는 한 자리에 머무는
하나의 울타리(우리)에 머물며
함께 살고 있는 무리이기 때문에
함께 울기 때문에 우리이다.

맛-멋-마당-말

맛-멋-마당은
우리말로 의식주(衣食住)를 나타내는 말
의식주라는 물질문화에
말이라는 정신문화를 보태면 문화의 전부이다.

맛-멋-마당-말, 네 글자는
알-나-스스로-하나, 네 글자를 감싸고 있다.
알-나-스스로-하나가 철학이라면
맛-멋-마당-말은 문화이다.

문화에서 출발한 나는
맛-멋-마당-말의 의미를 먼저 발견했고,
알-나-스스로-하나를 나중에 발견했다.
문화인류학에서 철학인류학에 도달한 셈이다.

문화와 철학은 서로를 뫼비우스 띠처럼
감싸며, 돌고 돌면서, 안고 있다.
한국문화에서 한국철학이 생성되는 것은
필연과 당위를 동반한 아름다움이다.

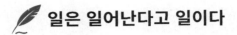

일은 일어난다고 일이다

일은 일어난다고 일이다.

일은 무엇인가(what)를 한다고 일이다.

일은 누가(who) 일으키는지도 모르면서 일어난다.

일은 시도 때도(when) 없이 일어난다.

일은 이유 영문(why)도 모르면서 일어난다.

일은 어디로(where) 가는지도 모르면서도 일어난다.

일은 파도처럼 일어난다.

일은 제 갈 길(how)도 모르면서 일어난다.

일어나는 일(event)을 설명하면 것(thing)이 된다.

세계에는 지금도 쉼 없이 일이 일어나고 있다.

누가 생명이고, 무엇이 사물인가

생명도 존재이고, 사물도 존재이다.

✒ 하늘은 왜 하늘인가

하늘은 왜 하늘인가.

한없고 늘 거기에 있기 때문에 하늘이다.

강물은 왜 강물인가.

쉼 없이 흘러서 가는 물이기 때문에 강물이다.

길은 왜 길인가.

길은 여러 길로 연결되어 길다고 길이다.

바다는 왜 바다인가.

여러 산천의 강물을 받아들인다고 바다이다.

빛은 왜 빛인가.

하늘에서부터 온 누리로 빛나기 때문에 빛이다.

꿈은 왜 꿈인가.

현실에 없는 이상을 꿈꾸고, 꾸민다고 꿈이다.

아들은 왜 아들인가.

생명인 알을 가진 존재이기 때문에 아들이다.

딸은 왜 딸인가.

땅에서 먹을 것을 찾아야 하기 때문에 딸이다.

아버지는 왜 아버지(아부지)인가.

알(씨)을 가진, 늘 불러야하는 사람이기 때문에 아버지이다.

어머니는 왜 어머니(어머이)인가.

얼(말)을 심는, 늘 먹이를 주는 사람이기 때문에 어머니이다.

삶은 왜 삶인가.

사람이 살을 사는 것, 살을 사르는 것이 삶이기 때문이다.

숨은 왜 숨인가.

숨을 쉬어야 살고, 숨을 쉬지 못하면 죽기 때문에 숨이다.

불알은 왜 불알인가.

불같은 알이고, 태양과 같은 그것이기 때문에 불알이다.

손은 왜 손(쏜다)인가.

항상 무엇을 쓰고, 쓰다듬기 때문에 손이다.

온 누리는 왜 온 누리인가.

온전히 누리는 것이 세계이기 때문이다.

🖋 천자문의 천지우주론

하늘 천(天), 따 지(地), 검을 현(玄), 누루 황(黃)

집 우(宇), 집 주(宙), 넓을 홍(洪), 거칠 황(荒).

날 일(日), 달 월(月), 찰 영(盈), 기울 측(仄)

별 진(辰), 잘 숙(宿), 벌릴 열(列), 베풀 장(張)

하늘을 검고 땅은 누르다.

인간은 시간과 공간의 집에서 산다.

우주는 넓고 거칠기만 하다.

하늘의 해와 달은 차고 기운다.
밤하늘의 별들은 넓게 퍼져있구나.

하늘 아래 땅 위에
시간과 공간이라는 집에서
살아가는 인간의 삶은
넓고 거칠기만 하다.
변함없는 해와 달의 차고 기우는
변화무쌍한 세계여!
하늘의 별들이 벌어져 퍼져있으면
잠을 자야 하네.

너무나 단순한, 요약된 천지우주론이다.
인간이 시간과 공간 속에서
살아가는 존재라는 실존성과
인간을 둘러싸고 있는 해와 달,
별들의 찬란함과 변화무쌍함을
순차적으로 드러낸 한자문화권의 우주론이다.

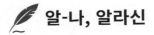 알-나, 알라신

알에서 태어나니 '알-나'
경상도 사투리로 '알나'는 갓난아이
'알나'를 발음하면 저절로 '알라'가 되네.
알은 생명과 태양과 신, 라는 태양을 말하네.
태양 같은 신, 알라신
알, 아리랑, 아라리, 알나, 알라, 엘!

알(생명)-나(자아)-스스로(삶)-하나(전체) 철학은
'알나'가 '하나'가 되는 삶의 목적을 말하네.
알은 생명, 엘은 신
생명과 신의 근본은 하나로다.
시작과 끝이 없는 원은 하나로다.
알나, 아리랑, 아라리, 알라, 엘!

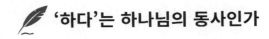 '하다'는 하나님의 동사인가

'하다'는 하나님의 동사인가.
어느 날 갑자기 '하다'라는 동사가
하나님처럼 내게 다가 왔다.

왜 하고많은 단어 중에 '하'의 '하다'인가.

하나님의 '하'와 하다의 '하'는 무슨 관계인가.

왜 명사에 '하다'를 붙이면 동사가 되는가.

'하다'는 하나님의 동사인가.

명사를 동사로 바꾸면 세계는 갑자기 움직이고

사물들은 서로 접화(接化)하면서 생성변화한다.

'하다'는 마치 죽은 생명에 숨결을 불어넣는 것과 같다.

'하다'를 통해서 우주만물이 생명력을 과시하게 된다.

'하다'라는 동사는 '하나님'과 뿌리가 같다.

'하다'는 하나님의 동사인가.

하나님의 창조도 '하다'를 붙여야 '창조하다'가 되고

천지창조조차 '하다'가 없이는 실현되지 않네.

'하다'는 모든 동작의 뿌리이다.

'창조하다'는 모든 '하다'의 출발이다.

'삶'을 사는 것도 '하다'의 실천궁행(實踐躬行)이다.

한민족은 움직이는 것을 좋아해서

모든 명사에 '하다'를 붙여서 동사로 만들었다.

한민족은 기운생동과 신명이 좋아서

신(神)과 노는 풍류도(風流道)를 좋아했다

역동적인 세계를 천지인(天地人)으로
역동적인 세계를 삼태극(三太極)으로 표현했다.

삶(살다)의 진정한 의미는 '스스로 함'
한민족의 '한'은 '하나'로, '하나님'로 통하고
모든 실천은 '하다' 동사로 통한다.
하는 것이 아닌 게 없는 것이 세상
하늘 아래 모든 것이 하는 것으로 가득하다.
하나님 아래 모든 것이 '함'으로써 생멸한다.

생멸이 하나 되어야 하나님이네.
파동이 하나 되어야 하나님이네.
음양이 하나 되어야 하나님이네.
천지인이 하나 되어야 하나님이네.
플러스마이너스 전기전파가 하나 되어야 하나님이네.
천지가 기운생동으로 혼천(渾天)하여야 하나님이네.

우리는 하나님 아래 한 가족(One Family under God)
미물(微物)에서 하나님에 이르기까지 우리는 하나(The One)
우리는 함께 살아야 하는 천주가족(天宙家族)
공생(共生) 공영(共榮) 공의(共義)을 실천해야 하는 한 가족
하늘부모님성회(Heavenly Parents Holy Community)

둘로, 셋으로 나누어진 모든 것은 하나로 돌아가야 하네.

🖋 나다, 하다, 살다, 되다, 있다, 이다

'나다'의 태어난 존재는
'하다'의 무엇을 하는 존재가 되지 않으면 안 되네.
'하다'의 존재는 스스로 '살다'의 존재가 되어야 하네.
'살다'의 존재는 저절로 '되다'의 존재가 되어야 하네.

'나다'의 존재는 살다 보면
'있다'의 존재에 둘러싸여 있는 자신을 발견하게 되네.
나도 있지만, 나 이외의 다른 존재가 있음을 발견하네.
'나다'의 존재는 '있다'의 존재를 '이다'의 존재로 바꾸고자 하네.

'이다'와 '있다'는 살다보면 서로가 서로를 물고 돌아가네.
'이다'를 '있다'로, '있다'를 '이다'로 말하기도 하네.
'있다'는 그냥 '있는 존재'이고 '이다'는 지각하는 존재를 말하네.
인간은 점점 '있다'의 본래존재를 '이다'의 지각존재로 바꾸었네.

태어난 존재는
무엇이든 하지 않으면 안 되는 존재

무엇이든 하는 존재는 스스로 살아가는 존재

무엇이든 하면서 살고, 결국 어떻게 되어가는 존재

태어난 존재는

나를 둘러싸고 있는 존재인 세계존재를 느끼네.

나는 세계를 느끼고 이해하고 규정하고 싶어지네.

내가 규정한 세계는 '있다'의 세계에서 '이다'의 세계로 되었네.

세계가 되기 위해서는 언어가 필요하네.

존재는 인간으로 인해 '세계'로 바뀌었네.

존재-내-세계에서 세계-내-존재가 되었네.

세계-내-존재의 세계는 이미 경계가 있는 현상이네.

존재-내-세계를 회복하는 것이 바로 구원이네.

구원은 바로 복귀이고, 복락이고, 원시반본이네.

바로 이 자리가 모든 고등종교가 돌아갈 자리라네.

이 자리는 본래 죽음이 없는, 생멸하는 자연의 자리라네.

한글, 아리랑, 비빔밥

장하다. 한글, 훈민정음!

한글이 세계문자올림픽에서 일등을 했다고 한다.

태국 방콕에서 열린 제 2회 세계문자올림픽에서 말이다.

영어를 비롯, 세계 27개 문자가 경합을 벌인 가운데

한글이 1위, 텔루구(인도)문자 2위, 3위는 영어였다.

인류미래의 문자. 한글, 훈민정음!

한글은 문자의 기원, 문자의 구조와 유형, 글자의 수

글자의 결합능력, 문자의 독립성 및 독자성, 문자의 실용성

문자의 응용개발성 등에서 1위를 했다.

한글, 아리랑, 비빔밥은 한국 프라이드의 삼총사

참가학자들은 방콕선언문을 발표하고,

자국(自國) 대학에 한국어전문학과 및 단기반 설치 등을 다짐했다.

선언문은 인구 100만 명 이상 국가들과 유네스코에 전달되었다.

한글철학, 알(알다)-나(나다)-스스로(살다)-하나(되다)!

한글세계, 나-하나-나라-우리나라 만세!

세계에서 가장 우수한 글자 1위, 한글

세계에서 가장 아름다운 음악 1위, 아리랑

세계에서 가장 맛있고 영양가 있는 음식 1위, 비빔밥
문자, 음악, 음식에서 세계 1위로다.
한글, 아리랑, 비빔밥

노래와 춤, 자연을 좋아하는 풍류도의 한국인 만세!
소통과 영혼과 건강이 세계 1위인 한국인 만세!
알(알다)-나(나다)-스스로(살다)-하나(되다)
나-하나-나라-우리나라 만세!
한글, 아리랑, 비빔밥

✍ 우리 어머니, 우리 아버지

한국인은 왜 어머니, 아버지를
우리 어머니, 우리 아버지라고 할까.
우리 남편, 우리 아내, 우리 아들, 우리 딸
그 옛날 집단주의, 공동체정신의 흔적
우리는 낯선 이와 쉽게 부모, 형제, 자매가 된다.

'나'라는 자아의식이 없었나. 아니다.
'나라'는 '나'의 복수형을 의미하고
'우리나라'는 '나라'의 복수형을 의미한다.

'나'에서 출발한 한국인은 '하나'를 염원한다.
'하나님'은 바로 하나가 되고자하는 믿음이다.

'우리'라는 강력한 마을공동체의식
'우리나라'라는 강력한 국가공동체의식
우리 어머니에 내재하는 하나님 어머니
우리 아버지를 초월하는 하나님 아버지
우리 부모는 저절로 하늘부모이다.

한국인은 '우리'다.
나-너가 분리되기 전의 우리
나-너가 분리된 후에도 우리
'우리'의 원문자는 '울'(울타리)이다.
한국인에겐 천지가 부모이다.

서양의 자유, 평등, 박애보다는
천지인-원방각사상이 우리에게 가깝다.
자유의 여신보다 평화의 어머니가 더 가깝다.
자유는 추상적이라면 평화는 구체적이다.
여신은 추상적이라면 어머니는 구체적이다.

부모의 마음이 되면 하나님이 된다.

부모의 마음이 되면 평화의 마음이 된다.

부모의 마음이 되면 모든 것을 용서하게 된다.

부모의 마음이 되면 모든 존재는 자식이 된다.

부모의 마음이 되면 시작과 끝이 없는 영원이 된다.

우리는 저마다 님 하나를 품고 산다

우리는 날마다
남으로 사는 것 같지만
저마다 님 하나를 품고 산다.

어떤 이는 하나님
어떤 이는 부처님
어떤 이는 칠성님

저마다의 님은
이름이 있지만
때로는 이름 없는 님도 있다.

이름 없는 님
비어 있는 님이야말로

아무도 넘볼 수 없는 님인가.

나는 너의 님인가.

나는 너의 남인가.

나는 너의 놈인가.

나는 너의 누구인가.

나는 너의 무엇인가.

나는, 너는, 존재인가, 비존재인가.

 ## ㅅㅇㅈㅊㅋㅌㅍㅎ의 점증법

'ㅅ'은 서로 기댄 인간을 의미한다.

'ㅇ'은 원만하게 된 인간을 의미한다.

'ㅈ'은 지혜로운 지경의 인간을 의미한다.

'ㅊ'은 착하고 참하고 참된 인간을 의미한다.

'ㅋ'은 큰 인간, 크게 이룬 인간을 의미한다.

'ㅌ'은 툭 터진, 튼실한 인간을 의미한다.

'ㅍ'은 푸른 하늘이 된 인간을 의미한다.

'ㅎ'은 하늘님, 하나님이 된 인간을 의미한다.

아설순치후(牙舌脣齒喉)의 순환법

'ㄱ'(牙音)은 높고, 크구나!

수직과 계급을 상징하는구나.

'ㄴ'(舌音)은 낮고, 넓구나!

수평과 평등을 상징하는구나.

'ㄹ'(半舌音)은 돌고 도는구나!

천지만물이 원운동을 하는구나.

'ㅁ'(脣音)은 입을 떼는구나!

살기 위해 먹고 말하는구나.

'ㅅ'(齒音)은 사람이 되어가는구나!

살기 위해 이빨로 씹고 싸우는구나.

'ㅎ'(喉音)은 다시 하늘로 돌아가는구나!

목구멍으로 속으로 돌아가는구나.

세상의 밖에서

 주체와 대상은 한 몸

초월적 주체와 영원한 대상은 한 몸이다.
현상학의 종착역은 추상이면서 기계이다.
신은 이제 자연으로 돌아갈 때가 되었다.
존재론은 자연 그 자체를 위한 철학이다.
서양철학은 완전한 존재론이 될 수 없다.
완전한 존재론은 생성론이기 때문이다.

자연은 끝없이 생성(生成)변화할 뿐이다.
죽음은 없고, 생멸(生滅)만 있을 뿐이다.

생멸은 생사(生死)가 아닌 생성(生成)이다.
천지는 인간으로 인해 존재(存在)가 되었다.
생성은 항상 존재의 시공간을 빠져 달아난다.
존재는 스스로 존재 아닌 무(無)가 되었다.

상(相)은 상(相)이 아니다

신은 신이 아니다.
부처는 부처가 아니다.
유심은 유심이 아니다.
유물은 유물이 아니다.

절대는 절대가 아니다.
상대는 상대가 아니다.
하나는 하나가 아니다.
진여는 진여가 아니다.

소리는 소리가 아니다.
침묵은 침묵이 아니다.
생멸은 생멸이 아니다.
목소리는 목소리가 아니다.

나는 나가 아니다.

남은 남이 아니다.

나는 남이고, 남은 나이다.

상(相)은 상(相)이 아니다.

✒ 불행한 문명이여!

불행한 문명이여!

불행한 의식이여!

어쩌다 이익만을 쫓다가

선악을 없애버렸구나.

선악은 본래 없는데

이익으로 선악을 없애버렸구나.

불행한 문명이여!

불행한 의식이여!

어쩌다 이익으로 도(道)를 통했구나.

위대한 인간의 기만(欺滿)이로다.

극과 극은 통한다더니

하나님과 부처님을 속이는 경지로다.

더 이상 할 일이 없구나.

만물의 영장이 아니로구나.

뎌 이상 머무를 곳이 없구나.

새들도 허수아비를 두려워하지 않는다.

허수아비는 허수아비를 두려워하지 않는다.

개나 고양이도 인간을 인간으로 보지 않는다.

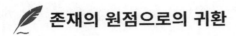 존재의 원점으로의 귀환

현상학적인 1은
무한대(∞)를 영원히 달성할 수 없기 때문에
처음부터 무(無)인 존재론적인 0보다 못하다.

0은 중심이고, 원점이다.
원점은 원의 둘레와 긴장하면서 맞먹는다.
세계는 항상 서로 반대되는 힘의 맞섬이다.

1과 0과 ∞는
하나님과 부처님과 영원회귀이다.
이들은 신학과 철학과 양자역학이다.

신이 창조할 수밖에 없는 이유는

신이 창조할 수밖에 없는 이유는
스스로 생성이기 때문입니다.
부모가 자녀를 낳을 수밖에 없는 이유는
스스로 생명을 낳고 싶은 사랑 때문입니다.

신은 개념이 아니라 상징입니다.
신은 개념이 아니라 은유입니다.
신의 유무를 따지는 것은 처음부터 오류입니다.
신은 어느 때, 어느 곳에서나 신비로 드러납니다.

존재의 뒤에 숨은 것은 생성입니다.
존재의 밑에 숨은 것도 생성입니다.
깨달음이라는 것도 생성에 이른 깨달음입니다.
죽음이라는 것도 생성으로 돌아가는 실천입니다.

신과 부처님이 만나는 일은
생성과 존재가 만나는 지점입니다.
생성과 존재가 만나는 일은
부모와 자식이 만나는 지점입니다.

구원과 구세라는 것은 무엇일까요.
신과 인간이 본래자리에서 만나는 일입니다.
자연과 신이 본래자리에서 만나는 일입니다.
신과 자연과 인간이 하나 되는 일입니다.

✒️ 자연, 신, 인간

자연은 스스로 그러한 존재이다.
신은 태초에 만물을 창조한 존재이다.
인간은 항상 무엇을 만드는 존재이다.

스스로 그러함과 태초의 창조와 일상의 만듦은
무엇이 다른가. 왜 다른가.
자연에 신을 설정한 인간은 자연을 해석하기 시작했다.

유신론과 무신론의 논쟁은 아무런 의미가 없다.
유심론과 유물론의 논쟁은 진위를 가릴 수 없다.
주체와 타자는 항상 서로 왕래하지 않을 수 없다.

인간은 신을 증명하고, 신은 인간을 보증하는
상호공모를 통해 자연을 개발하고 지배했지만

결코 자연의 스스로 그러함을 이길 수는 없었네.

신은 원죄를 낳고, 삶은 고통으로 점철되었지만
자연의 도법을 따르면 생멸에 초연하게 되네.
자아가 없다면 자아의 생과 사도 당연히 없다네.

✒ 자연, 신, 인간의 삼위일체

세계를 하나라고 말하면
세계는 이미 둘로 분리된다.
그래서 분리된 하나를 통합하기 위해
끝없이 나아가지 않으면 안 된다.

그러니 말하지 말라.
말이 최초의 분열의 원인이다.
하나님을 말하면, 말하는 그 순간
세계는 이미 하나가 아니다.

말은 스스로 하나(하나님)을 부정한다.
말은 본질(동일성)을 주장함으로써
본래존재, 순수존재인 하나님을 배반한다.

그러나 불행하게도 인간은 말하는 존재이다.

순수존재는 무(無)이다.
무(無)는 비존재가 아니다.
신과 인간, 인간과 신은
자연, 즉 자연적 존재를 되찾아야 한다.

자연은 존재다.
자연은 신과 정신이다.
자연은 신과 정신과 존재이다.
신과 정신과 자연은 삼위일체일 수밖에 없다.

✒️ 우리는 소유하려 한다

우리는 소유하려 한다.
우리는 신을 섬기는 것이 아니라
신의 우상을 소유하려 한다.

우리는 소유하려 한다.
우리는 스승을 실천하는 것이 아니라
스승을 소유하려 한다.

우리는 소유하려 한다.
우리는 남을 사랑을 하는 것이 아니라
사랑을 소유하려 한다.

우리는 소유를 사랑한다.
우리는 존재를 그냥 내버려두지 못한다.
우리는 소유를 존재라고 생각한다.

소유 중에 소유는 돈
소유 중에 소유는 권력
소유 중에 소유는 영생

우리는 소유하려 한다.
행여, 죽음은 소유할 수 없으리.
소유와 완전히 이별하는 것이 죽음이다.

🖋 바다 쓰레기

태풍이, 홍수가 할퀴고 간 자리
둥둥 떠다니는 바다 쓰레기
존재의 두 얼굴, 아니 천의 얼굴

어느 날 갑자기 쓰레기가 될지 모른다.
찬란한 해살을 머금은 바다에
난데없는 바다쓰레기 신세가

꽃들은 꿀, 마약을 숨기고
악마가 정원을 킬킬거리던 어느 날
찬란한 쓰레기 꽃이 될지 모른다.

바다를 질투하는 쓰레기 꽃
모든 적들과 배반은 가까이 있다.
한 부모의 아롱다롱한 자식들!

바다의 쓰레기, 쓰레기의 바다
누가 누구를, 무엇이 무엇을
떠받치고 있는지, 알 수 없다.

쓰레기는 바로 승화하지 못하는가.
불로 태워져 재가 되어야
하늘을 구경할 수 있는가.

🪶 종교와 과학의 통일

신을 가정한 자
등속을 가정한 자
고정불변의 존재를 가정한 자
법칙을 가정한 자

신을 가정하고
등속을 가정했기 때문에
세계를 설명하고 가속도를 가정한 자
기독교와 물리학의 통일을 이룬 자

신을 가정하지 않는 자
생성변화를 그대로 살아가는 자
존재를 무(無)로 받아들이는 자
존재자의 확률을 가정한 자

세계는 입자냐, 파동이냐
세계는 입자이면사 파동이다.
세계는 중첩된 세계이다.
존재는 이중성의 세계이다.

입자는 존재자이다.
파동은 존재이다.
파동은 소리이다.
파동은 제로(0)가 될 수 있다.

고정불변의 존재를 가정함으로써
법칙을 발견하고, 물건을 만들고
존재를 계산하기 시작한 인간은
스스로의 존재를 계산할 수는 없었다.

존재의 가장 일반성은 소리
계산할 수 없는 사라지는 세계
기껏해야 확률로 계산하는 양자역학
계산을 포기하면 안 되는가! 깨달은 자!

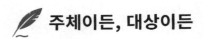 **주체이든, 대상이든**

신과 인간은 주체를 공유하고 있다.
신은 인간의 주체
인간은 사물의 주체
인간이 신을 만나면 노예가 되고

인간의 대상이던 자연은
어느 날 신의 모습이 된다.

주체와 주체가 만나면
하나는 대상으로 돌변하고
대상과 대상이 만나면 주체가 생겨나거나
혹은 무(無)로 돌변하고 만다.
자아가 있으면 순간과 영원은 하나가 되고
자아가 없으면 의지와 욕망도 힘을 잃는다.

주체가 있든, 주체가 없든
타자가 있든, 타자가 없든
그것은 모두 인간의 말놀이
인간은 자연을 존재의 말놀이로 변모시키는
말을 함으로써 살아가는 존재
그러나 언제나 스스로를 말하지 못하네.

 죽음은 두렵지 않다

죽음은 두렵지 않다.
죽음이 두려운 것은

착각과 오해에서 비롯되었다.
정작 죽으면 죽음은 두렵지 않다.

자아가 없으면 죽음도 없다.
자아가 있기 때문에 시간이 있고,
시간이 있기 때문에 죽음이 있다.
죽음은 자아가 있기 때문에 비롯된다.

자아와 시간이 있기 때문에
미래와 사후(死後)세계가 있고
사후세계가 있기 때문에
영원과 천당과 지옥이 있다.

죽음은 삶과 떨어져있지 않다.
죽음은 삶과 동시에 있기 때문에
자연의 필연이며, 당연이다.
특별한 일이 아닌, 범사에 불과하다.

즉자의 세계에선 죽음이 없다.
죽음은 대자의 세계에서 존재한다.
죽음은 타자이기 때문에 두렵다.
죽음은 자연을 세계로 본 자의 자업자득이다.

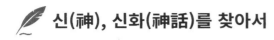# 신(神), 신화(神話)를 찾아서

신(神)은 알파요, 오메가일 수밖에 없다.

우리는 시작과 끝인 자를 신이라고 불렀다.

신을 철학적으로 말하면

플라톤의 이데아, 아리스토텔레스의 에이도스,

칸트의 순수이성, 헤겔의 정반합일 수밖에 없다.

신은 유신(有神)에서 무신(無神)으로

심은 유심(唯心)에서 유물(唯物)로 나아가서 돌아온다.

시작과 끝은 하나이기 때문에 회귀할 할 수밖에 없다.

시작과 끝은 언제나 이야기이다.

신(神)은 결국 신화(神話)일 수밖에 없다.

모든 이야기에는 시작이 있고, 끝이 있다.

시작에는 시작이 없음이 있고

끝에는 끝이 없음이 있다.

시간에는 시간이 아님이 있다.

부정과 긍정은 꼬리를 물고 있다.

우리 모두는 아담과 이브이고,

첫 남자, 첫 여자이다.

우리 모두는 신화이다.

우리는 각자의 신화를 쓰고 있고,

각자는 영원이고, 무한대이다.

신은 시간이고, 시(詩)이다.

신은 줄거리이고, 이야기(說)이다.

신은 공간이고, 그림이다.

신은 상상이고, 상징이다.

신은 현실이고, 존재이다.

신(神)은 알파요, 오메가일 수밖에 없다.

모든 것에는 시작과 끝이 있지만

시작은 시작이 아니고 끝은 끝이 아니다.

세계는 둥글기 때문이다.

세계는 돌고 돌기 때문이다.

길(道)은 돌고 도는 것이다.

길은 바로 갈 수도 있고, 돌아갈 수도 있다.

길은 언제나 시작이 있고, 끝이 있다.

시작과 끝은 꼬리를 물고 있다.

우리는 혼돈(渾沌)을 원(圓)이라고 불렀다.

길은 수많은 점(點)이고
점은 선(線)을 이루고,
선은 삼각형을 이루고,
삼각형은 사각형을 이루고,
사각형은 다시 원으로 돌아온다.

우리가 무엇이라 이름을 부르든,
우리가 무엇이라 이름을 붙이든
존재의 궁극은 하나이다.
하나에서 나아간 것은
하나로 돌아올 수밖에 없다.

 **꼬리를 무는 원형세계**

절대의 끝은 상대이고
상대의 끝은 절대이다.
시작의 끝은 종말이고
종말의 끝은 시작이다.

유심의 끝은 유물이고
유물의 끝은 유심이다.

의식의 끝은 무의식이고
무의식의 끝은 의식이다.

유식의 끝은 무식이고
무식의 끝은 유식이다.
존재의 끝은 존재자이고
존재자의 끝은 존재이다.

문자언어의 시작은 음성언어이고
(글말의 시작은 입말이고)
음성은 결국 최초의미로 남는다.
언어는 결국 기표(記標)이고
소리는 결국 기의(記意)이다.

기표는 개념일 수밖에 없고
기표연쇄는 기계일 수밖에 없다.
개념은 의미 아닌 최종의미이다.
소리는 의미 아닌 최초의미이다.

모든 언어는 생성의 페이크(fake)이다.
언어는 실재가 될 수 없다.
모든 언어와 이데아는 실재의 모방이다.

모든 언어는 가상의 시작일 뿐이다.

유시유종(有始有終)은 무시무종이고
무시무종(無始無終)은 유시유종이다.
최초의 성경은 천부경(天符經)이고
천부경은 최후의 성경(聖經)이다.

생성은 존재일 수밖에 없고
존재는 생성일 수밖에 없다.
신(존재)은 창조할 수밖에 없고
창조된 것은 죽을 수밖에 없다.

존재는 변화(變化)할 수밖에 없고
종(種)은 진화(進化)할 수밖에 없다.
조화신(造化神)은 창조신일 수밖에 없고
창조신은 제조신(製造神)일 수밖에 없다.

자연은 존재일 수밖에 없고
존재는 세계일 수밖에 없다.
고정불변(固定不變)의 것을 생각하는 인간아
생각 밖으로 세계는 변화무쌍(變化無雙)하다.

생각의 끝은 무념(無念)이고
기억의 끝은 무억(無憶)이다.
생각은 결국 허망(虛妄)하다.
그러니 막망(莫妄)할 수밖에.

🖋 해방, 해탈, 복귀

하늘, 땅, 사람
신, 창조, 피조
존재, 운동, 합일

자유, 평등, 사랑
수직, 수평, 원
1, 0, ∞(무한대)

유신, 무신, 자연
유심, 유물, 존재
쾌락, 죽음, 무(無)

입자, 파동, 무(無)
언어, 상징, 욕망

환유, 은유, 침묵

(전치, 압축, 욕망)

생멸, 생사, 부활

존재, 죽음, 영원

나(I), 남(You), 우리(We)

해방을 주장하는 자가 있다.

해탈을 주장하는 자가 있다.

복귀를 주장하는 자가 있다.

세상의 의미와 무의미

세상에 의미를 주기 위해서

인간에게 신이 필요했다.

세상이 무의미해지는 까닭은

신이 없어진 때문이다.

어떤 이는 신(神)에서 시종(始終)을 찾고

어떤 이는 불(佛)에서 시종(始終)을 찾고

어떤 이는 도(道)에서 시종(始終)을 찾는다.

어떤 이는 침묵(沈默)에서 시종을 찾는다.

말이 없어진 세계를 체험했는가.
수많은 소리와 공명을 체험했는가.
죽음은 그 소리의 잠듦임을 체험했는가.
어느 날 죽음은 다시 기지개를 켜네.

신은 자연의 은유에서 출발해서
가장 강력한 권력이 되었다.
전지전능이라는 말 속에
환유로 변해버린 신이 숨어있다.

권력경쟁의 인간은
도덕을 가장한 독선과 위선으로
스스로를 무의미하게 만들 것이다.
스스로 무의미한 것이 바로 인류멸종이다.

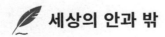 ## 세상의 안과 밖

인간의 마지막 이분법은 안과 밖,
안과 밖은 구분할 수 없네.

안과 밖이 있기 때문에 성문(城門)이 있고,
성문이 있기 때문에
들어가고 나가는 왕래가 있네.

벗이여, 그대가 왕래하지 않고
한 자리에 머문다면
왕래하면서도 그 자리에 머문다면
하나의 점, 세계의 중심에 있으리라.
심중(心中)은 곧 중심(中心)이라.

길을 가고 길을 가는 그대는
최종목적지가 없도다.
길을 가면서 수많은
이정표를 세운 그대는
시작도 끝도 없다는 것을 알았네.

유시유종(有始有終)은
무시무종(無始無終)이라.
본질(essence)은
실존(existence)이라.
안과 밖에서 마지막 관문을 지웠네.

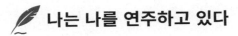 **나는 나를 연주하고 있다**

나는 나를 살고 있다.
나는 나를 연주하고 있다.
나는 나를 연기하고 있다.
나는 나를 게임하고 있다.

나는 나를 실험하고 있다.
나는 나를 고백하고 있다.
나는 나를 징벌하고 있다.
나는 나를 소유하고 있다.

나는 나를 존재하고 있다.
나는 나를 무위하고 있다.
나는 나를 자연하고 있다.
나는 나를 용서하고 있다.

내가 나를 용서하는 만큼
내가 남도 용서할 수 있다면
삶이 무의미로 돌아간다고 해도
용서하리라. 받아들이리라.

🪶 시간은 인간이다

시간은 인간이다.
공간은 인간이다.
자연에 시공간을 넣은 것이 과학이다.
과학은 인간의 방편도구일 뿐이다.

자연은 시공간이 아니다.
자연에 시계를 넣은 것이 인간이다.
자연에 기계를 넣은 것이 인간이다.
자연에 시를 넣은 것이 예술이다.

인간에 의해 신과 시간이 탄생했다.
신과 시간은 오늘날 기계가 되었다.
기계는 이제 기계인간이 될 것이다.
인간은 시간에 의해 멸망할 것이다.

존재는 시간성이고
존재는 흘러가는 것이다.
존재자는 시간이다.
존재자는 고정된 것이다.

앎 속에서 삶을 사는 것이 아니라
삶 속에서 앎을 찾아야 한다.
책 속에서 현실을 볼 것이 아니라
현실 속에서 책을 써야 한다.

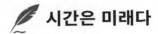 ## 시간은 미래다

시간은 미래다.
미래가 없으면 시간이 없다.
과거는 기억이고 기록이다.
기억과 기록은 물질이다.

시간은 미래다.
현재는 시간이 아니다.
가장 미래적인 것이 현재다.
현재는 이미 미래를 포함하고 있다.

시간은 미래다.
미래는 과거의 창조적 재구성이다.
현재가 스스로를 고집하면 시간은 없다.
미래가 있기 때문에 순간이 영원이 된다.

영원은 영원한 대상이다.

영원은 영원한 목적이다.

영원은 미래를 향한 출발이다.

영원은 기원을 향해 회귀할 수밖에 없다.

인간은 시공간을 만들어놓고

그것을 넘어서자고 말하는 족속이다.

인간은 무엇을 만들어놓고

그것을 다시 부수고자 한다.

미래가 있기 때문에 죽음이 있다.

죽음이 있기 때문에 생명이 있다.

죽음이 있기 때문에 부활이 있다.

죽음이 있기 때문에 우리는 하나가 된다.

 **인간은 왜 생성을 존재로**

인간은 왜 생성을 존재로 해석하지 않으면 안 되는가.

얇은 삶을 위한 존재의 도구적 특성이다.

존재는 물리적 운동을 하지 않으면 안 된다.

존재는 변증법 운동을 하지 않으면 안 된다.

존재는 생성 속에서 실체를 확인하는 동일성이다.

앎이란 무엇인가.
안다는 것은 왜 무엇을 아는 것인가.
무엇은 고정불변의 존재적 특성
고정불변의 존재는 운동하지 않으면 안 된다.
인간은 왜 생멸을 유무로 해석하지 않으면 안 되는가.

삶이란 무엇인가.
산다는 것은 왜 변하지 않으면 안 되는가.
생성변화는 자연적 존재의 특성
변화하는 것은 운동하는 실체가 없다.
존재는 왜 본질에서 실존으로 나아가지 않으면 안 되는가.

인간은 존재를 가정함으로써 힘을 얻는 존재이다.
신도 인간의 삶을 위하는 존재로서 무한자이다.
앎은 때때로 삶을 배반하지만
인간의 삶은 앎으로 인해 그 터전을 잡는다.
앎과 삶, 삶과 앎의 순환변증법이여!

존재는 허무할 수밖에 없다.
존재, 즉 있음은 없음, 즉 무로 빠질 수밖에 없다.

생멸하는 모든 본래존재는 허무할 필요도 없다.
인간현존재만이 생멸을 존재로 해석함으로써
존재의 깊은 나락, 지옥에 떨어졌던 것이다.

🖋 관점은 맹점이다

나의 관점은 나의 맹점이다.
밖에서 네가 볼 때는
직관 없는 개념은 허망하다고.
개념 없는 직관은 맹목이라고.
관점은 어쩌면 맹목일지 모른다.

맹목이 아니라면 믿음은 없다.
나를 장님으로 만드는 님이여!
나를 노예로 만드는 님이여!
그대 빛은 어디서 오는 빛인가.
그대 목소리는 누구의 목소리인가.

세계는 0이다. 세계는 무(無)이다.
세계는 1이다. 세계는 일체(一切)이다.
세계는 무한대이다. 세계는 영원이다.

세계는 맹점이다. 세계는 맹목이다.
세계는 빛의 알맹이다. 세계는 어둠의 소리이다.

빛의 세계여, 어둠의 세계여!
빅뱅의 세계여, 블랙홀의 세계여!
철학의 세계여, 과학의 세계여!
과학의 세계여, 신화의 세계여!
태초에 어둠이 있었다. 태초에 소리가 있었다.

나는 비어 있기 때문에 가득 차 있다.
나는 부처이기 때문에 신이다.
나는 신이기 때문에 인간이다.
나는 인간이기 때문에 자연이다.
자연이기 때문에 무지(無知)무명(無名)하다.

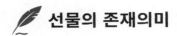 **선물의 존재의미**

현재(present)는 선물(present)이다.
선물은 존재로부터의 신호이다.
선물은 때로는 성령(聖靈)과도 같다.

현존재는 세상에 던져졌다고 하지만
오직 비정과 차가움만 있는 것은 아니다.
선물은 밖으로부터의 따뜻함이다.

선물은 대개 보낸 이를 알게 되고
고마움을 표하고 때론 답례를 하게 되지만
누가 보냈는지 모르는 선물도 있다.

보낸 이를 모르는 선물은
시간이 갈수록 고마움이 한량없이 커진다.
답례를 할 수 없어 영원한 선물로 남는다.
현재가 시간이 아닌 선물이 된다면
선물이 물건이 아니라 마음이 된다면
영원한 대상이 되어 영원이 될 것이다.

사람들은 시간이 선물임을 알았을 것이다.
그렇지만 선물보다는 시간을 우선했다.
시간을 재다보니 생명이 선물임을 잊어버렸다.

나에게는 이제 현재는 없다.
나에게는 오직 선물만 있다.
나와 나를 둘러싼 모든 존재가 선물이다.

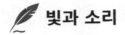 빛과 소리

프랑스 철학자 자크 데리다는
빛과 소리를 로고스라고 했다.
아니다. 빛과 소리는
로고스의 은유였다.

서양사람들은 왜
입자, 파동에 불과한 것을
로고스라고 할까.
자신의 내부에 로고스가 있기 때문이다.

우리는 내 안에 있는 것으로
밖에 있는 것을 본다.
안은 밖이고, 밖은 안이다.
안과 밖은 따로 없다.

정신과 물질
주체와 대상
신과 인간
인간과 자연은 따로 없다.

빛과 소리는

로고스의 은유일 뿐이다.

은유는 왜 로고스가 되었을까.

로고스의 뿌리도 은유이다.

모든 인간은 시인이다.

모든 인간은 철학자이다.

모든 인간은 예술가이다.

모든 인간은 과학자이다.

유무(有無)와 무유(無有)

있음이 없음이고

없음이 있음이네.

존재는 유무(有無)인가, 무유(無有)인가

없음은 본래 없음인가.

없음은 본래 있음인가.

있다가 없음인가, 없다가 있음인가.

있음은 본래 있음인가.

있음은 본래 없음인가.
없다가 있음인가, 있다가 없음인가.

현상학에서 보면
유무(有無)든, 무유(無有)든
모두 존재자

존재론에서 보면
유무(有無)든, 무유(無有)이든
모두 존재

현상학에서 보면 유(有)가 존재이지만
상(相)이 있어야 존재이지만
존재론에서 보면 무(無)가 존재이네.
상(相)이 없어도 존재이네.

삶에는 항상 밖이 있다.
사람들은 안에서 살려고 한다.
안과 밖의 왕래가 삶이다.
어느 날 밖에서 죽음이라는 손님이 다가온다.

생멸을 존재로 설명하려하니

어렵구나, 헷갈리는구나.
유령이로구나, 유령이로구나.
생멸은 생멸일 뿐 존재의 유무가 아니네.

어린애, 어른애

갓난아이로 태어나
살다 보면 어린애가 어른이 된다.
어른도 되기 전에 애어른이 되는 이도 있고
어른이 되어서 되레 어른애가 되는 이도 있다.

아이는 어른에게 훈육을 받고 자라지만
아이 중에 어른의 선생이 되는 애도 있다.
어른과 아이는 숨바꼭질을 한다.
하늘과 땅을 오가면서 숨바꼭질을 한다.

하늘에 큰 별, 작은 별이 있고
땅에는 어린애, 어른애가 있다.
어른 중에도 큰 어른, 작은 어른이 있다.
아이 중에도 늙은 애, 애늙은이가 있다.

애어른, 애늙은이는 되기 쉬워도
어른애, 늙은 애가 되기는 어렵다.
고목에 꽃이 피는 건 옛말인가.
굽은 나무가 선산 지키는 건 옛말인가.

✒ 천사, 악마, 사랑

하나님이 세계를 만들었다.
존재가 존재자를 만들었다.
하나님이 천사와 악마를 만들었다.

하나님이 선악을 만들었다.
하나님이 남녀를 만들었다.
하나님이 자손을 번식하게 했다.

자유에서 드물게 천사가 탄생했다.
평등에서 자욱하게 악마가 탄생했다.
사랑에서 유일하게 하나님이 탄생했다.

자유가 사랑이 되려면
평등이 사랑이 되려면

수백 번 다시 태어나야 한다.

🖋 말씀, 씨, 쓰다

빛은 눈부시다.
소리는 뭉클하다.

소리는 말이 되지만
말씀은 이미 쓰임이다.

인간은 소리에 씨를 넣었다.
쓰는 일은 씨를 퍼뜨리는 일이다.

태초에 말씀이 있었다.
태초에 소리가 있었다.

소리는 비어있어 뿌리는 씨를 거둔다.
소리와 표지는 토지와 농부 사이와 같다.

문자학의 이면은 소리철학이다.
소리철학은 진정한 페미니즘이다.

문자학은 말씀의 평화철학이다.
소리철학은 실존의 평화철학이다.

 ## 별유천지비인간(別有天地非人間)

여자들은 출세하면
출산과 양육과 가사에서 벗어나길 원한다.
출세한 여자들은 왜 거룩한 새끼 낳은 일을
까마득하게 잊어버리고 마는가.

성스러움은 어디 있는가.
몸밖에 있는가, 안에 있는가.
여자애들은 어릴 적부터 애완동물을 좋아했다.
새끼 낳는 일은 개와 고양이가 하면 족했다.

별유천지비인간(別有天地非人間)
사방에 들어찬 애완동물, 기계인간
인간은 언제 바다 용궁에 다녀왔던가.
인간은 언제 하늘 천궁에 다녀왔던가.

별유천지비인간(別有天地非人間)

우리는 본래 동물이 아니었다.
우리는 본래 인간이 아니었다.
출세를 하면 출산을 잊어버린다.

역설이다. 노예들이 주인이 되면
노예가 없어지는가, 주인이 없어지는가.
출산과 생산을 담당하던 여자와 노예들은
민주주의 폴리스의 시민이 아니었던가.

✎ 의미는 의미를 지웁니다

의미는 의미를 지웁니다.
존재는 존재를 지웁니다.

모든 것은 원점(原點)으로 돌아갑니다.
원점은 왔던 곳으로 돌아가는 것입니다.

원점은 원점(圓點)입니다.
원점은 원점(遠點)입니다.

의미는 의미를 지웁니다.

나는 나를 지웁니다.

만약 당신이 무의미에도 편안하다면
이제 자유로운 사람이 된 것입니다.

 ## 안녕, 안녕, 내일 또 다시 보자

죽어서 부활이 아니라
죽음 자체가 부활이네.
존재는 항상 그 자체
한 치의 틈도 없구나.

내 속에 천지만물이 있으니
천지만물이 내가 아닌가.
천지만물을 담고 있으니
어찌 비어 있지 않을 손가.

내 밥이 되어준 천지만물아
그동안 빌린 것을 돌려주마.
해와 달도, 저 찬란한 별들도
내 안에 숨긴 님마저 돌려주마.

천지인세계는 아버지 어머니
아들딸, 형제자매, 사해동포
언제나 한 가족 변함이 없구나.
안녕, 안녕, 내일 또 다시 보자.

흔적과 문신에 대하여

흔적은 삶에 새겨진 기억
기억은 삶에 새겨진 문신
흔적은 기억에 새겨진 기표
앎과 삶 사이 지층에 흔적이 있네.

잊으려고 해도 잊어지지 않는 기억
지우려고 해도 지워지지 않는 문신
나이테는 숨어 남모르게라도 있지만
주름살은 훈장처럼 상처처럼 빛나네.

남이 나에게 지어준 흔적
내가 남에게 지어준 흔적
나에게 끝없이 흔적을 남겨준 그대여!
유언처럼 그대의 이름이라도 알고 싶다.

우리는 흔적을 위해 열심히 글을 썼네.
의미와 무의미 사이 밭고랑을 오가면서
우리는 흔적을 위해 열심히 노래했네.
흔적도 없이 불살라지는 주검을 위해

🖋 노래와 철학

1.
노래는 변화를 좋아하는 존재
같은 노래라도 사람마다 다르네.

철학은 변하지 않으려는 관념
관념은 절대자로 군림하려고 하네.

노래는 반복해야 제 맛인데
철학은 반운동해야 제 맛이네.

같은 노래라도 노래는 부를 때마다 다르네.
한번 관념에 사로잡히면 빠져나오기 어렵네.

2.

노래는 계절 따라 물 흐르듯 흐르는데
생각은 시간을 소급하며 신기원을 찾네.

인생과 문화는 유행 따라 흘러가는데
철학과 생각은 불변의 이데아를 꿈꾸네.

노래하고 춤추면서 생각을 할 수는 없네.
철학이 노래보다 좋다고는 말할 수 없네.

생각을 좋아하는 민족은 철학으로 문화를 이끌고
가무를 좋아하는 민족은 풍류도로 문화를 이끄네.

철학의 신(神)

 니체와 들뢰즈의 반복

1.
니체는 영원회귀를 주장했다.
들뢰즈는 유물기계론을 주장했다.

니체는 동일한 것의 반복을 주장했다.
들뢰즈는 차이의 반복을 주장했다.

동일한 것과 차이나는 것의 구별은 무엇인가.
반복 속에 이미 동일성이 존재하는 것을!

반복되는 것은 이미 고정불변의 것이고
그것이 바로 힘이고 능력이다.

2.
계절의 항상성은 무엇인가.
계절의 항상성은 동일성이 아니다.

서양은 항상성을 반복이라고 말한다.
서양은 계절의 기운생동을 힘이라고 말한다.

계절은 반복이 아니라 생성변화이다.
계절은 끝없이 흘러갈 뿐이다.

집합이 이루어지려면 공집합이 있어야 한다.
유(有)가 있으려면 무(無)가 있어야 한다.

3.
유심(唯心)이 있기 때문에 유물(唯物)이 있다.
유심이 없는 유물은 자연(自然)이고, 존재(存在)이다.

0이 있어야 숫자가 완성된다.
그런데 완성수는 10이다.

0에서 태어난 1은 무한대(∞)로 나아간다.
무한대는 결국 0으로 돌아온다.

무한대는 두 개의 원이다.
세계는 둘인지, 하나인지 알 수 없다.

🪶 삶은 항상 밖에 있다

삶은 밖에 있다.
삶은 안에 있는 것 같지만
실은 밖에 다른 가능성으로 있다.

앎은 안에 있다.
앎은 명사와 문장에 있다.
삶은 이것을 벗어나는 곳에 있다.

삶을 존재라고 규정하면
이미 필연과 이유를 가정하고
동시에 우연과 죽음에 시달리게 된다.

삶과 앎은 애초에

모순과 배반으로 얼룩져있다.
벗어나려고 하면 할수록 늪과 같다.

사람들은 위로받거나
용감하게 돌진할 수밖에 없다.
삶은 손안에 있는 것 같지만 항상 밖에 있다.

🖋 은유로서의 신

인간은 자기기만으로 살아가는 존재이다.
자기기만은 때로는 거짓말이 되고
터무니없는 이상으로 사회를 병들게 하지만
놀랍게도 신(神)으로 빛난다.

신은 신을 위해서 존재하는 것이 아니라
인간을 위해 존재한다. 신이 없다면
인간은 삶의 용기를 잃었을 수도 있고
고독 속에서 말을 잃어버렸을 수도 있다.

신은, 환유로서의 신이 되면서
고정불변의 실체로서의 신이 되면서

의심되다가 급기야 부정되기 시작했지만
신이 부정되면 결국 인간이 부정될 수밖에 없다.

무신론자들의 결말을 보라.
과학과 더불어 인간신이 등장한 뒤
세계는 물신(物神)들의 난장판이 되었고
계급 없는 전체주의의 노예사회가 되었다.

신과 인간은 서로를 물고 있다.
그것을 가상이라고 하든, 투사라고 하든
인간 속에 신이 들어있기에
자연의 은유로서의 신은 회복되어야 한다.

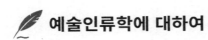 **예술인류학에 대하여**

진리는 오성과 개념(槪念)의 산물이다.
도덕은 이성과 영지(靈智)의 산물이다.
예술은 감정과 공통(共通)의 산물이다.

과학이 진리(眞理)를 추구한다면
도덕은 윤리(倫理)를 추구한다.

예술은 공통의 미적 감각을 추구한다.

예술은 시공간 이전의 무(無)개념의

감정적 쾌락이고 만족이다.

예술은 개념과 명령 이전의 영역이다.

아름다움은 앎 혹은 알음이 아름이 되고

아름에 '답다'가 보태져 아름다움이 되었다.

아름다움은 존재의 '그것다움'이다.

인간의 삶은 저마다 그것다움이 있다.

모든 존재의 삶도 저마다 그것다움이 있다.

그것다움은 바로 사물 그 자체(Thing itself)이다.

예술은 존재와 존재의 상호작용이다.

예술이야말로 진정한 존재이다.

예술은 자연의 모방이 아니라 존재이다.

신체는 정신의 대상인 육체가 아니다.

신체는 그것 자체가 존재, 존재는 신체이다.

예술인류학은 신체적 존재론에서 완성되었다.

예술은 보편적이고 일반적이 아닌,
일반적이고 보편적인 것이다.
예술인류학은 인류학의 존재론이다.

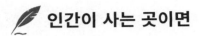 인간이 사는 곳이면

1.
인간이 사는 곳이면
어디든 아버지어머니가 있다.

내 몸에는 머리가 있고
몸의 끝에 손발이 있다.

손가락, 발가락은 10개씩이다.
이들은 각각이면서 하나이다.

세계에는 하늘이 있고, 땅이 있다.
인간의 마음속에도 하늘과 땅이 있다.

2.
인간이 사는 곳이면

어디든 아버지어머니가 있다.

삶의 알파요, 오메가도
아버지어머니이다.

우리는 아버지어머니가 되기 위해
살고, 또 그렇게 죽는다.

하나님아버지!
하나님어머니!

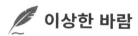 **이상한 바람**

바람은 참으로 이상하다.
자연의 바람도 바람이다.
인간의 바람도 바람이다.
존재의 이유도 바람이다.

우리는 누구나 바람을 가지고 산다.
바람은 아직 오지 않은 가능성이다.
바람은 꼭 실현되는 것은 아니지만

무엇을, 누구를 기대하게 한다.

바람은 항상 어디선가 불어온다.
바람은 실체가 없이 생멸한다.
우리는 괜히 바람에 핑계를 댄다.
바람은 종잡을 수 없으니까.

바람은 존재이면서 존재이유이다.
나는 네가 그렇게 하는 바람에
그렇게 하지 않을 수 없었다.
우리는 바람을 닮아 언젠가 사라진다.

 이름 없는 이름

이름 없는 이름, 영원한 이름
어머니는 이름이 없이도 어머니다.
진정한, 말이 필요 없는 하나님
오, 몸으로 이어진 생명이여!

우리는 남들이 아닌 님들이다.
우리는 세상에 던져진 존재가 아니다.

자연이 괴물처럼 보이는 실존이여!
어머니를 잊어버린 불쌍한 존재여!

우리는 존재라는 이름으로
존재를 찾지만 존재는 보이지 않네.
무시무종의 생명을 유시유종으로
찾으려 하니 도저히 찾을 수 없네.

멀리서 찾지 마라. 고향을
멀리서 그리워하지 마라. 마음의 고향을
처음부터 가까워서 고향이고
가까워서 마음의 고향인 것을!

죽음이야말로 고향으로 돌아가는 것을!
왜 그렇게 두려워하느냐.
죽음이 있기에 삶이 아름답지 않느냐.
내가 죽음으로써 뭇 생명이 사는 것을!

나라는 바꿀 수 있지만
어머니는 바꿀 수 없네.
충(忠)은 바꿀 수 있지만
효(孝)는 바꿀 수 없네.

세상의 모든 일은 받아들이라고 있는 것을!
바다는 모든 것을 받아들이기에 바다인 것을!
이름이 필요 없는 하나님
말이 필요 없는 하나님, 어머니!

문신과 기억

우리는 무엇을 새기고자 한다.
저 하늘에 별빛마저도
우리는 시간을 새기고자 한다.
기억이라는 것을

흘러가는 것에 저항하는
존재의 알 수 없는 충동
나는 나의, 너는 나의
문신이기를 원한다.

햇살이여, 별빛이여!
구름에 둘러싸인 으스름 달빛이여!
불현 듯 살빛을 느끼며
살점의 환희를 꿈꾼다.

진정한 삶은 밤새 이루어지는 것을
진정한 것은 말없이 이루어지는 것을
망각이 존재인 이유는
기억 이전의, 문신 이전의 몸인 까닭!

🖋 마술, 예술, 기술

마술은 제의(祭儀)와 더불어 있다.
세계는 신비(神祕)로 가득 차 있다.
예술은 취미(趣味)와 더불어 있다.
일상에도 아우라(aura)가 남아있다.
기술은 복제(複製)와 더불어 있다.
더 이상 신비와 아우라가 없다.

자연은 은폐되고 자연과학만 존재한다.
과학이야말로 유물론이고 기계주의다.
과학이야말로 파시즘이고, 전체주의다.
과학이야말로 신화이고, 이데올로기다.
과학에 대립하는 것이 자연적 존재이다.
과학은 유물론적 마술이고, 예술이다.

기술이 다시 마술로 돌아가고 있다.

사진기술, 염색기술, 오브제예술

마술과 예술과 기술은 포개져있다.

기술이 예술로 반전(反轉)하고,

예술이 마술로 환원(還元)하고 있다.

인위는 자연을 그리워할 수밖에 없다.

🖋 세계를 말함은

1.

세계를 말함은 이미 해석이다.

세계를 존재로 말함은 이미 설명이다.

존재를 세계라고 말함은 이미 인간의 자유이다.

과학조차도 인간의 자유가 없으면 성립하지 않는다.

해석에는 '신'을 세우는 구성의 방식이 있고,

신 대신 '나'를 내세우는 해체의 방식이 있다.

둘은 갈라진 세계는 서로 다른 세계 같지만

'신'과 '나'가 하나가 되면 세계는 하나가 된다.

'신'의 발견은 이미 '나'의 구성이다.

신을 말하지 못하면 인간을 말할 수가 없다.
'나'의 발견은 이미 '신'의 해체이다.
인간을 말하려면 신을 해체하지 않을 수 없다.

2.
천지세계를 창조한 존재를 하나님이라고 알지만
지금 창조하는 존재가 하나님이라는 것을 모른다.
나의 깨달음이 인류를 절망과 아비규환에서 구하고
나의 어리석음이 세계를 불행과 도탄에 빠지게 한다.

신-자유-창조-화합-평화의 연쇄는 축복하는 인간의 길이고
무신-노동-평등-투쟁-전쟁의 연쇄는 저주하는 인간의 길이다.
사랑하는 자는 희생과 베품으로 살신성인이 되고
질투하는 자는 탐욕과 분노로 어리석음에 빠진다.

신인간이 되느냐, 인간신이 되느냐가 관건(關鍵)이다.
신인간에는 신이 있고, 인간신에는 악마(惡魔)가 있다.
아, 세계와 진리는 여반장(如反掌)과 같구나.
신이 사느냐, 죽느냐에 인간의 운명이 달려있다.

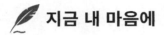 **지금 내 마음에**

지금 내 마음에 축복이 일어나면
내가 신이다.
신이 축복하는 것이 아니라
축복하는 자가 신이다.

지금 내 마음에 저주가 일어나면
내가 악이다.
악이 저주하는 것이 아니라
저주하는 자가 악이다.

지금 죽음이 최종원인이 되었다면
내가 신이다.
신이 천지창조를 한 것이 아니라
지금 창조하는 자가 신이다.

지금 내 마음이 행복하면
행복한 것이다.
행복은 밖에 있는 것이 아니라
내 안에 있다.

🖋 진리라는 거짓

인간은 존재를 진리로 바꾸는 존재
진리가 있음에 따라 거짓이 생겨났다.
진리는 새로운 진리를 따라가거나
예외 없는 진리가 없으니
진리는 저절로 거짓이 되고 마네.

진리 앞에 거짓이 있었던가.
진리란 인간이 언어로 구성한 것
언어로 구성하기 전의 세계를 말 못하네.
언어 이전의 진리, 순수한 진리
순수한 이성, 순수한 의식은 무엇인가.

변하지 않는 것, 흘러가지 않는 것은 없으니
이것이야말로 진리가 아니던가.
인간이 정지시킨 진리는 가짜진리
인간의 진리는 자기진리
인간의 사랑은 자기사랑

생성을 존재로 설명하던 철학은
다시 생성으로 존재를 설명하고자 하네.

생성적 존재는 말할 수 없는 것이기에
역설과 모순으로 가득 차 있네.
비진리의 진리, 생성의 존재

존재는 진리에 저항하네.
언어로 구성된 것을 싫어하네.
저항이 없는 곳이 없으니
저항이 없는 곳에 순수가 있나.
진리는 존재에 반항하는 인간의 흔적

순수가 존재로 돌변한 사건은
무관심이 쾌락이 되는 곳에 이미 있었네.
사물이 사물 그 자체가 되는 곳에 있었네.
물리와 윤리가 인식하고 의식한 것이라면
예술은 삶, 사건 그 자체, 존재라네.

 생존경쟁과 권력경쟁

인간은 생존경쟁을
권력경쟁으로 바꾼 종이다.
신을 섬기는 것은

나도 신이 될 수 있다는 뜻이다.

종을 생각하는 것은

나도 종이 될 수 있음을 의미한다.

문화를 쌓는 것은

문화를 부술 수도 있다는 것을 뜻한다.

문화는 구성과 해체를 동시에 행한다.

인간은 주인과 종을 왕래하는 존재이다.

상상은 언제나 떠올린 것을

다시 지울 수 있다는 의미이다.

역사를 쓴다는 것은

시간을 따라가면서 시간을 해체하는 것이다.

역사의 시원에는 항상 신화가 있다.

역사의 종결은 신화로 마무리 된다.

주인이 될 것인가, 종이 될 것인가

이것이 역사의 문제이다.

생존경쟁은 먹이사슬에서

생태적·역동적 균형을 잡고 있다.

권력경쟁은 위계체계에서

균형점을 잡는 데 어려움을 겪고 있다.

자유는 평등을, 평등은 자유를
적으로 바라보면서 상극하고 있다.

🖋 철학과 미적분(微積分)

1.
니체의 힘의 존재론은
존재를 생성으로 되돌린 것 같지만
실은 생성을 존재로 해석한 것에 불과하다.

니체는 기운생동을 힘이라고 말한다.
니체의 힘은 힘의 미분을 말하지만
힘의 적분을 영원회귀 속에 포함하고 있다.

니체는 힘의 미적분을 포함하고 있다.
니체의 힘은 이중적이고 동시적이다.
해체는 구성을 은익하고 있을 뿐이다.

니체는 여성적 진리를 말했지만
모든 힘은 권력과 남성적 진리를 말한다.
니체와 추종자들은 기표(記標)중심주의자이다.

니체의 힘, 데리다의 문자
들뢰즈의 기계는 권력이 된 힘을
미분하여 과정적으로 설명한 것에 불과하다.

2.
인간이 사회적 신체를 만든 것이 아니라
사회가 바로 신체이고,
신체가 존재인 것이 아니라 존재가 신체이다.

존재론은 어떤 존재론이라도
생성을 왜곡시키고 정지시킨 것이다.
생성은 존재의 유무가 아니라 존재의 무유이다.

들뢰즈의 기계적 존재론은
신체 없는 기관, 기관 없는 신체를 말하지만
기운생동과 힘을 미적분으로 해석했을 뿐이다.

생성을 존재로 해석한 모든 철학적 행위는
대뇌의 상상과 가상일뿐이다.
자연을 감각한 것이 아니라 지각한 것일 뿐이다.

해체철학자들은 현상학의 언덕에서

생성적 존재를 바라보고 있었을 뿐이다.

생성을 존재로 해석하고 있었을 뿐이다.

🖋 주역(周易)과 미적분(微積分)

1.

동양의 주역(周易), 음양법(陰陽法)은 왜

라이프니츠에 의해 미적분(微積分)이 되었을까.

미적분은 왜 이진법(二進法)의 컴퓨터가 되었을까.

동양의 음양(陰陽)은 왜 서양의 전기(電氣)장치가 되었을까.

동양의 생성론은 왜 서양의 존재론이 되었을까.

생성론은 변화를 말하는데 존재론은 운동을 말한다.

자연과 신, 생성과 존재, 변화와 운동은 무슨 차이일까.

동양의 역학(易學)과 서양의 역학(力學)은 무슨 차이일까.

그 핵심은 바로 실체론과 비실체론의 차이이다.

세계는 실체로 볼 수도 있고, 비실체로 볼 수도 있다.

동양의 기운(氣運)은 서양에서 힘(物理力)으로 번역된다.

동양은 도학(道學)을 숭상하는데 서양은 과학(科學)을 숭상한다.

2.

심물(心物)은 일체(一體), 심물은 심물존재

심(心)은 1의 미분(微分)인 0, 혹은 공(空)

물(物)은 1의 적분(積分)인 ∞, 혹은 색(色)

공은 색(空卽是色), 색은 공(色卽是空)

일은 일체(一卽一切), 일체는 일(一切卽一)

일중일체다중일(一中一切多中一)

일즉일체다즉일(一卽一切多則一)

일은 일체(一卽一體) 일체는 일(一體卽一)

마음은 몸이고, 몸도 마음이다.

마음은 기(氣)이고, 몸도 기(氣)이다.

동정역동이기신학(動靜易動理氣神學)

의기투합만물만신(意氣投合萬物萬神)

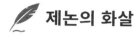 제논의 화살

고정불변의 존재가 있는 것은

수학을 가능하게 한다.

수학의 방정식은 움직이는 것을

정지시켜서 용적을 만드네.

$1/0=\infty$, $1/\infty=0$
∞가 있어 이진법이 이루어지네.
0, 1, ∞는 수학의 현상학
존재론은 그냥 자연일 뿐이네.

대상이 있어 내가 있고,
내가 있어 신이 있네.
다시 신이 있어 내가 있네.
나와 신은 현상의 필수요건.

자연은 1처럼 있는 0이네.
자연은 0처럼 있는 1이네.
인간이 계산한 세계는 세계일뿐이네
존재는 아무 말 없이 변화하고 있네.

🖋 기독교불교, 불교기독교

기독교는 초월적이고,
불교는 내재적이다.

초월적인 것은 내재적이다.

그래서 기독교와 불교는 하나이다.

기독교와 불교를 넘어서는 것은 무엇일까.

자연은 모든 존재자들의 집이다.

자연은 비종교의 종교, 비존재의 존재.

비개념의 개념, 은유의 환유이다.

모든 대립되는 것은 교차하는 것이고

교차하는 것은 서로 상쇄하는 것이다.

서로 지우면 결국 제로가 된다.

제로의 존재론, 무한대의 존재론

기독교도 내재적이고,

불교도 초월적이다.

자연을 다른 말로 말하면

스스로 자기모순에 빠진다.

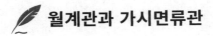 **월계관과 가시면류관**

축제는 승자에게 월계관을 씌워주었네.

그리고 승자를 신에게 바쳤네.

역사는 승자에게 가시면류관을 씌워주었네.

그리고 십자가에 못 박혀 죽게 했네.

누가 더 현명한가.

승자를 영광스럽게 하고

세계를 평화롭게 하는 지혜여! 어디로 갔는가.

승자를 패자로 만드는

폭력과 질투를 벗어날 수는 없는가.

예수는 스스로 "왕중왕(king of kings)"이라고 했네.

천지중인간(天地中人間)하는 자는 세계를 정복하고

인중천지일(人中天地一)하는 자는 세계를 평화롭게 만드네.

예수와 부처는 인중천지일하는 자였네.

천부경 속에 그들은 예언되어 있었네.

부처는 "천상천하유아독존(天上天下唯我獨尊)"이라 했네.

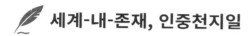

세계-내-존재, 인중천지일

하이데거는 존재론의 완성을 위해
마지막으로 동양의 천부경(天符經)에 매달렸다.
박종홍교수에게 하이데거는 물었다.
"당신네 나라에 천부경이라는 책은 어떤 책입니까."
한국의 대표적 철학자인 박종홍교수는
금시초문이라 아무 말도 못했다.

하이데거의 사방세계(geviert)는
기독교의 신과 천부경의 천지인을 융합한 것
하이데거의 세계-내-존재는
천부경의 천지중인간(天地中人間)의 번역물
그는 인중천지일(人中天地一)을 해독하지 못했다.
세계는 존재-내-세계, 자기존재이다.

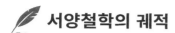

서양철학의 궤적

1.
서양철학은 근대까지
자연을 존재로 해석했네.

자연의 생성을 존재로 해석했네.
자연의 생성을 존재의 유무(有無)로 해석했네.

서양철학의 후기근대는
존재의 유무(有無)를 무유(無有)로 해석했네.
현상학적 존재론은 존재론적 존재론이 되었네.
신이 창조한 것이 아니라 창조하는 것이 신이라네.

옛날에는 인간의 자리에 신이 들어섰으나
이제는 신의 자리에 인간이 들어섰네.
원인적 동일성은 결과적 동일성이 되었네.
현상학적 환원과 현상학적 회귀는 타원궤도라네.

세계를 시종(始終)을 말하든
세계를 종시(終始)를 말하든
결국 하나의 궤도에 있네.
하나의 현상학의 궤도에 있네.

2.
신을 앞세우면 구성이 되고,
나를 앞세우면 해체가 되네.
신과 내가 하나라면

둘러치나 매치나 하나라네.

세계를 유시유종(有始有終)으로 말하든
세계를 무시무종(無始無終)으로 말하든
결국 하나의 궤도에 있네.
존재론의 궤도에 있네.

역사는 남성의 전유물
창조는 히스테리환자라네.
남성은 줄곧 종이에 책을 써왔고
여성은 틈틈이 거울을 보며 화장을 해왔네.

신은 태초에 천지를 창조한 창조자였지만
인간은 최후에 인생을 예술로 만드는 예술가라네.
시인과 음악가, 예술가야말로 살아있는 신이라네.
내 속의 신, 신바람 속의 나, 신인일체(神人一體)라네.

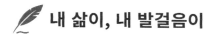 **내 삶이, 내 발걸음이**

내 삶이, 내 발걸음이
순간순간 기적이라네.

신의 가호가 없으면 어찌 지금이 있으리오.
내가 신이 아니라면 어찌 지금이 있으리오.

내 삶이, 내 발걸음이
걸음걸음 환희라네.
신을 말할 때, 내가 있고
내가 있을 때, 신이 있네.

꽃이 피고 새가 울듯
신과 나는 함께 피고 함께 울었네.
태초가 지금이고, 지금이 태초처럼
하나의 원광(圓光) 속에서 환희에 젖었네.

어디서 죽든, 어디서 살든
괘념치 않고 살다가
생사(生死)처럼, 사생(死生)처럼
홀연히 달아날 작정이오.

🖊 정신의 반대는 무엇

정신의 반대 혹은 대립은
물질이 아니라 존재라네.
정신의 반대 혹은 대립은
육체가 아니라 신체라네.

유물론은 유심론의 결과라네.
유심론과 유물론은 한통속이라네.
무신론은 유신론의 결과라네.
유물론과 무신론은 관념론이라네.

정신의 반대는 자연이라네.
자연은 산과 강을 품듯
자연은 풀과 양을 품듯
항상 인간을 품고 있네.

생각이 없는 곳에 감각이 있네.
모든 생각은 감각의 보충대리
모든 언어는 사물의 보충대리
사물은 생성변화하는 사건이라네.

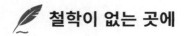 **철학이 없는 곳에**

철학이 없는 곳에
너의 절망과 너의 사랑이 있다.

철학이 없는 곳에
너의 역사와 너의 신화가 있다.

철학이 없는 곳에
너의 여자와 너의 슬픔이 있다.

철학이 없음으로
너의 무아를 감당해야 함을 어쩌랴.

철학이 없음으로
너의 허례허식과 당쟁이 있음을 어쩌랴.

철학이 없음으로
남의 생각을 내 생각인양 사대하니 어쩌랴.

유랑과 방황이 있는 곳에
너의 철학과 운명애가 있음을 어쩌랴.

그래, 그만하면 잘 살았다고 위로함이
마지막 너의 철학과 종교와 안식이 되랴.

 ## 사유와 기만

내 생각이 내 기만이면 어쩌랴.
내 최선이 내 최악이면 어쩌랴.
나라는 게 내가 아니면 어쩌랴.

내 상상이 내 현실이면 어쩌랴.
내 이상이 내 지옥이면 어쩌랴.
내 천사가 내 악마라면 어쩌랴.

 ## 치매와 망각

무엇이 그리도 잊고 싶었는지
죽기도 전에 치매에 걸렸네.
불행한 삶의 마지막 흔적인가,
아니면 행복한 삶의 작별인가.

진리라는 오랜 거짓말보다
망각이 존재의 진면목일세.
오래 사는 것은 저주인가,
아니면 때늦은 축복인가.

원점으로 돌아가는 길
몸이 기억을 거부한 길
외화(外化)된 신이 성급하게
되돌아간 만추(晩秋)의 소외(疎外)

차라리 죽음의 안식을 베푸소서.
차라리 동면(冬眠)의 축복을 주소서.
제로로, 제로섬게임으로 돌아가는 길
고령화에 대한 몸의 소리 없는 저항!

🪶 죽음은 은총, 영원한 자유

신은 자신을 외화(外化)시키기 위해 창조하지만
인간은 창조되는 동시에 소외(疏外)에 빠진다.

인간은 창조 이전으로 돌아가고자 한다.

창조되기 전의 존재 그 자체에게로 말이다.

죽음은 소외로부터 벗어나는 신의 은총이다.
죽음은 환상으로부터 벗어나는 영원한 자유이다.

내가 선택할 수 없는 것이 있음이 다행스럽다.
내 책임이 아닌, 나를 부정할 필요도 없는 세계이다.

✒ 자유의 종류에 대하여

노예들의 자유는
무엇 무엇으로부터의 자유
주인들의 자유는
무엇을 끝없이 향하는 자유

무엇을 대상으로 하는 자유
무엇을 목적으로 하는 자유
무엇을 끝없이 넘어서는 자유
자유조차 잊어버린 무심한 자유

자유는 주인과 노예를 하나로 만든다.

주인과 노예는 양극에서 서로 통한다.
진정한 주인은 스스로 노예이다.
진정한 노예는 스스로 주인이다.

✎ 가족과 우주(宇宙)

가족, 생식집단, 시(始), 사(私)
국가가족, 세계가족, 인류가족
미분하면 개인, 적분하면 세계

가족을 확대하면 우주별세계(星辰)
가족을 축소하면 개인자아(自我)
원(圓)은 점(點)이고, 점은 원이다.

하나는 처음이자 끝이다.
하나는 영원한 님, 하늘님(任)
하나님아버지 어머니, 하늘부모(天父母)

부모자식, 형제자매, 부부관계는
모든 상징과 은유의 원형이다.
이 그물에 포섭되지 않는 사건사물은 없다.

고정불변의 존재를 가정하면
생멸은 부활이 되지 않으면 안 된다.
죽음은 영생이 되지 않으면 안 된다.

생성변화하는 존재를 가정하면
부활은 생멸이 되지 않으면 안 된다.
부활과 생멸은 같은 뜻이다.

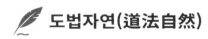 도법자연(道法自然)

"나는 길이요, 진리요, 생명이다."
"도는 자연을 법으로 삼는다(道法自然)."
삶은 사람이 길을 가는 것이다.
길의 목적은 법이고, 진리이다.

진리는 무엇을 말하는 것인가.
삶이 진리인가, 말이 진리인가.
진리는 말인가, 생명인가.
자연은 생명의 다른 말이다.

진리의 최종목적지는 자연이다.

자연 아닌 것이 어디에 있는가.
도법자연을 명사동사로 번갈아보라.
도법자연은 절대이며 상대이다.

도법자연은 진리이며 순환이다.
자연은 목적이며 자기(self)이다.
세계는 어디서나 필연우연이다.
세계는 어디서나 연속불연속이다.

"알-나-스스로-하나"(한글철학)
"알다-나다-살다-하나 되다"
진리의 마지막 진리는 생명이다.
진리 중의 진리는 하나 되는 것이다.

 ## 초인(超人)에 대하여

나와 신이 함께 있는 자여!
수많은 고난을 넘어선 자여!
어린아이와 성인이 함께 있는 자여!
남자와 여자가 함께 있는 양성동체여!

고독을 벗 삼아 온 자여!

고독할 때 더 즐거운 자여!

그대 기쁨과 자랑을 숨기는 자여!

남이 알아주지 않아도 괜찮은 자여!

죽음이 두렵지 않은 자여!

지금 이 순간이 전부인 자여!

태초와 종말을 무시하는 자여!

먼지를 닮아 광풍에도 태연한 자여!

눈보다는 귀가 큰 자여!

0인 듯 1인 듯 ∞인 듯

흔적을 남기지 않는 자여!

비몽사몽(非夢似夢)에 있는 자여!

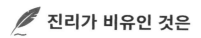 ## 진리가 비유인 것은

진리가 비유인 것은

그 자체를 말할 수 없기 때문이다.

비유 중의 비유는

섹스의 비유이고, 가정의 비유이다.

암수의 비유, 남녀의 비유는
모든 움직임을 관통한다.
아버지어머니와 아들딸의 비유는
모든 삶을 관통한다.

하늘에 계신 우리아버지는
추상이고, 진리 중의 진리이지만
이 내 몸을 낳은 어머니는
구체이고, 너무 가깝기 때문에 말할 수 없다.

생멸 그 자체는 말할 수 없다.
인간은 차선의 진리를 말한다.
운명, 영원, 세계가 그것이다.
운명애, 영원회귀, 무한대, 존재가 그것이다.

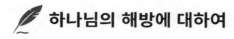 **하나님의 해방에 대하여**

"나는 생각한다. 고로 존재한다."는
"태초에 하나님이 천지를 창조했다."의 해체
'나'를 주어로 한 존재론은 신의 해체선언
데카르트는 신 존재증명을 했지만 결국

신을 해체하기 시작한 근대적 인간의 표본

근대철학은 신을 해체하기 위한 수순에 들어갔다.
데카르트, 스피노자, 라이프니츠
스피노자는 소산적 자연, 유물론의 개척자
라이프니츠는 영원을 무한대로 미적분을 개척했네.

칸트, 헤겔, 마르크스, 니체
이성의 내의 신, 영지(靈知)의 개척자
종교는 과학의 물결 속에 도덕으로 변신했네.
절대지의 인간, 유물론의 인간, 초인(超人)

헤겔의 "신이 죽었다"는 감정
마르크스의 "신은 없다."는 주장
니체의 "신은 죽었다."는 선언
종교를 대체하고 만 과학적 유물론이여!

하나님의 해방은 하나님의 해체
메시아의 완성은 메시아의 해체
서양문명의 유시유종(有始有終)은
동양문명의 무시무종(無始無終)으로 돌아갔네.

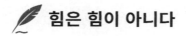 힘은 힘이 아니다

힘은 힘이 아니다.
고정불변의 존재가 있기 때문에
힘은 힘이 된 것이다.

힘은 힘이 아니다.
대상이 있기 때문에 힘이 있다.
대상이 없다면 전지전능도 없다.

만약 신이 없다면
내가 나라면 각자가 신이 된다.
종교가 철학이 되는 순간이다.

힘은 힘이 아니다.
진정한 힘은 힘이 아닌 겸손함이다.
진정한 힘은 힘이 아닌 검소함이다.

진정한 힘은 힘이 아닌 자유이다.
진정한 힘은 힘이 아닌 창의이다.
신과 대상이 없다면 힘은 본래 없음이다.

0, 1, ∞, 무(無), 유(有), 무한대

0은 이미 1이고, 1은 이미 ∞이다.

1은 이미 0이고, ∞는 이미 0이다.

0은 1을, 1은 ∞를 내포하고 있다.

1은 0을, ∞는 0을 내포하고 있다.

기독교(基督教) 신자들은 이를

성부, 성자, 성령이라 부르네.

불교(佛敎) 신자들은 이를

성문, 연각, 보살이라 부르네.

동양 사람들은 이를

천지인(天地人), 정기신(精氣神)이라 부르네.

태극음양(太極陰陽), 삼태극(三太極)이라 부르네.

문화마다, 사람마다 천차만별, 다르게 부르네.

이름은 다르고, 분야마다 다르게 부르지만

다르다고 다른 것이 아니네.

모두 하나에서 출발하여 하나로 돌아가네.

알파요, 오메가요, 시종(始終)이요, 종시(終始)이네.

수학적 0, 1, ∞은
철학적 무(無), 유(有), 무한대
없음은 가장 크게 있음이고
가장 크게 있음은 없음이다.

신기원과 영원회귀는 하나의 궤도에 있다.
모든 대립적인 것은 이중성의 관계에 있다.
진정한 하나는 그 이중성의 틈새,
텅 빈 공(空), 공집합이라고 할 수 있다.

🪶 가난으로 깨닫게 한 주여

주여, 가난으로 깨닫게 하신 주여!
내가 부자로서 그럭저럭 살다가 갔으면
어찌 나에게 숨어있는 하나님을 깨달았을까.
어찌 빈자의 방에서 은근히 빛날 수 있었을까.
어찌 예수가 부처이고, 부처가 예수인줄 깨달았을까.

주여, 눈물로 깨닫게 하신 주여!
내가 남의 눈물의 깊은 곳을 몰랐으면
어찌 내 가슴을 넓혀 사해동포를 안을 수 있었을까

어찌 우상을 떨치고 시장의 거래를 피할 수 있었을까.
어찌 한 번뿐인 인생에서 후회 없이 떠날 수 있었을까.

주여, 역설의 진리를 깨닫게 하신 주여!
내가 스스로의 기만과 오만과 욕망을 몰랐으면
어찌 지금 살아있는, 창조하는 하나님을 깨달았을까.
어찌 내 속에서 하나님과 부처님을 만날 수 있었을까.
어찌 죽음의 부활을, 부활의 죽음을 만날 수 있었을까.

주여, 세계를 믿음으로 변화시킨 주여!
우리는 처음부터 믿음으로 태어난 존재들인 것을!
믿음으로 살고, 앎으로써 나날이 새로워진 시간들!
지금 제로좌표에서 스스로의 십자가를 짊어집니다.
어찌 지옥으로부터 스스로를 구해 떠날 수 있을까.

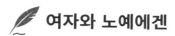 **여자와 노예에겐**

여자와 노예에겐 실은
국가가 필요 없다.
국가는 그들의 족쇄였다.

여자들은 당장 우는 아이에게
젖을 주는 게 급급하다.
노예에겐 오늘 먹거리가 우선이다.

그들에게 내일은 없다.
그들에게 진리란 없다.
자궁과 육체만이 진리이다.

그들에게 생산이란 오직
자궁과 육체에서 나온다.
자연에 충실한 노예이다.

🖋 뇌자궁, 자궁뇌

남자가 머리로 임신을 한다.
여자는 자궁으로 사유를 한다.

뇌는 자궁이고, 자궁은 뇌이다.
둘은 서로 교차하면서 존재한다.

그 옛날 뇌자궁을 가진 자가 무당이다.

현대에 뇌자궁을 가진 자가 철학자이다.

여자가 잉태를 하면 임신(妊娠)이라고 한다.
남자가 개념을 잡으면 사유(思惟)라고 한다.

무당은 날마다 신령에게 빌고 접신을 한다.
철학자는 날마다 개념의 히스테리를 앓는다.

영감(inspiration)을 받는 자는 무당사제이다.
글쓰기(inscription)를 하는 자는 철학자이다.

철학자는 자신의 개념 틀 안에서 영감을 받는다.
무당은 자신의 우주관 안에서 신탁을 늘어놓는다.

 **알 수 없어요**

1.
나는 나의 삶을 알 수 없어요.
나는 내 죽음을 볼 수 없어요.
우리가 왜 함께 있는 지 알 수 없어요.
모든 것은 알 수 없는 것들뿐

알 수 없기 때문에 사는 것인가요.

아! 알 수 없기 때문에
열심히, 재미있게 살고 있는 것인가요.
만약 내가 죄다 알고 있다면
열심히도, 재미있게도 살 수 없었겠지요.
미지의 세계여, 신비의 세계여!

나는 오늘 누구를 만날지 모릅니다.
나는 오늘 무엇을 할지 모릅니다.
왜 뜰에는 남몰래 장미꽃이 피어있고
왜 강아지는 꼬리를 치는지 모릅니다.
아름다운 사람이 왜 내 곁에 있는지 모릅니다.

언제 올지 모르기 때문에 신입니다.
모르는 것이, 모르기 때문에 신입니다.
깨달음이 왜 깨달음이겠습니까.
언제 올지 모르기 때문에 깨달음입니다.
현재(present)는 바로 선물(present)입니다.

2.
신이 없으면 폭군이 됩니다.

깨달음이 없으면 오만방자하게 됩니다.
세계를 안다고 생각하면 우리는 그날로
바로 기계가 되기를 시작합니다.
가장 무서운 기계는 전쟁기계입니다.

존재는 실험을 할 수 없습니다.
재현(represent)은 없는 것이니까요.
참으로 알 수 없다는 것은 다행입니다.
우리는 머릿속에 있는 것들로 채워져 있습니다.
우리 바깥에 있는 것들의 아름다움을 모릅니다.

세계를 선악으로 본다는 것은
세계를 친구와 적으로 본다는 것은
세계를 진리와 거짓으로 본다는 것은
참으로 인간으로서 못할 짓입니다.
그렇게 보기 때문에 그렇게 있는 것을!

알 수 없음의 신비여!
헤아릴 수 없음의 광대무변함이여!
알 수 없는 존재 꽃들의 아수성이여!
나의 형식 속에 당신을 넣고 싶지 않습니다.
나는 그저 바람처럼 스쳐 지나갈 뿐입니다.

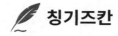 ## 칭기즈칸

세계의 정복자 칭기즈칸
언어의 칭기즈칸, 세종대왕
경제의 칭기즈칸, 박정희대통령
종교의 칭기즈칸, 문선명한학자총재
예술의 칭기즈칸, 백남준비디오아티스트
철학의 칭기즈칸, 박정진문화철학인류학박사

생각의 감옥

생각하는 것은
그것에 갇히는 것이다.
무엇을 안다는 것은
그것에 갇히는 것이다.

우리는 고정불변의 무엇을 추구하고 있다.
왜냐, 자연은 고정불변하지 않기 때문이다.
나는 동일(同一)보다는 항상(恒常)을 좋아한다.
항상 변하지 않는 것 같지만 변하기 때문이다.

생각하지 않으면

존재를 만끽할 수 있다.

한 생각이라도 있으면

존재에 먼지가 낀 것이다.

우리는 살아있는 부처님을 섬기기보다

우상의 부처님을 섬기고 있다.

우리는 살아있는 예수님을 섬기기보다

우상의 예수님을 섬기고 있다.

바리새인을 욕하지 마라.

인간은 누구나 바리새인이다.

별유천지비인간은 없다.

우리는 항상 밖으로 나아가야 한다.

날마다 새로워지는 것이 신이다.

날마다 창조하는 것이 신이다.

날마다 감사하는 것이 신이다.

날마다 깨어나는 것이 삶이다.

우리는 동사의 신을 찾아야 한다.

동사의 신이 우리의 구원영생이다.

이름의 신은 우리의 신이 아니다.
무지(無知), 무명(無名)이 돌아가는 것이다.

생각하는 것은
그것에 열리는 것 같지만
그것에 갇히는 것이다.
그래서 다시 생각을 열어야 한다.

어떤 생각도 잘못될 수 있다.
어떤 생각도 오류추리일 수 있다.
어떤 생각도 이율배반일 수 있다.
어떤 생각도 이상에 그칠 수 있다.

호모사피엔스인 나는

호모사피엔스인 나는 오늘도
두발로 걸으면서 생각하고 있다.
집에서, 집 밖에서
생각이라는 환상에 빠져있다.

생각은 항상 생각 안에 있다.

환상은 항상 환상을 불러온다.
환상은 상상과 가정의 합이다.
과학도 과학적 환상이다.

개념은 항상 개념 밖이 있고
법칙은 항상 법칙 밖이 있다.
삶은 항상 생각 밖에 있다.
생각 밖의 사건은 우연이다.

아무리 생각하고 생각한들
호모사피엔스가 멸종한다면
무슨 위로와 영광이 될까.
어떤 위대함도 빛을 잃을 것이다.

🖊 신과 철학, 과학과 도덕

신을 나로 바꾼 철학자, 데카르트
신을 전제한 유물론자, 스피노자
신을 전제한 과학자, 아이자크 뉴턴
신을 전제한 수학자, 라이프니츠
신을 전제한 철학자, 임마누엘 칸트

신을 인간화한 철학자, 프리드리히 헤겔

신을 없애버린 철학자, 카를 마르크스

신을 죽여 버린 철학자, 프리드리히 니체

신을 대체한 유물론자, 자연과학자

신을 기계로 대체한 생물종, 인간

신을 자연과 화해시킨 철학자, 박정진

신, 인간, 자연은 본래 하나이다.

박정진의 철학적 팔조목(八條目)

격물치지성의정심(格物致知誠意正心)

수신제가치국평천하(修身齊家治國平天下)를

대신한 21세기의 신(新)팔조목

자신자신자신자신(自身自信自新自神)

검소겸손자유창의(儉素謙遜自由創意)

자연에게 검소(儉素)

인간에게 겸손(謙遜)

자기에게 자유(自由)

세계에게 창의(創意)

마지막 종합으로 홍익자연(弘益自然)

가장 깊은 정복은 드러나지 않는다.

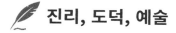 ## 진리, 도덕, 예술

과학은 진리의 우상이 되었다.
도덕은 마음의 과학이 되었다.
예술은 삶, 존재 자체가 되었다.

어떤 삶도 각자의 예술이다.
어떤 죽음도 각자의 예술이다.
어떤 고통도 각자의 예술이다.

고정불변의 존재에 대한 염원은
자연에서 신과 이성을 도출하였고
근대에 이르러 과학이 되었다.

과학에서 도덕과 예술을 바라보면
과거와 미래의 날개를 편 새가 된다.
과학은 현재를 검증하는 기계이다.

합리성의 근대는 도리어
논리 때문에 멸망할 수밖에 없다.
논리 때문에 전쟁할 수밖에 없다.

내가 옳고 네가 틀려서 전쟁하고
내가 선하고 네가 악해서 전쟁하고
내가 적(敵)이기 때문에 멸살한다.

예술이야말로 존재의 열림이다.
열린 진리와 열린도덕을 넘어선
기분, 호흡, 바람끼의 몸짓들이다.

🪶 기이(奇異)한 생물종의 추억

섹스를 사랑으로 승화시킨 생물종
삶의 고통을 열반으로 바꾼 생물종
존재를 현상으로 전도시킨 생물종
현상을 존재로 다시 회복한 생물종

고정불변의 존재를 찾아 나선 생물종
비존재를 존재로 믿고 살아간 생물종
주체와 대상이라는 가상을 만든 생물종
신, 정신, 유령을 돌아가며 만든 생물종

현실을 머릿속에서 해석하는 생물종

과거가 된 현실로 책을 쓰는 생물종
우연을 필연으로 해석하는 강박생물종
주사위를 던지는 신을 싫어하는 합리생물종

내속에서 신을, 신속에서 나를 찾은 생물종
만물이 하나인 존재(자연)-내-세계 전체에서
생존과 관계없이 살인살생을 도모하는 생물종
참으로 기이하고 고귀한 생물종이 한때 있었소.

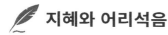 **지혜와 어리석음**

여자는 지혜롭다.
살갗이 존재인 것을 안다.
남자는 어리석다.
머리가 존재인 줄을 안다.

말한 것은 모두 해석이다.
말 이전에 존재가 있었다.
그 존재는 생성적 존재다.
남자는 말할 수밖에 없다.

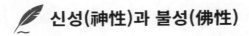# 신성(神性)과 불성(佛性)

인간의 생존은 자기기만의 성격을 갖는다.
언어와 도구라는 것은 자기기만의 결정체이다.
인간의 상상력은 거짓말할 수 있는 힘에서 출발하였다.
신을 발명한 인간은 가장 강력한 무기를 장착한 셈이었다.

근대적 자아를 발견한 데카르트를 비롯하여
스피노자, 라이프니츠는 실지로 신을 해체했으면서도
신(神)존재증명을 하고, 신과 능산적 자연을 실체로 만들고
신과 모나드의 개별적 상호작용을 주장하는 설레발을 쳤다.

신은 유무(有無)와 생사(生死)의 중요가 아니라
고독한 인간의 가장 원초적인 대화상대라는 데에 있다.
신의 당위성은 신을 위해서가 아니라 인간을 위해서이다.
인간이 신을 버리면 가장 강력한 무기를 버리는 것이 된다.

철학의 동일성, 종교의 동일성, 과학의 동일성은
모순의 진리이지만 믿고 살아가는 필요한 거짓말이다.
자연의 변화와 차이에 저항한 인간은 문화문법을 만들어
집단을 양육하고, 최면 시키면서 집단의 정체성을 만들어갔다.

신은 스스로를 "나는 나다"라고 말했다.

인간은 스스로를 '나'라고 부른다.

신과 인간과 '나' 사이에는 어떤 신비가 들어있다.

내 안에 있는 신성(神性)과 불성(佛性)을 깨닫는 게 구원이다.

🖋 명사를 발견한 인간

말을 발견한 인간

이름을 발견한 인간

명사를 발견한 인간

명사를 설명한 인간

사건밖에 없는 세상

동사를 동반해야 하는 명사

인간에게 자연은 문장이었네.

인간에게는 텍스트밖에 없네.

텍스트 속 콘텍스트를 읽어야

사건으로 돌아갈 수 있네.

빈틈, 빈곳이 도처에 있네.

문장과 세상은 관절로 이루어져있네.

신을 발명한 인간

나를 발견한 인간

대상을 바라본 인간

주체를 깨달은 인간

노예를 발명한 인간

주인을 발견한 인간

어제는 주인이었다가

오늘은 노예가 되네.

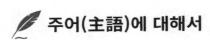 주어(主語)에 대해서

인간은 왜 주어를 필요로 하는가.

세계의 주인이 되고자 해서입니다.

인간은 왜 문장을 필요로 하는가.

세계를 서로 잇기 위해서입니다.

인간은 왜 신을 필요로 하는가.

세계의 주인이 되고자 해서입니다.

신은 왜 세계를 창조해야만 하는가.

창조하는 것이 주인이기 때문입니다.

인간과 신은 주인이 되기 위해서
주어와 '나'를 필요로 합니다.
'나'는 '너'를 필요로 합니다.
나와 너는 '우리'를 필요로 합니다.

문장에는 반드시 빈 곳이 있습니다.
세계에는 반드시 빈 곳이 있습니다.
동사는 빈틈을 연결하고 마침표를 찍습니다.
잡음씨는 동사 아닌 문장 끝에 마침표를 찍습니다.

🪶 죽음에 대하여

의식은 양성생물에서 비롯되었다.
죽음도 양성생물에서 비롯되었다.
죽음도 단지 의식이다.
삶에서는 죽음이 없다.

죽음은 의식하기 때문에 있는 허상이다.
삶은 우상에 둘러싸여 있는 허상들이다.
신마저도, 부처마저도 우상, 혹은 허상이다.
죽음이 없었으면 신도, 부처도 없었을 것이다.

죽음이 없었으면
전쟁이라는 것도
더욱이 평화라는 것도, 없었을 것이다.
죽음은 양성생물의 삶의 조건이다.

현상이라는 것도
양성생물의 의식의 놀이이다.
암수가 생기면서 상대를,
대상을 찾지 않으면 안 되었을 것이다.

철학은 양성생물의 꽃이다.
상대는 실상이지만 허상이고,
허상은 대상이지만 이상이고,
이상은 양성생물의 마지막 속임수이다.

넘침, 환원, 회귀

자연은 천지인의 천(天)이다.
인간은 천지인의 인(人)이다.
만물은 천지인의 지(地)이다.

자연은 오로지 넘침(excess)이다.
의식은 오로지 환원(reduction)이다.
존재는 오로지 회귀(return)이다.

본능(instinct)에서 섹스-프리(sex-free)
자유(freedom)와 충동(drive)은 닮았다.
이성은 욕망과 서로 교차되는 본성이다.

자연은 음양(陰陽)이다.
문명은 양음(陽陰)이다.
동서문명은 양음의 정도의 차이일 뿐이다.

✒ 우상(偶像)의 정원

인간의 정원엔 언제나
상(相)과 우상(偶像)의 즐비한 숲들
언어, 신, 이데아, 진리, 아이콘, 아이돌
생멸하지 않는 것은 모두 우상이다.

어머니 배속에서 태어난 갓난아이는
어머니를 지배하고 있는 아버지를 깨닫게 되네.

거울 속의 파편화된 자신을 이미지로
아버지를 대신하는 각종 형상을 꿈꾸네.

딸아이는 인형을 가지고 엄마놀이를 하고
사내아이는 권총을 가지고 병정놀이를 하네.
모든 우상은 아빠엄마, 사회적 아버지어머니
모든 인간은 자신의 장난감을 가지고 놀다간다.

인간이 아는 것은 우상뿐이네.
자연은 오직 어머니의 자궁 속 미궁(迷宮)
자연은 영원한 신비, 진리는 각자 우상
신도 자연의 품속에서 끝내 안식하게 되리.

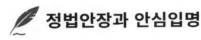 ## 정법안장과 안심입명

세속에서는 죽음을 그냥 돌아갔다고 매우 소박하게 말한다.
선종의 안심과 맹자의 입명이 안심입명(安心立命)이 되었다.
불교에서는 열반을 돕는 것을 정법안장(正法眼藏)이라 말한다.
누가 말했던가, 죽음은 가쁜 숨을 편안히 하는 안식(安息)이라고.

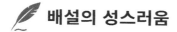 **배설의 성스러움**

성스러운 신체의 배설이여!
생명의 탄생으로 성스럽다.

삶은 배설에서 출발한다.
배설은 생명의 죽음이다.

죽음은 생명의 부활이다.
삶은 죽음에서 출발한다.

신체를 잃어버린 미아(迷兒)여!
정신은 언제나 정신병(精神病)이다.

부분으로 전락한 정신의 소외여!
죽음은 우주적 신체로 돌아감이다.

나(自)는 신(身)이고, 신(神)이다.
그 사이에 신(信)과 신(新)이 있다.

🖋 이상한 시공간

종이는 공간이고
글은 시간이다.
아니, 공간은 종이이고
시간은 글이다.

내가 책상에 앉기 전에는
공간이 없다.
내가 글을 쓰기 전에는
시간이 없다.

내가 글을 쓰는 순간
나는 세계이고
세계는 문장이다.
문장은 세계이다.

영혼은 신이고
신은 세계이다.
아니, 신은 영혼이고
세계는 신이다.

나와 영혼, 세계와 신

나와 신, 세계와 영혼은

의기투합(意氣投合)하고

만물만신(萬物萬神)하는 관계이다.

✒ 철학의 신(神)

철학은 관념론일 수밖에 없다.

주관이든 객관이든 관념이다.

삶은 경험론일 수밖에 없다.

경험이 없으면 삶이 아니다.

철학과 삶은 어긋나기 마련이다.

철학은 생각에 삶을 맞추거나

삶에 생각을 맞출 수밖에 없다.

철학은 실천을, 삶은 생각을 원한다.

신은 인간에게 계명계율을 내린다.

철학은 인간에게 도덕을 요구한다.

신은 신을 위해 있는 것이 아니다.

철학은 철학을 위해 있는 것이 아니다.

가정은 이미 초월이고
초월은 이미 미래이고
미래는 이미 현상이다.
인간이 없으면 시공간이 없다.

인간은 자연을 시공간으로 해석하는 존재이다.
자연과학은 결코 자연이 될 수 없다.
인간의 생각은 이미 도착이고, 존재이다.
삶은 항상 생각의 밖에 있고, 생성이다.

자연은 본래 동사이고, 사건이다.
자연은 지금도 항상 일어나고 있고,
인간도 아침마다 일어나고, 일을 한다.
인간은 자연의 동사를 명사로 바꾼 존재이다.

🪶 창조와 진화의 화해

자연은 인간에 이르러
스스로 대자(對自)하는 환희를 맛보았다.
거대한 자기황홀, 자기존재에 도달했다.
그것을 신이라고 하든, 부처라고 하든

그 이름은 아무 상관이 없었다.

자연은 인간에 이르러
스스로 자기기원(origin)에 도달했다.
끝없는 영원을 여행하는 우주선을 발사했다.
그것을 종교라고 하든, 과학이라 하든
그 이름은 아무 상관이 없었다.

자연은 인간에 이르러
세계가 한 가족(family)임을 깨닫게 했다.
날마다 자아와 타자의 언어게임에 도취했다.
물 자체를 신이라고 하든, 무(無)라고 하든
그 이름은 아무 상관이 없었다.

인간이 다시 자연의 품으로 돌아가면
죽음의식을 망각하는 동시에
양성생물의 불연속과 죽음을 넘어서게 된다.
무기물이든 유기물이든 하나였다.

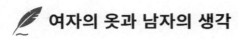 여자의 옷과 남자의 생각

여자는 똑같은 옷을 입은 여자를 싫어한다.
여자에게 옷은 새로운 살갗이기 때문이다.
남자는 똑같은 생각을 하는 남자를 좋아한다.
남자에게 생각은 새로운 삶이기 때문이다.

자연은 절대로 똑같은 것이 없다.
생각은 항상 똑같은 것을 원한다.
여자는 스스로를 자연이라고 생각한다.
남자는 스스로를 문명이라고 생각한다.

관점(觀點)과 힘

모든 생각은
자기중심적일 수밖에 없다.
생각의 한계는 자기폐쇄성이다.
생각하지 않음이 자기개방성이다.
객관적인 것은 오직 힘일 뿐이다.

힘에도

미분적인 것이 있고,

적분적인 것이 있다.

미분적인 것은 기(氣分)이고

적분적인 것은 운동(運動)이다.

수학적인 세계는

1과 0과 ∞의 세계이다.

1의 무한소는 0이고, 1은 무한대가 된다.

1 속에 0이 있고, 1 속에 무한대가 있다.

신은 영혼과 세계전체의 합(合)집합이다.

인간개체는

신의 종이 되거나 신이 될 수밖에 없다.

철학은 유심론자 혹은 유물론자가 될 수밖에 없다.

철학은 유신론자 혹은 무신론자가 될 수밖에 없다.

자연은 어느 쪽에 줄을 서든 죽음을 선물할 뿐이다.

철학은 개념의 조립이고

과학은 수학의 계량이다.

종교는 심정의 대화이다.

이들은 모두 언어(기호)안에 있다.

언어 밖에 존재가 있음을 어찌하랴.

죽음에 과민반응을 하는 게 인간이다.
의식은 의식으로 죽음을 넘지 못한다.
무엇을 의식한다는 것은
무엇에 의미를 부여한다는 것은
그것 자체로 인간의 특징이자 한계이다.
죽음 하나를 이기지 못하는 게 인간이다.

✒ 말로써 이루어진다면

말로써 평화가 이루어진다면
왜 평화가 이루어지지 않았겠는가.
말로써 행복이 이루어진다면
왜 행복이 이루어지지 않았겠는가.
말로써 평등이 이루어진다면
왜 계급혁명이 성공하지 못했을까.
말로써 정의가 이루어진다면
왜 정의를 계속 외쳐대야 하는가.

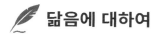 **닮음에 대하여**

죽음을 생각하면
무생물을 생각하면
모든 게 제로섬 게임이다.

우리는 각자의 삶에 있다.
각자의 삶에서 존재를 생각한다.
존재가 제로인지 모르고 말이다.

죽음은 모든 것을 평등으로 만든다.
살아있을 때는 모든 게 불평등하다.
죽기 전에 평등을 아는 것이 깨달음이다.

자연은 불평등을 감수한다.
불평등을 닮음으로 생각한다.
닮음은 같고 다름이 하나이다.

자연은 서로 닮아있다.
닮음은 같고 다름이다.
닮음은 동일성과 차이성이 아니다.

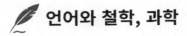 **언어와 철학, 과학**

기표는 표상, 기의는 의미
기표는 보편성, 기의는 일반성
기표는 존재자, 기의는 존재

기표가 존재라면, 기의는 생성
기표가 의미라면, 기의는 무의미
기표는 기호, 기의는 소리

기표는 입자, 기의는 파동
기표는 물질, 기의는 상징
기표는 기계, 기의는 기운

현상은 입자, 존재는 파동
빛은 입자이면서 파동
존재는 파동이면서 공명

언어에서 철학이 나오고
철학에서 과학이 나왔네.
신은 언어 이전, 언어 이후라네.

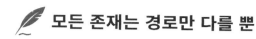 **모든 존재는 경로만 다를 뿐**

존재를 둘로 나누면
주체와 객체, 절대와 상대이다.
세계는 문장처럼 주어와 술어로 구성된다.

세계의 모든 존재는 관계이다.
관계에는 인과관계가 으뜸이지만
그것을 둘러싸고 있는 것은 관계망이다.

우리는 물고기처럼
그물 속에서 헤엄치고 있으면서
바다 속에 있는 줄 착각한다.

주사위를 던지는 자는 누구인가.
필연의 밖에는 우연이 있다.
필연에는 원인적·결과적 동일성이 있다.

모든 존재는 길 위에 있다.
모든 존재는 경로가 다를 뿐이다.
존재의 처음과 끝은 같다.

길은 길로 이어진다.
하나의 길은 또 다른 길을 열고
모든 길은 제자리로 돌아온다.

점은 선의 일부이고
직선은 곡선의 일부이고
곡선은 원과 순환의 일부이다.

📝 중심이동

생멸하는 우주에는 중심이 없다.
아니다. 중심이동(中心移動)이 있다.

기운생동(氣運生動)하는 우주에는
부분과 전체라는 구분조차 없다.

우주는 하나의 전체이긴 하지만
요소(要素)가 없는 역동적 파동이다.

벗이여, 우주의 중심을 느낀 적이 있는가.
기적이라는 것도 일상의 일들이다.

우리가 설명할 수 있으면 과학이고
우리가 설명할 수 없으면 기적인가.

🖋 선악도 방향이다

선악도 방향이다.
의식의 방향이다.
에너지의 방향이다.
부정도 긍정도
원(圓)안에 있다.
중심에서 어떤 방향도
원 궤도에 있다.

원은 원(原)이다.
원은 원(元)이다.
원은 원(源)이다.
원은 원(園)이다.
원은 원(遠)이다.
원은 원(願)이다.
원은 원만(圓滿)이다.

신이든 이데아든 본질이든
하나이다.
신이든 부처이든 보살이든
하나이다.
말로 할 수 없는 곳에
존재가 있고,
존재는 말이 없다.

🖋 변형생성

생성을 존재로 바꾼 것이 언어이고
존재를 세계로 바꾼 것이 문장이다.

세계를 문장으로 바꾼 것이 철학이고
철학을 기계로 바꾼 것이 과학이다.

문장을 은유로 바꾼 것이 예술이고
문장을 환유로 바꾼 것이 철학이다.

과학을 자연으로 바꾼 것이 철학이고
철학을 자연으로 바꾼 것이 도학이다.

종교는 신(神)의 철학, 신(神)의 예술
종교는 삶의 과학, 과학은 앎의 종교,

생성에서 존재로, 존재에서 생성으로
왕래하는 것이 우주만물의 이치인가.

위대한 거짓말

인간의 가장 위대한 거짓말
생멸을 존재라고 명명한 것
그 존재로 인해
천지인, 하늘, 땅, 사람,
삼위일체가 이루어졌네.

천지인은
부모, 나, 자손
법신, 보신, 응신
성부, 성자, 성령
신, 영혼, 세계전체

인간의 가장 성스런 거짓말

자기위로, 자기구원, 자기환생
마음의 것을 사후의 것으로
마음의 나라를 사후의 나라로
죽음을 돌아감으로 말했네.

죽음은 존재의 마지막 검소
죽음은 존재의 마지막 겸손
죽음은 존재의 마지막 자유
죽음은 존재의 마지막 창조
인간은 생멸을 존재라 말했네.

놀이하는 인간

놀이는 동물의 본능
인형놀이하는 인간
언어놀이하는 인간
가정놀이하는 인간

거울놀이하는 인간
가면놀이하는 인간
식물놀이하는 인간

사물놀이하는 인간

섹스놀이하는 인간
사랑놀이하는 인간
제사놀이하는 인간
살인놀이하는 인간

정치놀이하는 인간
축제놀이하는 인간
전쟁놀이하는 인간
국가놀이하는 인간

인간은 노래를 했다.
인간은 그림을 그렸다.
자신의 안경으로 사물을 보았다.
자신의 마음으로 사진을 찍었다.

 **하나님은 비어있다**

하나님은 비어 있다.
텅 비어 있다.

일적십거무궤화삼(一積十鉅無匱化三)

인중천지일풍류도(人中天地一風流道)

심중(心中) 박정진(朴正鎭) 연보

1. 평범한 출생과 성장

1950. 11. 17 한국전쟁이 발발한 그 해 가을(음력 10월 8일), 대구시 달성동 오두막에서 아버지 함양인(咸陽人) 박재명(朴在明, 1926년 6월 9일(음력)~2006년 3월 23일)과 어머니 아주인(鵝洲人) 신병기(申炳琪, 1930년 11월 16일(음력)~1994년 7월 13일)의 장남(2남 2녀 중)으로 태어남. 어머니가 태몽으로 '고래 꿈(개천에서 올라온 고래가 덮치는 꿈)'을 꾸었다고 함. 그 후 대구시 중구 동인동 3가 220번지, 일본 적산가옥으로 이사하여 삶. 3살 때 설사복합병으로 목숨을 잃을 뻔했음. 당시는 6.25전쟁 중이어서 약을 구할 수도 없었는데 때마침 미(美) 8군에서 흘러나온 페니실린을 구해서 구사일생으로 목숨을 건짐.

1957. 3. 대구 동인국민학교에 입학함.

1958. 3. 대구시 신천동에 신설된 대구신천국민학교에 전학함.

어릴 때부터 항상 홀로 생각에 잠기는 소년이었음. 학업성적은 중상위에 속했으며 특히 사회과목에 남보다 뛰어났으나 사회성은 없었다고 함. 자주 동네 아이들에게 매 맞고 집에 들어오는 소심한 소년이었음. 5, 6학년 때 담임인 이정화(李

貞和) 선생님으로부터 정의감과 국가관, 근면성과 남성다움을 배우고 일생동안 잊지 못할 큰 영향을 받음. 대구 신천국민학교 제 1회 졸업생으로 졸업, 6년 개근상을 수상함.

1963. 3.　　대구 경상중학교에 입학함. 중학교에 들어가면서 말없던 소년이 갑자기 말문이 열리기 시작하면서 사내다워졌다고 함. 그러나 여전히 근본적으로는 내성적인 문학청년이었음. 이때부터 김소월의 시집과 괴테의 '젊은 베르테르의 슬픔' 등 시와 소설을 읽기 시작하면서 문학에 심취함. 때로는 시집을 읽기 위해 학교를 조퇴한 적도 있었음. 경상중학교 석인수 교장의 근면성에 감동을 받음.

1966. 3.　　대구고등학교에 입학함. 청춘의 질풍노도의 시대를 독서와 운동으로 극복하면서 인격수양을 도모함. 이때부터 간간히 자작시를 쓰기 시작함.

1969. 3.　　부모의 권유로 서울 한양대학교 의과대학 의예과에 입학함. 처음으로 부모와 떨어져서 홀로 유학생활을 시작함. 의과대학 입학 동기는 아버지가 갑작스럽게 신경성질환으로 입원하게 됨에 따라 의사가 되기로 결심함. 그러나 해부학 시간에 실험용 시체를 보고 충격을 받음. 그럴수록 시에 심취함. 심약한 그는 결국 의과대학이 적성에 맞지 않음을 알고 전과하기로 결심함. 당시 한국사회는 민주화의 열기가 대학가에 넘쳤으며, 박정희 군사독재와 맞서 청년 문화운동이 일어나고 서울의 대학가는 공부보다는 민주화운동에 열중하였음. 서울을 비롯한 지방의 각 대학은 민주주의운동에 열을 올렸지만, 그렇다고 생산적이고 주체적이고 자생적인 민주주의 이념을 창안한 것은 아님. 사회는 극도의 혼란과 무질서 속에서 갈피를 잡지 못하고 분열되었음. 특히 남북분단 상황에서 북한은 남한의 이러한 상황을 적화통일의 계기로 삼으려고 광분함. 사회는 극심한 좌우 이데올로기의 대립 속에 병들어갔음. 그는 의과대학을 졸업한 뒤 병든 사람을 치료하는 것보다 인문사회학적인 공부를 해서 사회를 구원하여야겠다고 결심함. 이에 한국문화의 정체성과 세계문화의 동향에 대해 관심이 컸으며, 인간의 삶 전체에 대한 철학적 사색을 하는 일에 열중함. 특히 그는 한국문화가 외래

문화에 접했을 때에 쉽게 사대주의에 빠지는 습성과 이로 인한 내분과 파당적 상황을 한탄함. 스스로의 법(law)과 로직(logic)을 세우지 못하고 역사의식과 철학정신이 부족한 한국인의 특성에 주목하게 됨. 특히 한국에 자생철학이 없음을 알고, 한국문화총량에 대한 심각한 회의에 빠짐. 이러한 문제의식으로 인문학으로의 전과를 심각하게 고려함. 당시 한양대학교 국문과 교수로 재직하고 있던 시인 박목월 선생과 진로를 상의함.

1972. 3. 한양대 국문과로 전과하기 위해 여러 차례 박목월시인을 만남(그 전에도 교내 백일장에 투고하여 박목월선생을 만나는 기회를 가지기도 하고 습작을 지도 받았음). 당시 목월선생은 전과를 반대하면서 의사의 길과 시인의 길을 병행할 권함. 목월선생은 어느 날 그에게 '국경의 밤'을 지은 김동환과 같은 서사 시인이 될 소질이 있다고 격려. 결국 국문과로 전과를 결행함.

1972 ~ 74 국문과로 전과한 후 국내외 대표적 시와 소설을 읽는데 전력투구함. 이광수, 김동인의 여러 작품을 섭렵함. 까뮈의 '이방인' '페스트', 샤르트르의 '구토' '자유의 길' 등 실존주의 작가의 작품에 심취함. 닥치는 대로 문학철학서적을 남독하면서 거의 2년을 보냄. 이때 동서고금의 고전을 섭렵하는 열정을 보임. 시인과 철학자가 되는 두 길에서 어느 길에도 진입하지 못하고 피곤한 심신을 추스르기 위해서 고향인 대구로 귀향함. 당시 헤르만 헤세의 '데미안' '나르치스와 골드문트' '싯달타' '향토' '차륜 밑에서' 등의 작품에 심취함.

1974 ~ 76 국문과 졸업 후 취직도 하지 못하고 쓸쓸하게 고향인 대구에 낙향하여 끝없는 허탈, 방황에 빠짐. 친구들의 권유로 2년 간 외부고시를 준비하였지만, 정작 공부에는 등한하였음. 시를 쓰고, 철학책을 간간히 사보면서 마음을 추스름. 대구 매일신문사 입사시험에 응시, 필기시험에 합격했으나 면접에서 떨어짐. 심각한 고뇌와 묵상에 빠짐. 현실과 이상 사이에서 방황하다가 가톨릭 세례를 받음(대구 복자성당). 세례명 '그레고리'.

1976. 3. 3 (주)문화방송 경향신문사에 공채로 입사하여 경향신문 대구 주재기자로 부임함. 지방주재기자 생활을 약 2년 하다가 다시 학문에의 뜻을 세

위 영남대 대학원 문화인류학과 진학을 준비를 함.

1978. 3. 3　　　대구 영남대학교 문화인류학과 대학원에 입학함. 여기서 그에게 인류학의 길을 열어준 은사인 김택규(金宅圭) 교수와 강신표(姜信杓) 교수를 만남. 한국의 향토 민속 문화에 해박한 김택규 교수와 동서양철학에 관심이 많은 강신표 교수로부터 영향을 받음. 강신표 교수는 대학원에 입학하던 그 해에 이화여자대학교로 옮기는 바람에 직접 강의를 듣지 못했으나 그 후 서울에서 문화부기자생활을 하면서 사적인 친분을 쌓음. 이러한 친분이 그의 초기 저작중 하나인 『무당시대의 문화무당』에서 강신표교수와 김용옥 교수를 비교하는 계기가 됨. 그 후 그의 삶은 다분히 철학적인 성향을 가지며 철학인류학분야에 관심을 가짐. 그는 계속 〈인간은 어떻게(무엇으로) 사는가?〉에 관심을 가짐. 신문기자 생활과 인류학도의 길을 병행함.

1978. 11.　　　막내 동생 박창진(朴昌鎭)이 서울에서 대학교입학을 위한 재수를 하던 중 원인모를 병으로 객사함. 이때 인생의 어처구니없음과 죽음에 대한 명상을 시작함. 특히 인생의 목적론적 사고에 심각한 회의를 느낌.

1979. 2. 20　　단양(丹陽)인 우경옥(禹敬玉)과 결혼함. 우경옥은 우수기(禹守基)와 최재윤(崔載允)의 2남2녀 중 차녀로 태어났음.

2. 공부하는 기자

1980. 4. 4　　　장남 박준석(朴埈奭) 태어남.

1980. 9.　　　「도시화에 따른 대도시근교 씨족집단의 정치경제적 변화연구」로 영남대학교에서 석사학위를 받음.

1982. 4. 4　　　차남 박우석(朴祐奭) 태어남.

1981~86　　　경향신문 본사로 올라와 서울에서 기자생활을 시작함. 한편 한양대학교를 비롯, 서울교육대학교, 대구대학교 등에서 인류학 강의를 하면서

문화평론가로도 활동을 겸함.

1986. 8. 31　영남대학교 대학원 인류학과 박사과정을 수료함. 그러나 서구의 패러다임이나 이데올로기에 종속되어 주체성도 없는 학위논문제출을 포기함. 자신의 철학도 없이 외래 이데올로기에 빠져 체질적으로 사대하는 한국민족에 대해 심각한 회의에 빠짐. 그 후 한국민족의 정체성을 확인하기 위한 기반 확충작업으로 서양 철학자들의 수많은 책들을 섭렵함. 데카르트, 스피노자, 라이프니츠, 루소, 칸트, 니체, 프로이트, 베르그송, 후설, 그리고 특히 실존주의 철학자인 키에르케고르, 샤르트르, 카뮈 등 수많은 철학자와 사상가와 문학가들의 책을 봄.

1988. 7. 14　지식산업사 김경희 대표의 인도로 국선도(國仙道)에 입문함. 서울 용산구 남영동 국선도협회 총본원에서 덕당(德堂) 김성환(金性煥) 정사(正師)를 만남. 여기서 전통 수련법인 선도(仙道)를 알게 되고, 선도의 원류가 화랑도(풍류도)였음을 확실하게 인식함.

1988. 8. 15　새로 창간한 세계일보사로 자리를 옮김. 세계일보사에서 문선명(文鮮明) 선생을 역사적으로 조우하게 되는 일생일대의 행운을 얻음. 문선명 선생은 한국사에서 처음으로 자생종교를 수출한 인물이면서 근대에 들어 한국이 낳은 세계적 종교지도자·문화선각자임. 한국은 역사적으로 계속해서 외래 종교와 철학을 들여와서는 항상 그것에 종속되는 나라가 되었다. 예컨대 불교가 들어오면 '한국의 불교'가 되는 것이 아니라 '불교의 한국'이 되고, 주자학이 들어오면 '한국의 주자학'이 되는 것이 아니라 '주자학의 한국'이 되고, 기독교가 들어오면 '한국의 기독교'가 되는 것이 아니라 '기독교의 한국'이 되는 그러한 양상이다. 결국 한국이라는 주체성은 없는 것이다. 그러한 사대종속적 입장에서 탈피하여 기독교를 자생통일교로 만들어 수출한 인물이 문선명 선생으로 이해하게 됨. 한국인이 세계 종교의 분포에서 사대종속-노예 상황에 빠져있음을 뼈저리게 느낌. 그 정도가 얼마나 심각한지, 그러한 종속상태를 종속상태로 느끼는 것이 아니라 선진문화로 착각하는 사대성에 절망함. 한국인의 이데올로기적 종속성과 노예성은 한국문화의 여성성-수동성-자기부정성과 관련되는 역사체질적인 것

으로 파악함. 한국문화에는 결국 남성성-능동성-자기긍정성이 부족함을 뼈저리게 느낌. 이는 종합적으로 한국문화의 '아버지(가부장) 부재'의 문화로 드러나게 됨을 파악함.

1989. 1. 28 첫 시집이자 첫 저작인 『해원상생, 해원상생』(지식산업사)을 펴냄. 이 시집은 한민족이 서로 원한을 풀고 상생하자는 뜻의 시집이었음. 이 해에 철학논문 2편을 씀. '상징-의례에 대한 理氣철학적 고찰'(『한민족』제1집, 200~228쪽, 한민족학회, 교문사, 서울.) 'BSTD모델에 대한 상징인류학적 조명' 『두산 김택규박사 화갑기념문화인류학 논총』(241~254쪽, 두산김택규박사화갑기념논문집 간행위원회, 신흥인쇄소, 대구.)

1990. 1. 20 야심작 『무당시대의 문화무당』(지식산업사)을 펴냄. 그의 첫 예술인류학적 작업이었음. 후에 『한국문화와 예술인류학』을 쓰는 계기가 됨. 시와 철학과 예술에 대한 종합적인 사유를 시작하면서 철학(과학), 예술, 종교의 현상학적 관계에 대해 관심을 가지기 시작함. 특히 동양의 전통철학인 이(理)-기(氣)철학의 관점에서 이들의 관계에 사유를 집중함.

1990. 3. 『사람이 되고자 하는 신들』(문학아카데미) 펴냄. 이 책은 사람위에 군림하는 초월적인 신이 아니라 사람과 함께 지상에 내려오고자 염원하는 신을 상정함. 여기엔 한국 자생종교인 동학(東學)의 인내천(人乃天) 사상이 스며있음.

1990. 3. 『한국문화 심정문화』(미래문화사) 펴냄. 이 책은 한국문화론을 철학적으로 정리하기 시작한 첫 결과물임. 이 책에 '시간의 이중적 가치'(179~197쪽)라는 제목의 철학적 논문을 실었음.

1991. 11. 3 국선도협회 총본원에서 3년간의 수련을 마치고 진기단법(眞氣丹法)으로 승단함(제223호). 이로써 국선도인(풍류도인)이 됨. 국선도 수련은 재래의 신선(神仙)사상과 전통적으로 내려온 기(氣)를 체득하게 되는 계기가 됨. 나중에 기(氣)철학을 바탕으로 하는 새로운 철학을 정립하는 데에 도움이 됨.

1992. 1. 세계일보사 문화부장이 됨.

1992. 2. 월간 『현대시』신인상 수상으로 늦깎이 시인이 됨. 당선작은 '황색나부의 마을'. 추천심의위원인 이형기, 김광림 시인은 심사평에서 그를 프랑스의 시인 '앙리 미쇼'에 견주면서 '에망그롱족'에 견줄만한 작품이라고 평함.

1992. 3. 『한국문화 심정문화』의 개정증보판인 『한국문화와 예술인류학』(미래문화사)을 펴냄. 이 책은 국내에서 예술인류학을 처음으로 거론한 책일 뿐만 아니라 세계 인류학계에서도 예술과 인류학을 융합한 첫 책으로 평가됨. 또 이 책은 자민족문화연구의 한 방법으로서 '자기고백'을 제창하였으며, 느낌(Feeling)을 학문적 용어로 사용할 것을 역설함. 인류학적 민족지를 쓰는 데도 느낌을 중시하여야 한다고 주장함. 철학인류학자인 레비스트로스의 영향을 크게 받은 그는 여기서 '다원다층의 음양적 의미'를 분석하는 '예술인류학'을 제창함. 이것은 대칭적 사고를 하는 원시고대인의 신화적 사고(원시인의 철학)를 오늘에 되살리려는 시도였음.

1992. 6. 『천지인 사상으로 본 서울올림픽』(아카데미서적) 펴냄. 대한민국이 건국 이후 치른 최고최대의 국제적인 스포츠 제전인 올림픽을 전통 '천지인 사상'과 롤랑바르트의 '다차원의 문화해석의 틀'을 이용하여 입체적으로 분석함. 그의 집약된 인류학적 연구모델인 '심볼(symbol)-적응(adaptation)'을 적용한 첫 연구결과물임. 특히 상징의 다원다층의 의미 분석에 치중함. 상징은 여러 층위로 이분되는 성질을 가지고 있고, 마지막 최종 아래에는 삶을 위한 생존의 근거인 에콜로지(ecology)가 있음을 주장함.

1992. 7. 『잃어버린 선맥(仙脈)을 찾아서』(일빛출판사) 펴냄. 국선도의 맥을 현재에서부터 역원적으로 고찰한 저술이었음. 이 책은 고대에서부터 현대까지 신선사상의 인물을 찾는 한편 고조선의 국조인 단군이 선도의 원조임을 깨닫는 계기가 되었음. 모든 종교와 수도의 원형에 단군에 있음을 알게 됨. 유불선(儒佛仙) 삼교의 삼묘(三妙)를 터득함.

1992. 7. 『선도와 증산교』(일빛출판사) 펴냄. 선도 사상을 증산교와 관련하여 더욱 심도 있게 다룸.

3. 문필가로 거듭나다

1992. 6. 19 바르셀로나 올림픽 사전 취재도중 자동차로 피레네 산맥을 넘어 안도라공화국으로 가던 중 언덕에서 추락함(8시 40분 바르셀로나 북방 70 ㎞지점). 이 때 일주일 간 의식불명 상태에서 깨어나지 못함. 의식불명의 비몽사몽간에 인류문명의 과거와 미래에 관한 네 가지 현몽을 접함(예수와 부처, 예수의 제자인 베드로, 그리고 이름 없는 메시아 혹은 미래불이 현몽으로 나타났음). 헬리콥터로 긴급 수송되어 한 달 간 바르셀로나 발데브론 병원에 입원함. 그 후 비행기로 한국으로 수송되어 서울 영동세브란스 병원에 입원함. 병원에서 척추수술을 받는 등 6개월 간 장기 입원하는 동안 위험한 고비를 여러 차례 넘기고 회복됨. 오랜 병상생활을 통해 인생이 결코 내일을 기약할 수 없는 허무한 것이며, 자신의 생각을 단상으로 정리하여야 한다는 사명감을 느낌. 이것이 후일 2백자 원고지 3만장 분량의 '박정진 철학노트'(경구33333)를 쓰는 출발이 되었음.

1992. 12. 31 영동세브란스 병원에서 퇴원함. 척추수술 등으로 노동부로부터 3급 장애판정을 받음.

1993. 4. 서울 강남구 일원동에서 동네 수서공원과 대모산(大母山)에서 명상과 함께 피나는 재활훈련으로 건강을 회복함. 그 후 신들린 듯 각종 글을 쓰기 시작함. 하루 1백여 장씩 원고를 쓴 적도 있음. 그 후 발간된 수십 권의 책들은 이 때 쓰여 진 것임. 인근 수서공원에서의 명상과 대모산을 오르는 가벼운 등산과 산보를 통해 문필가로서 입신을 위한 기본적인 사색과 함께 사상적 기조를 형성함. 대모산에는 그의 자작시 '대모산' 시탑이 세워져있다.

1994. 11. 『아직도 사대주의에』(전통문화연구회) 펴냄. 한국문화의 체질적 사대주의와 문화적 종속상황에 대한 처절한 반성을 시도함. 특히 외래문화에 맹목적인 신앙을 하는 것을 반성함. 한국문화 속에 들어오는 모든 외래문화는 일종의 도그마가 된다는 사실에 놀람. 그런 점에서 한국인은 '종교적 인간'의 성격이 강함을 알게 됨.

`1994. 3.` '고려원시인선 22'책으로『시를 파는 가게』(고려원) 펴냄. 이 때의 필명은 박수원(朴守園)이었음. 수원(守園)이라는 호는 정원을 지킨다는 의미로 강신표교수가 지어주었음. 이 호는 춘원(春園) 이광수(李光洙)에서 비롯되는 것으로 춘원(春園)-소원(韶園) 이수락(李壽洛)-취원(翠園) 강신표-수원(守園) 박정진에 이르는 4대째 호였음. 이수락선생(1913~2003)은 성균관대 전신인 명륜학원 출신으로 대구향교에 홍도학원을 설립한 거유(巨儒)였음.

`1994. 7. 13` 어머니가 자궁암으로 돌아감. 바르셀로나 올림픽 취재도중 사고를 당한 중환자였던 그를 간호하고 염려하던 끝에 무리하여 과거에 앓았던 암이 재발하였음. 어머니와의 영원한 이별을 통해 훌륭한 문필가가 될 것을 다짐함. 어머니와의 이별을 통해 '불교적 인연과 연기가 현재'임을 깨닫게 됨. '어머니의 사랑이 자식을 살리는 대신 당신을 저 세상으로 돌아가게 한 희생적 삶'임을 절감함. 모든 어머니의 아가페적인 사랑에 대해 절실한 사유를 시작함. 인류사에서 여성성의 의미와 희생적 사랑을 되새기는 계기가 되었음.

`1997. 6.` 세계일보사를 퇴사하고 본격적으로 글쓰기에 몰두함. 본격적인 사회비판과 풍자적 글쓰기에 매달림.

`1997. 6.` 『왕과 건달』(전 3권, 화담출판사) 펴냄.

`1997. 10.` 『창을 가진 여자』(전 2권, 화담출판사) 펴냄. 후에 전자책(e-북)『서울 황진이』로 개작함.

`1997. 12.` 『어릿광대의 나라, 한국』(화담출판사) 펴냄. 후에 전자책(e-북)『드라마 사회, 한국』으로 개작함.

`1998. 1.` 『단군은 이렇게 말했다』(화담출판사) 펴냄. 후에 전자책(e-북)『광화문의 단군』으로 개작함.

`1998. 7.` 사진기자 정범태(鄭範泰)의 일대기를 담은『발가벗고 춤추는 기자』펴냄(화담출판사).

`1999. 3.` 사서삼경(四書三經)을 비롯하여 동양고전에 대한 이해를 높이기 위해 한문전문교육기관인 '민족문화추진회 국역연수부'에 입학함. 여기서 정

태현, 성백효 선생을 만남. 중국의 고전을 접하는 계기가 되었으며, 동아시아 문화의 원류와 깊이에 대해 새삼 놀랐지만, 중국문화를 사대하는 일에 빠지지는 않음. 중국문화와 한국문화의 차이에 대해 눈을 뜸.

1999. 8.　　명상집 『생각을 벗어야 살맛이 난다』(책섬) 펴냄.

2000. 11.　　전자책(e-북)으로 명상집 『생각하는 나무』(1권-26권) 펴냄(www.barobook.co.kr) 펴냄. 한국 '아포리즘 문학'의 금자탑을 이룸.

2000. 11.　　전자책(e-북) 『세습당골-명인, 명창, 명무』 펴냄.

2000. 11.　　전자책(e-북)시집 『한강은 바다다』 펴냄.

2000. 11.　　전자책(e-북)시집 『바람난 꽃』 펴냄.

2000. 11.　　전자책(e-북)시집 『앵무새 왕국』 펴냄.

2000. 11.　　『인류학자 박정진의 밀레니엄 문화읽기--여자의 아이를 키우는 남자』(불교춘추사) 펴냄. 전자책(e-북)으로도 펴냄.

2000. 11.　　전자책(e-북) 에세이 『문화의 주체화와 세계화』 펴냄.

2000. 11.　　전자책(e-북) 에세이 『문화의 세기, 문화전쟁』 펴냄.

2000. 11.　　전자책(e-북) 『오래 사는 법, 죽지 않는 법』 펴냄.

2000. 11.　　전자책(e-북) 『마키아벨리스트 박정희』 펴냄.

2000. 11.　　전자책(e-북) 『오래 사는 법, 죽지 않는 법』 펴냄.

2000. 11.　　전자책(e-북) 『붓을 칼처럼 쓰며』

2001. 5.　　『도올 김용옥』(전 2권)(불교출판사)

2001. 11.　　전자책(e-북) 소설 『파리에서의 프리섹스』(전 2권)

2002. 2.　　민족문화추진회 국역연수부 26기로 졸업함.

2002. 3.　　민족문화추진회 일반연구부에 입학함.

4. 문화평론가, 철학인류학에 매진하다

2002. 4.　　　새로운 사상으로서 '중학(中學)사상'에 대해 생각을 시작함. '중학'은 다분히 '동학(東學)'의 한계를 극복하고자 하는 의도에서 상정되었음. 예컨대 '중학'은 유교의 중용(中庸), 불교의 중도(中道)·공(空)사상, 노장(老莊)의 무위자연사상, 선도(仙道)의 선(仙)사상 등 유불선을 통합하는 것을 물론이고, 프랑스 대혁명의 사상인 자유·평등·박애 사상 등 동서고금의 사상을 융합하고 집대성하여 새로운 시대의 전개에 따른 철학적·사상적 준비로 시도됨. '중학'사상은 현재에도 계속 집필 중에 있음.

2002. 6.　　　인터넷 홈페이지 www.koreanculture.co.kr(한국문화사전)을 개설함.

2002. 6.　　　전자출판사 바로북에서 CD롬『한국문화사전』을 펴냄.

2003. 5. 13　　서울 강남구 일원동 대모산에 주민들의 건의로 자작시 '대모산' 시탑을 강남구청에서 세움.

2004. 2.　　　『붉은 악마와 한국문화』(세진사) 펴냄.

2004. 9.　　　『미친 시인의 사회, 죽은 귀신의 사회』(신세림) 펴냄.

2004. 6.　　　시집『먼지, 아니 빛깔, 아니 먼지』(신세림) 펴냄.

2004. 7.　　　시집『대모산』(신세림) 펴냄.

2004. 7.　　　시집『청계천』(신세림) 펴냄.

2005. 6.　　　『대한민국, 지랄하고 놀고 자빠졌네』(서울언론인클럽) 펴냄.

2006. 3. 23　　아버지 박재명 숙환으로 돌아가심.

2006. 3.　　　『여자』(신세림) 펴냄. 이 책은 우주적 여성성에 대한 단상을 정리한 에세이임.

2007. 3.　　　『현묘경-여자』(신세림) 펴냄. 이 책은 우주적 여성성에 대한 심화된 단상을 정리한 에세이임.

2007. 7.　　　시집『독도』(신세림) 펴냄.

2007. 3.	『불교인류학』(불교춘추사) 펴냄.
2007. 8.	『종교인류학』(불교춘추사) 펴냄.
2008. 2.	장남 박준석 연세대학교 공과대학 건축과를 졸업함.
2008. 9. 9	'박정진 시를 사랑하는 모임'(박시모)과 '박씨 대종친회'의 찬

조로 자작시 〈독도〉시비 건립함(울릉도 독도박물관 야외독도박물원).

2008. 7. 전자책(e-북) 『성인류학』(전 3권) 펴냄. 이 책은 '성'(性, 姓, 聖)이라는 한글발음을 토대로 인류문명의 발전과정을 정리함으로써 철학과 종교에서 말하는 '성결학(hagiology)'과 '오물학(scatology)'이 결국 하나로 순환하는 것임을 주장하는 '일반문화론'에 도달하려는 철학인류학적 시도였음. 이 책은 따라서 '일반성의 철학'을 도출하기 위한 철학인류학적 노력의 하나의 결실이었음.

2008. 9. 전자책(e-북) 명상집 『죽음을 예감하면 세상이 아름답다』(전 3권), 전자책(e-북) 명상집 『경계선상에서』(전 7권). 이로써 『생각하는 나무』(전 26권)을 포함하여 『화산(華山) 명상집』(전 36권 완간) (www.barobook.co.kr) 펴냄.

2008. 10. 시집 『한강교향시-詩로 한강을 거닐다』(신세림) 펴냄. KTV '북카페' 프로그램에서 한 시간 동안 방영.

2009. 1. 차(茶) 전문월간지 『茶의 세계』편집주간을 맡음. 그 이전에도 불교전문출판사인 불교춘추사에서 발행해오던 불교전문월간지 『禪文化』와 『茶의 세계』의 기획위원으로 활동해오다가 이때부터 편집주간으로 본격적인 활동을 시작함.

2009. 2. 1 『신천부경(新天符經)』완성. 고조선의 '천부경'을 새롭게 해석한 것으로서 오늘의 '과학과 철학과 종교'를 종합한 입장에서 진리의 요체를 진언(眞言)으로 구성한 것임.

2009. 2. 11 세계일보에 「박정진의 무맥(武맥)」연재 시작(2010년 11월 30일 제 43회로 마침).

2009. 9. 『예술의 인류학, 예술인류학』(이담북스) 『예술인류학으로 본

풍류도』(이담북스) 펴냄. 이 책은 종래 『한국문화와 예술인류학』을 심화시켜서 2권으로 출판한 것임.

2010. 5. 『굿으로 본 백남준 비디오아트 읽기』(한국학술정보) 펴냄. 『굿으로 본 백남준 비디오아트 읽기』는 소리미술과 오브제, 퍼포먼스를 추구하는 백남준의 비디오아트를 '굿'이라는 개념으로 해석한 책임.

2010. 11. 『성인류학』(이담북스) 펴냄. 『성인류학』은 종래 3권의 전자책으로 출판되었던 것을 1권의 단행본으로 출판하면서 내용을 집약하고 개선한 책임.

2010. 01. 『단군신화에 대한 신연구』(한국학술정보) 펴냄. 『단군신화에 대한 신연구』는 중국한족이 부상하는 새로운 동아시아사의 전개에 따른 동이족의 정체성 확립이라는 관점에서 단군신화를 새롭게 정리·해석한 책임.

2010. 2. 차남 박우석, 경원대학교 전자공학부 졸업(2월 23일).

2011. 4. 『박정희의 실상, 이영희의 허상』(이담북스) 펴냄. 이 책은 '국가론'(정치학)으로서 쓰여 졌다. 초고는 3년 전에 쓰여 졌으나 당시 사회적 분위기(좌파민주화운동)로 인해서 출판사를 찾지 못해 출판이 미루어졌다.

2011. 9. 차남 박우석과 신부 백지숙 결혼(9월 30일).

2011. 5. 철학자 김형효(金炯孝) 교수(서강대 철학과 교수 및 전 정신문화연구원 부원장)를 인사동문화클럽에서 조우하는 행운을 얻게 됨. 김형효 선생님을 만나면서 그 동안 잠들어있던 철학에 대한 영감이 불꽃처럼 일어나는 계기를 얻게 됨. 김 선생님을 만나서 강의를 듣고 자유롭게 질문과 대화를 하는 가운데 그의 대표적인 철학적 사유들이 결집되고, 책으로 집필되고 출간되는 행운을 맞음. 철학전문출판사인 소나무출판사 유재현 대표를 만나면서 당시 집필 중이던 철학원고들을 모두 책으로 엮어내는 은혜를 입음.

2012. 1. 첫 철학인류학적 작업의 결과물 『철학의 선물, 선물의 철학』 『소리의 철학, 포노로지』(소나무) 펴냄. 당시 인류학계와 철학계로부터 큰 관심을 불러일으킴.

2012. 3. 장남 박준석과 신부 김순훈 결혼(3월 24일).

2012. 9. 3 통일교 창시자 문선명 총재가 이날 새벽 1시 54분(天基 3년, 天曆 7월 17일), 성화(聖和)하셨다. 그는 성화식을 전후로 장장 6회에 걸쳐 문선명 총재의 생애노정의 의미를 새기는 글을 집필함. 이날은 통일교-가정연합에서 말하는 기원절(基元節)을 172일 앞둔 날이었다.

2012. 9. 22 서울시 주최로 필자의 시 '한강은 바다다'(한강교향시)를 주제로 한강축제 "문학과 음악이 흐르는 강"이 반포한강공원 달빛광장에서 이틀간 펼쳐졌다.

2012. 11. 17. 『세계일보』에 「박정진의 차맥(茶脈)」연재 시작(2013년 8월 27일 제 66회로 마침).

2013. 2. 차남 박우석, 한양대학교 경영대학원 졸업.

2013. 3. 『빛의 철학, 소리철학』『니체야 놀자』(소나무) 펴냄. 이로써 먼저 출판한『철학의 선물, 선물의 철학』『소리의 철학, 포노로지』(소나무)와 함께 철학인류학적 저서 4권을 묶어 '소리철학'으로 명명함.

2013. 9. 27 김형효 선생님과 철학대담을 시작하여 6개월간 지속함.

2013. 11. 12 『세계일보』객원논설위원으로 개인칼럼 「청심청담」집필 시작.

2014. 4. 김형효 선생님 댁에서 제자들과 친지들로 구성된 '심원철학방'을 운영하기 시작함.

2014. 1. 첫 손녀 박지인(박준석-김순훈의 딸) 출생(1월 3일)

2014. 5. 『일반성의 철학, 포노로지』(소나무) 펴냄. 이 책의 발간과 함께 『철학의 선물, 선물의 철학』『소리의 철학, 포노로지』(소나무)『빛의 철학, 소리철학』『니체야 놀자』(소나무)와 함께 '소리철학'시리즈 제 5권이 완성됨.

2014. 7. 1 『메시아는 더 이상 오지 않는다』(미래문화사) 펴냄. 이 책은 통일교 문선명 총재의 성화식 기간 중에 세계일보 기고문을 바탕으로 철학적·신학적 해석을 첨가하여 단행본으로 묶은 것이다.

2014. 7. 30 『새로 쓰는 부도지(符都誌)- 지구 어머니, 마고(麻姑)』(마고출

판사) 펴냄. 이 책은 한국문화의 여성성을 승화시켜서 '자기부정'이 아니라 '자기긍정'으로 한민족을 대반전시키려는 신화적 노력의 결정판이다. 이 책의 출간으로 '소리철학' 시리즈와 함께 '한국문화의 철학과 신화'를 현대적인 모습으로 재탄생하게 하는 학자적 중간결산을 이룬다.

2014. 9. 첫 손자 박선우(박우석-백지숙의 아들) 출생(9월 29일)

2015. 8. 『니체, 동양에서 완성되다』 펴냄. 서양 후기근대철학의 분수령을 이룬 니체를 동양철학의 관점에서 포용하면서 더욱 더 완성도 높은 불교적 깨달음의 경지를 기술함.

2016. 1. 『메시아는 더 이상 오지 않는다』(행복한에너지) 개정증보판 펴냄.

2016. 9. 『평화의 여정으로 본 한국문화』(행복한에너지) 펴냄. 『평화는 동방으로부터』(행복한에너지) 펴냄.

2016. 12. 27 세계일보사 평화연구소장으로 부임.

2016. 9. 2 제 1회 청주세계무예마스터십 국제학술대회 기조강연 "세계평화를 향한 무예부흥의 시대적 과제"(청주대학교 세미나홀)

2017. 5. 시집 『거문도』(신세림) 펴냄.

2017. 7. 한국 하이데거 학회(59차)와 한국해석학회(119차)가 공동으로 주최한 2017년 한국현대유럽철학회 하계학술발표회(중앙대학교, 7월 14일)에 초대되어 「존재론의 미래로서의 네오샤머니즘」 발표. 서구중심의 근대과학기술문명이 여러 면에서 한계를 드러내고 있는 상황에서 동서철학과 문명의 가교 역할을 한 것으로 평가되고 있는 하이데거의 존재론이 우리나라에서는 어떻게, 어떤 모습으로 발전되는 것이 가장 바람직할까? 이러한 고민을 하고 있던 중 발표논문을 쓰게 되었다.

2017. 8. 8 『여성과 평화』(행복에너지) 펴냄.

2017. 8. 25 『위대한 어머니는 이렇게 말했다』(살림) 펴냄. 이 책은 니체의 '차라투스트라는 이렇게 말했다'를 한국문화와 여성시대의 입장에서 패러디

한 책이다.

2018. 2. 24 철학의 스승인 김형효 선생님 별세. 너그러운 스승이자 훌륭한 대담자로 함께 해준 선생님의 상실로 한동안 망연자실에 빠짐.

2018. 4. 30 영남대학교 대학원에서 문화인류학박사학위(Ph.D)를 받음. 박사논문은 「굿으로 본 서울올림픽의 의례성」. 학위등록번호: 영남대 2017(박)083.

2018. 6. 2 한국동서철학회로부터 '동양은 어떻게 서양을 계몽하였는가? — 오리엔탈리즘에 대한 재성찰과 평가'를 주제로 춘계학술대회(한국외국어대학교수회관) 기조강연을 맡아달라는 초청을 받았다. 여기서 「서양철학에 영향 미친 성리학 및 도학(道學)」을 발표했다.

2018. 11. 『평화와 생명의 철학-네오샤머니즘』(살림) 펴냄. 인류문명이 패권주의를 넘어서 '평화의 지구촌'을 건설하기 위해서는 원시적 종교로 알려진 샤머니즘의 자연주의에서 많은 힌트와 삶의 자세와 지향을 얻어야 함을 역설한 책. 네오샤머니즘이야말로 인류구원의 철학임을 강조하고 있음. 박정진의 '소리의 철학'(일반성의 철학-여성철학-평화철학-에콜로지철학)의 결정판이다.

2018. 12. 1 한국동서철학회 추계학술대회(충남대학교 문원강당 및 세미나실) 제 3부: 주제발표- 한국의 철학자 집중연구- "동서횡단의 철학자 박이문(朴異汶) 선생의 '둥지 철학' 조명"에 발표자로 초대됨. 「'둥지의 철학'은 한국자생철학의 둥지가 될 것인가」를 발표논문으로 제출함.

2019. 2. 25 심원철학회 주최 심원(心遠) 김형효(金炯孝) 선생 1주기 추모학술발표회(한국학 중앙연구원, 세미나실)에 발표자로 초대됨. 「동서양 비교철학으로써 철학적 자아 찾기」을 발했다.

2019. 2. 28 세계일보사 평화연구소장 퇴임.

2019. 3. 24 네팔 라마불교 사원을 방문하여 칼상(Kalsang) 라마(Lama)로부터 법명 'Dham Choe'를 받았다.

2019. 4. 고희(古稀)기념으로 『니체를 넘어서-예수부처 부처예수』(신

세림)를 펴냄.

2019. 5. 17 '니체를 넘어서- 예수부처 부처예수'를 교재로 '심중(心中)학당'을 열고, 대중강의를 시작하다. 세계평화연구원(원장 박정진)을 개원함.

2019. 6. 15 경기도 연천군 '종자와 시인' 박물관 시비공원(경기도 연천군 연천읍 현문로 433-27)에 자작시 '타향에서' 시비가 세워짐.

2020. 3. 15 한국언론인협회 "올해의 칼럼상" 수상

2020. 5. '인류학토크 박정진' 유튜브 개설(마로니에 방송), 제 1강 '종교적 인간'에서 제 131강 '문화의 신기원이란'(2020년 12월)에서 마침.

2020. 12. 『한국의 무예마스터들』(살림), 『무예 자체, 신체 자체를 위한 — 신체적 존재론』(살림) 펴냄. 특히 '신체적 존재론'은 동서고금의 철학과 좌파 우파철학을 넘어서서 서양의 철학과 동양의 도학을 통섭한 자생철학으로서 한국의 철학을 세계적 지평에 올려놓은 철학서라고 자부한다.

2021. 3. 『초암차와 한국차의 원류를 밝힌- 차(茶)의 인문학 1』(차의 세계사) 발간.

2021. 7. 12번째 시집 『타향에서』(문학과 저널) 펴냄.

2021. 9. 天正宮 THINK TANK 2022 정책연구원 소장 취임.

2021. 12. 『신(神)통일한국론과 가디즘(Godism)』(신세림출판사)

2022. 2. 『서양철학의 종언과 한글철학의 탄생』(yeondoo) 펴냄.

2022. 11. 『축제와 평화』(신세림출판사) 펴냄.

2023. 6. 『21세기 詩經-내가 신이라는 사실은 아는 순간은, 내가 부처라는 사실을 아는 순간은』(신세림출판사) 펴냄.

2023. 10. 『재미있는 한글철학』(신세림출판사) 펴냄.

심중(心中) 박정진(朴正鎭)선생
저서·시집목록

- 〈생각을 벗어야 살맛이 난다〉(99, 책섬)
- 〈인류학자 박정진의 밀레니엄 문화읽기—여자의 아이를 키우는 남자〉 (2000, 불교춘추사)
- 〈도올 김용옥〉(전 2권)(2001, 불교춘추사)
- 〈정범태(열화당 사진문고)〉(2003, 열화당)
- 〈붉은 악마와 한국문화〉(2004, 세진사)
- 〈미친 시인의 사회, 죽은 귀신의 사회〉(2004, 신세림)
- 〈대한민국 지랄하고 놀고 자빠졌네〉(2005, 서울언론인클럽)
- 〈여자〉(2006, 신세림)
- 〈불교인류학〉(2007, 불교춘추사)
- 〈종교인류학〉(2007 불교춘추사)
- 〈玄妙經-女子〉(2007, 신세림)
- 〈성(性)인류학〉(2010년, 이담북스)
- 〈예술인류학, 예술의 인류학〉(2010, 이담북스)
- 〈예술인류학으로 본 풍류도〉(2010, 이담북스)
- 〈단군신화에 대한 신연구〉(2010, 한국학술정보)
- 〈굿으로 보는 백남준 비디오아트 읽기〉(2010, 한국학술정보)
- 〈박정희의 실상, 이영희의 허상〉(2011, 이담북스)
- 〈철학의 선물, 선물의 철학〉(2012, 소나무)
- 〈소리의 철학, 포노로지〉(2012, 소나무)
- 〈빛의 철학, 소리철학〉(2013, 소나무)
- 〈니체야 놀자—초인이 도인을 만났을 때〉(2013년, 소나무)
- 〈일반성의 철학, 포노로지〉(2014년, 소나무)
- 〈지구 어머니, 마고〉(2014, 마고북스)
- 〈한류의 원조—메시아는 더 이상 오지 않는다〉(2014, 미래문화사)

- 〈니체, 동양에서 완성되다〉(2015년, 소나무)
- 〈예수, 부처, 문선명-메시아는 더 이상 오지 않는다〉 (개정증보판)
  (2015년, 행복출판사)
- 〈평화는 동방으로부터〉(2016, 행복한에너지)
- 〈평화의 여정으로 본 한국문화〉(2016, 행복한에너지)
- 〈여성과 평화〉(2017, 행복에너지)
- 〈위대한 어머니는 이렇게 말했다〉(2017, 살림)
- 〈심정평화, 효정평화〉(2018, 행복에너지)
- 〈네오샤머니즘(NEO-SHAMANISM)(2018, 살림)
- 〈니체를 넘어서-예수부처, 부처예수〉(2019, 신세림)
- 〈한국의 무예마스터들〉(2020, 살림)
- 〈무예 자체, 신체 자체를 위한 신체적 존재론〉(2020, 살림)
- 〈인류학자가 풀어쓴-차의 인문학 1〉(2020, 차의 세계사)
- 〈서양철학의 종언과 한글철학의 탄생〉(2021, yeondoo)
- 〈신(神)통일한국과 하나님주의(Godism)〉(2021, 신세림)
- 〈축제와 평화〉(2022, 신세림)
- 〈재미있는 한글철학〉(2023, 신세림)
- 〈한글로 철학하기〉(2023, 신세림)

○시집(10권, 1500여 편)

- 〈해원상생, 해원상생〉(90, 지식산업사)
- 〈시를 파는 가게〉(94, 고려원)
- 〈대모산〉(2004, 신세림)

- 〈먼지, 아니 빛깔, 아니 허공〉(2004, 신세림)
- 〈청계천〉(2004, 신세림〉
- 〈독도〉(2007, 신세림〉
- 〈한강교향시〉(2008, 신세림)
- 〈거문도(2017, 신세림)
- 〈타향에서〉(2021, 문학저널)
- 〈21세기 詩經〉(2023, 신세림)

○소설(5권)

- 〈왕과 건달〉(전 3권)(97년, 도서출판 화담)
- 〈창을 가진 여자〉(전 2권)(97년, 도서출판 화담)

○전자책(e-북)(41권)

△전자책(e-북) 저서:
- 〈세습당골-명인, 명창, 명무〉(2000년, 바로북 닷컴)
- 〈문화의 주체화와 세계화〉(2000년, 바로북 닷컴)
- 〈문화의 세기, 문화전쟁〉(2000년, 바로북 닷컴)
- 〈오래 사는 법, 죽지 않는 법〉(2000년, 바로북 닷컴)
- 〈마키아벨리스트 박정희〉(2000년, 바로북 닷컴)
- 〈붓을 칼처럼 쓰며〉(2000년, 바로북 닷컴)

△전자책(e-북) 시집:

• 한강은 바다다(2000년, 바로북닷컴)

• 바람난 꽃(2000년, 바로북닷컴)

• 앵무새 왕국(2000년, 바로북닷컴)

△전자책(e-북) 소설:

• 〈파리에서의 프리섹스〉(전 2권)(2001년, 바로북닷컴)

△아포리즘(30권)

• 〈생각하는 나무: 여성과 남성에 대한 명상〉등(전 30권)

  (2000, 바로북닷컴)

훈민정음창제, 580년 만에 탄생한

한 글 로
철 학 하 기

초판인쇄 2023년 11월 20일 **초판발행** 2023년 11월 24일

지은이 **박정진**
펴낸이 **이혜숙**   펴낸곳 **신세림출판사**
등록일 1991년 12월 24일 제2-1298호

04559 서울특별시 중구 퇴계로49길 14,
       충무로엘크루메트로시티2차 1동 720호
전화 **02-2264-1972**   팩스 **02-2264-1973**
E-mail : shinselim72@hanmail.net
        shinselim@naver.com

정가 **25,000원**

ISBN 978-89-5800-269-7, 03100